总编委会

《中国传统聚落保护研究丛书　江苏聚落》

雍振华　周宇嫽　著

审　稿：刘天华

序一

一、引子

中国传统文化将一个地方的环境气候和风俗民情的特质和韵味称为“风土”。《国语·周语上》韦昭注：“风土，以音律省土风，风气和则土气养也”，即从当地方言的乡音民谣中便可感知一方土地、民风的文化气息，因而“风土”一词与英文的Vernacular近义。“风”指风习、风俗、风气，“土”指水土、土地、地方，所谓一方水土养育一方人，供奉一方神，从这个意义上，“风土”与西方的“场所精神（Genius Loci）”也有一定的关联性。日本近代哲学家和辻哲郎著有《风土》一书，他对“风土”的定义是自然环境气候诸因素加上“景观”，这里的“景观”应指审美角度的自然和人文两个方面，二者相融合的文化景观就是一种典型的传统聚落。

然而，在当今乡村振兴的时代大潮中，传统聚落最常见的关键词是“乡土”而非“风土”，差不多已约定俗成了。“乡土”一词是中国农耕社会中故乡、家乡、老家和乡下的意思，至今中国社会还延续着这个传统的语义。但中文“乡土”与英文Vernacular的语境存在差异，因为西方并不存在以宗法制为基础的传统乡民社会，其乡村也就不会有类似于中国“乡土”的概念内涵。而乡村的发展前景是要走出农耕语境的乡土，留住文化记忆的乡愁，延续场所精神的风土，再造生态文明的田园。再说自近代以来，乡土并不包括城里的传统聚落，比如北京的胡同，西安、成都、苏州的巷子，上海的弄堂等属于“风土”而非“乡土”的范畴。

自1930年朱启钤先生发起成立中国营造学社以来，在梁思成和刘敦桢两位学科巨擘的引领下，我国建筑界对传统民居和乡土建筑的研究持续推进，成就斐然，形成了传统建筑研究的一大专业领域。但如何使这些研究更多地关联和影响城乡建设的进程，对整个建筑类学科都是一个很大的挑战。

二、中国传统聚落的源流与特征

1.“匝居”与城乡同构

中国传统聚落营造的信史可追溯到商周时期的聚落遗址。其中有关“营造”的最早文字记载见于《诗·大雅·灵台》：“经始灵台，经之营之”。这里的“经”，是策划、管控的意思；而“营”，原意即“匝居”，是围而建之的意思，例如“营窟”“营市（阛、阓）”“营垒”“营国”等一系列聚落营造范畴的词汇。因此，古代聚落即以“匝居”的方式，形成血缘的乡村聚落，地缘的城邑聚落，以至作为国家统治中心的都邑聚落——都城。这些华夏聚落以宗庙或祠堂为空间秩序的中心，以城垣壕堑为空间领域的边界，虽层级和功用不同，但从深层构成看却大多同构，保持和发展着“匝居”的聚落营造方式，从而部分地诠释了城乡一体的“亚细亚生产方式”学说。因为，一方面，许多乡村聚落拥有城垣、堡楼、街坊、庙宇等要素，俨如一座座城邑，如从汉代的“坞堡”到明清的庄寨、围堡均是如此；另一方面，城邑甚至都邑虽然看上去坚固伟岸，依然不过是政治权力和经济活动高度集中，等级制度极为森严，壕堑防卫更加严密，水平向扩展开来的巨型村寨而已，是乡村聚落的放大升级版。

2. 聚落原型与变换

从“匝居”的外在方式到聚落的内在构成，可以看到中国传统聚落源于商周“井田制”的“井”字形空间概念及其原型意象。所谓“井田制”，即以王室收取贡赋为目的的土地经营制度和划分方式。如周代王室拥公田，公卿以下据私田，遗有周代理想的营国制度，以百亩为夫，九夫为井，九井为国（都邑）。据此制度，田野的纵横阡陌就演变为聚落内经纬交错的街衢，并围合成闾、里等空间尺度及单位。后世的里坊、厢坊、街坊，以及后来的胡同、街巷和弄堂等都是这样演变而来的。但这一“井”状网格空间原型的聚落并非处处趋同，而是因地制宜，异彩纷呈，依循了“因天材，就地利，故城郭不必中规矩，道路不必中准绳”（《管子·立政篇》）的变通法则，适应地理环境和地貌条件的差异而产生拓扑变换。这就犹如某种语言，尽管“方言”各异，但“句法”和“语义”相通。或许以这样的解读，方可辩异认同、知恒通变，把握住中国传统聚落的结构本质及其演变方向。

3. 水系与聚落分布

中国传统聚落源于近水的邑居，据《史记·五帝本纪》：“禹耕历山……一年而所居成聚，二年成邑，三年成都”。其中，对水畔、雷泽、河滨等的劳作场所描述，均寓意了聚落是伴水而生的文化地景。甲骨文中的“邑”字右边旁加三撇表示傍水，即“邕”字的金文来历，同样表示聚落即环水的邑居。除了统治与防卫上的考虑，古代聚落选址的首要地理条件，是必须依傍满足漕运需要，方便物资供给的水系。因此，自上古以来聚落选址一般都位于大河的二级台地或其支流的一级或二级台地上。在物流以漕运为主的古代，这些水系可以说是聚落生存的命脉，对于都城而言尤甚，如长安、洛阳、汴梁（开封）沿黄河及其支流东西走向一字排开，建康（南京）、江都（扬州）濒临江淮，北京（涿郡）和临安（杭州）则处于南北大运河的两端。实际上历代中心聚落——都城在空间上的移动，均因应了文化地理的条件和漕运线路的兴衰，并与社会动荡、族际战争和人口迁徙相伴随。

4. 乡村风土聚落

在中国古代，与城邑聚落不同的是，乡村聚落社会是按血缘关系和经济共同体为纽带所形成的聚居系统，聚族而居的社会秩序和居住形式仰赖宗法制度维系，特别是自宋代以来，程朱理学倡导“敬宗收族”，形成了以祠堂、族田和族谱为核心的宗族组织及其聚居制度，宗法的社会结构更加趋于自组织化。但由于特定地域下的自然环境（如气候、地貌、水土、材料等）和人文环境（如宗法、宗教、数术、仪式等）的差异，聚落中的宗法秩序和空间布局亦有着同中有异的呈现方式，营造活动很少有统一法式的约束，较之城邑营造更加因地制宜，灵活多变，因而在与自然地景融为一体的有机生长中，保留了纯朴的古风和浓郁的地方性，可以说是千姿百态，谱系纷呈，表现了与西方的“场所精神”相类似的地方特质。以下按地理纬度和等降水量线，将中国各地域的聚落建筑分为四个区段。

1）农耕—游牧混合地区，即400毫米等降水量线以北半干旱北方地区的聚落建筑。如昆仑山南北侧和蒙古草原上游牧民族的帐幕、蒙古包；塔里木盆地周缘突厥语族—东伊朗民族的木构平顶阿以旺住宅；青藏高原上的藏式碉房，甘青地区各族建筑元素相混合的“庄窠”式缓坡顶两合院与三合院，以及青藏高原东部边缘的羌式碉房及合院等。

2）西北、华北和东北地区，即400毫米等降水量线以南至800毫米等降水量线以北之间半湿润北方地区的聚落建筑。如豫、晋、陕、甘各式窑洞，木构坡顶及包砖土坯（胡墼）墙房屋组成的晋系狭长四合院；东北、京、冀、鲁、豫木构坡顶、平顶、囤顶建筑构成的宽敞四合院等。

3）西南、江淮、江南地区，即800毫米等降水量线以南湿润地区的聚落建筑，如川、黔、桂、滇地区，以穿斗体系、干阑—吊脚为显著特征的楼居及合院，藏缅语族各民族的“土掌房”“一颗印”（“窨子屋”）“三坊一照壁”等合院；湘、赣、闽北地区“四水归堂”的天井合院或“土库”建筑；江淮地区介于南北方之间的合院和圩堡；徽州地区以堂楼为中心，高耸的马头墙、墙厦、精工木雕、楼面地砖为特色的天井合院；江浙地区穿斗—抬梁混合式的多进厅堂和宅园等。

4）华南地区，即大部处于1600毫米等降水量线范围的高湿多雨地区聚落建筑，如闽南、粤北地区客家、潮汕（闽系）聚落以夯土墙和木屋架构成的大厝、土楼、土堡、围龙屋；粤南广府地区大屋、天井、冷巷构成的合院群等。

总体而言，延续至今的乡村传统聚落基本上都是明清以来的遗存，说明经过两晋南北朝开始的由北而南为主流的历次民族、民系大迁徙，明清时期各地乡村建筑相对稳定的地域分布格局已基本形成，可以从民间流传的营造匠书和聚落族谱中得到印证。如元明之际的《鲁般营造正式》、明万历年间的《鲁班经匠家镜》和清末民初的《营造法原》等，对江南地方的民间建筑影响尤其广泛。

至于少数民族地区的乡村传统聚落，因源于不同的文化传统，其构成及相互关系比较复杂，与汉民族聚落也存在交融现象。比如，明清两代逐渐推进"改土归流"，在南方的少数民族地区以"流官"管理制取代"土司"世袭制，推进了汉族与少数民族的异质文化交融，但后者的"熟化"（或"汉化"）程度，大大超过了前者的"夷化"。

自1930年中国营造学社成立以来，在梁思成和刘敦桢两位学科巨擘的引领下，建筑史界对乡土民居的研究成就斐然，形成了传统建筑研究的分支领域。跨世纪以来，建筑史界对传统民居的人文地理背景和建筑形态分布区系已有一些学术探讨，并有过以传统建筑结构类型为主线的地域区划专题研究。但是这些研究成果怎样对城乡改造中的遗产保护难题产生积极影响，还有待实践中的借鉴和运用。

三、城乡改造与传统聚落

1. 消亡中的乡愁载体

自19世纪末以来，直到改革开放之前，传统中国逐渐从农耕文明走向了工业文明，演变进程是相对缓慢曲折的。尽管传统聚落的宗法社会结构已经崩解，但血缘和宗族关系依然得以延续，聚落的空间结构和传统风貌依然大致如故。随着近30年来城镇化和城乡改造浪潮的冲击，传统聚落的文化特征已发生巨变，大部分古城只保留着少量的历史文化街区。作为乡村传统聚落的大多数村镇，经过撤并集聚或自发式改造，使原有的自然和社会生态系统瓦解或巨变，残留下来比较完整，较多保留着原生态风貌的多在边远山区，占比很大的部分已破败不堪，或被低质化改造，总体上正以极快的速度趋于消亡。

据中外学者的研究，民国时期的城镇化水平不过10%左右，中华人民共和国成立直到改革开放前也只达到17%左右。20世纪70年代末改革开放以来，城镇化开始飞速地发展，城镇化率2018年已达59.58%，其中城镇户籍人口42.35%（包括拥有宅基地的部分镇人口和城中村人口），与欧美约75%～85%及日本93%的城镇化率相比仍差距明显。截至2016年，我国乡村自然村仍有244.9万个，基层自治管理单位"村民委员会"52.6万个，乡村户籍人口7.63亿，常住人口5.6亿，在本地和外地谋生的农民工约2.88亿。2017年全国城乡人均收入倍差2.72，一些贫困的山区和边远地区农村人均收入与全国城乡平均收入倍差则远高于这个数字，这些地方的衰败或空村化现象更加严重（数据来源自2017年、2018年国家统计局公布的数据）。

虽然这种文明进程在任何一个走向现代化的农耕社会迟早都会发生，但是中国作为人类文明诸形态中唯一保持了连续性进化的国家，文化传统的基因和源头即存在于城乡传统聚落之中。这一“乡愁”载体的消亡，不但会使国家和地方失去身份认同的文化根基，而且会使城乡一体化发展的战略目标发生偏差。

2. 风土建成遗产

在中国传统聚落的话语体系中，“民居”是对功能类型而言，“乡土”是对乡村聚落而言，而“风土”是对城乡聚落及其文化地理背景而言，三者均属同一范畴。因此，乡村聚落也是最具文化载体性的风土聚落，呈现了各个地域环境、气候和民族、民系背景下异彩纷呈的风土特质。西方的风土建筑研究可以追溯到法国18世纪新古典主义理论家德・昆西（Quatremère de Quincy），他最早指出了建筑语言的风土（Vernacular）和习语（Idiom）属性。到了当代，英国建筑理论家兼乡村爵士乐作曲家鲍尔・奥利弗（Paul Oliver，1927—），集风土建筑研究大成，在1997年出版了覆盖全球的《世界风土建筑百科全书》（*Encyclopedia of Vernacular Architecture of the World*），他认为研究风土建筑不只是为了记录过往，对未来的文化和经济可持续发展也是不可或缺的。随后R. 布伦斯基尔（Brunskill R. W.）在2000年出版《风土建筑：一部图解的历史》一书，把20世纪以前定义为“风土建筑时代”，以大量的插图详解了数百年来英国风土建筑在农耕时期和工业化早期的形态特征。

“建成遗产”是经由营造活动所形成的建筑、聚落、景观等文化遗产本体的总称。1999年，国际古迹遗址理事会（ICOMOS）在《风土建成遗产宪章》（*Charter on the Built Vernacular Heritage*）中，首次提出了“风土建成遗产”的概念，即特定风俗和土地上所建造的文化遗产，其保护价值今已成为全球共识。首先，“聚落建筑”作为风土建成遗产的第一保护对象，是城乡历史环境的栖居场所，也是民族民系身份认同和乡愁记忆的空间载体，携带着可识别的中国传统文化基因。其次，“营造技艺”蕴含乡遗的工巧智慧精华，是对其进行保护、传承和再生的意匠源泉，而只有将传统聚落的营造技艺真正传承下去，保护才是可持续的，才能使聚落遗产长存下去。再次，“文化地景”（或文化景观Cultural Landscape）呈现聚落的环境因应特征，是人工与天工相交融的在地景观。韩国建筑师承孝相，为了表达地景建筑创意，生造了“Landscript”（地文）一词，本意是强调人的活动在土地上留下的印记，就如大地书写一般。显然，“地文”需要保护和续写，即像日本的“合掌造”民居、中国的西递—宏村那样，严格保护好聚落遗产标本，激活历史环境的“场所精神”（Spirit of Place），在新建筑中创造性地转化风土建成遗产的原型意象。

3. 国家级聚落遗产

根据住房和城乡建设部和国家文物局颁布的最新保护名录，中国传统聚落列入国家保护名录的有三大类，均可看作风土建成遗产。其一为100多处“国家重点文物保护单位”身份的传统聚落；其二为国家历史文化名城、名镇、名村，包括135座“名城”、312个“名镇”和487个“名村”；其三为6819个部分由国家财政资助保护的“传统村落”。此外，皖南古村落西递—宏村、福建土楼、开平碉楼与村落，以及红河哈尼梯田文化景观等4项乡村传统聚落及景观被收入世界文化遗产名录。

这其中的传统村落数量最为庞大，部分还同时具有国家级历史文化名村及重点文物保护单位的身份。其分布特点为：南方约占全国总量的78%，大大多于北方；山区多于平原、盆地，如晋、湘、滇、黔、闽的山区占比超过全国总量的二分之一；方言区多于官话区，如晋系方言区约占北方各官话区总和的40%左右；工业化、城镇化起步较晚的地区多于起步较早的地区，如西北地区多于东北地区；城乡人均收入倍差相对较高的地区多于发展水平相近的较低地区，如贵州、云南处于全国传统村落数量排名前列。

上述的三大类传统聚落遗产保护系列中的前两类，有着相应的国家保护法规及实施细则，生存问题相对无虞。而第三类——传统村落量大面广，没有直接的相应保护法规作保障，其生存问题看似有国家财政资助，实际状况则堪忧。

四、传统聚落的保护与活化

1. 模式与问题

对风土建成遗产的专项保护，比较典型的首推北欧斯堪的纳维亚半岛的挪威和瑞典，这里在第二次世界大战前最早以民俗博物馆的方式，保护和展示当地的风土建筑，这种方式随后风靡欧洲大陆和英国。1952年英国“古迹委员会”将18世纪以前的风土建筑均纳入了保护名录，特别值得注意的是，英国将乡村划为120个自然区和181个特色景观区，这是可以借鉴的乡村文化地景谱系保护策略。日本于20世纪70年代兴起的“造村运动”，是通过农业升级改造、乡村特色塑造和技术培训投入，提振乡村经济社会活力和磁力，最终使乡村聚落得到活化和再生。聚落遗产保护和传承是其中的一个部分，如长野县的妻笼宿和岐阜县的马笼宿，其风土建成遗产在存真、修缮、翻建、活化等方面皆有坚定的价值坚守和丰富的保护经验，可供中国乡村风土建成遗产保护和再生实践学习借鉴。

我国城乡风土建成遗产保护与活化前后已历20载左右，经验和教训并存，其中数量占大多数的乡村聚落遗产保护与活化主要有三种模式。第一种为国家文博体系和大型国企主导的乡村博物馆模式，如山西的丁村、陕西的党家村、湖南的张谷英村、福建的田螺坑土楼群及玉井坊郑氏大厝等，经费、法规、导则等条件较为完善，部分村民通过村委会组织参与经营活动受益。第二种为社会企业主导的风土观光综合体模式，乡村聚落遗产由企业与当地政府、村自治体——合作社以契约形式合作及分成，如安徽黟县宏村、浙江松阳县村落、山西沁水县湘峪村、福建连江县杜棠古村三落厝等。第三种为村自治体主导风土生态体验区模式，以由村自治体所属企业及乡村活化能人掌控风土观光资源，进行乡村聚落开发，村民参与其中的相对较多，受益也相对大一些，如安徽黟县西递村、山西平遥县横坡村、陕西礼泉县袁家村、山西晋城市皇城村、福建屏南县北村等。

不可忽视的是，乡村聚落遗产在保护和活化中存在一些带有普遍性的问题和挑战：一是大多没有以乡村经济、社会的改造升级为根本前提，而是过多地依赖于旅游资源的消耗；二是管理政出多门，既条块分割，又一事多管，造成一些村落一村多名，准入标准和处置方式交错低效；三是原住民生活资料——集体土地、宅基地和房屋处于不确定的流转状态，所有权和使用权分离，但土地与房屋租金普遍低廉，收益分配不成比例，原住民的公平共享诉求难以兑现，存在着大量的权益矛盾和法律纠纷，潜在的社会风险已然存在；四是维修和民宿化改造等多为村民自发行为，存在严重的安全隐患，如结构安全意识薄弱，涉及公众安全的强制性技术规范和安全施工监管缺位，消防间距、人身防护不合规范的状况随处可见，声、光、热等室内环境控制指标大都达不到基本使用要求；五是宅基地内滥建低质楼监管缺失，低质翻建率常在一半以上，严重的达70%～80%，使村落风貌严重失控，而招揽观光的利益驱动导致拆真造假现象也随处可见；六是薪火相传趋于中断，大部分营造技艺面临失传，由于种种原因，“非物质文化遗产传承人”名誉并未起到明显的弥补作用，传统意匠及技艺存续与再生尚待突破，新旧修复材料融合手段薄弱等问题普遍存在；七是同质化严重，社会资金普遍投入乡村聚落保护与再生项目的可能性有限，而传统村落依赖国家财政扶持也是很有限的，且不可持续。

2. 标本保存谱系化

当下我国城乡风土建成遗产的保护与活化，首先并不是个建筑学问题，而是涉及保护什么，如何保护，怎样活化的实质性问题，与经济、社会的可持续发展背景息息相关。从物种标本保存的战略眼光看，传统聚落保护与活化的前提是对聚落遗产标本的保存和研究。

少量被定格在某个历史时期或文化样态下的聚落遗产，比如平遥、丽江古城以及各地名镇、名村一类进入各种遗产名录，是受到严格保护的风土建成遗产标本。但这些遗产标本只是聚落遗产中极小的一部分，我们认为，实际上需将我国城乡风土建成遗产按民族、民系的语族区或方言区进行全覆盖，成体系地作分类分级梳理，为后世存续完整的风土建成遗产谱系标本，兹事体大，关及国家和地方历史身份和文化传承的根基。因此，应依风土建成遗产谱系统一甄别、筛选和认定聚落遗产，再以地景修复、聚落修补和技艺传承为基础，将之纳入再生过程。当务之急，是应对其谱系构成缘由与分布有比较系统的认知。

由于语言作为文化纽带的重要性仅次于血缘，而风土在语言学上的含义，即连接一个地方聚居群体的交流媒介"语缘"，既可代表不同的文化身份，也可作为判断各文化身份间亲疏关系的参照。因此，从文化地理学和人类学的角度，可尝试以民系方言和语族—语支为参照，对各地风土建筑做出以"语缘"为纽带的谱系分类区划。总体上看，历史上语族相近，说明有相关的文化渊源；语族的方言或语支相通，说明血缘和地缘存在关联性。传统的汉语族—方言和少数民族的语族—语支是在漫长的历史变迁中，由于地理阻隔及民族、民系迁徙所形成的。虽然建筑谱系和语言谱系是否完全对应确是个问题，但设若不同族群在语言上可以交流，则其聚落及建筑一般也会存在交互关系。

参照语言人类学家的语缘区划，汉藏语系的汉语族民族民系聚落及建筑谱系主要可分为：其一，东北、华北、西北、江淮和西南等五大官话区建筑谱系；其二，华北的晋语方言区建筑谱系；其三，江南的吴语、徽语、赣语和湘语四大方言区建筑谱系；其四，华南的闽语、粤语和客家语三大方言区建筑谱系。少数民族语族区聚落及建筑谱系主要可分为：其一，西南地区汉藏语系藏缅语族17个民族的建筑谱系，壮侗语族9个民族和苗瑶语族3个民族的建筑谱系；其二，北方地区阿尔泰语系突厥语族7个民族，蒙古语族6个民族和通古斯语族5个民族的建筑谱系等。此外，还有少量西北地区印欧语系斯拉夫语族和伊朗语族的民族的建筑谱系，以及华南地区南亚语系和南岛语系民族的建筑谱系。以这样的谱系认知方式，对风土建成遗产谱系遗产的标本系列进行谱系化的保护，是有重要意义的一种尝试。

突厥语族区建筑：定居区、游牧区；其他区建筑	蒙古语族区建筑：定居区、游牧区；其他区建筑	通古斯语族区建筑：定居区、渔猎区；其他区建筑
北方官话区西部建筑：河西、关中	晋语方言区建筑：北部、中部、东南部	北方官话区东部建筑：京畿、胶辽、东北
西南官话区建筑：滇、黔、川、鄂	北方官话区中部建筑：豫、鲁	江淮官话区建筑：淮、扬
藏缅语族区建筑：藏区、羌区、彝区、其他	湘语方言区建筑：湘西、湘中、湘东；赣语方言区建筑：豫章、临川、庐陵	徽语方言区建筑：歙县、婺源、建德；吴语方言区建筑：苏州、东阳、台州
壮侗语族区建筑：壮区、侗区、其他	客家方言区建筑：西部、中部、东部	闽语方言区建筑：闽中、闽东
苗瑶语族区建筑；其他区建筑	粤语方言区建筑：桂南、粤西、广府	闽语方言区建筑（闽南）：潮汕、南海、台湾

我国民族民系风土建成遗产谱系分布示意图

3. 大量性传统聚落的出路

除了经典传统聚落风土建成遗产谱系的标本保存，大量性的传统聚落，特别是乡村聚落，总体上面临着景象劣化、原有建筑被大量低质改建、乡村经济和民生有待振兴的境况。因此，需要将聚落有机更新和文化地景再造，作为未来发展的主要方向。实际上，对大量性传统聚落的可持续发展而言，实践中应考虑保存有标本价值的聚落典型建筑，延承风土营造谱系所曾依存的地貌特征、空间格局和尺度肌理，再造出隐含着基质原型、适应生活变迁的新风土聚落及文化地景。

此外，传统聚落遗产管理系统和遗产归口的合理化，遗产运作的信托化，遗产基金、社会“领养”

和活化途径的模式化，营造技艺传承的制度化，以及保护技术的系列化等，都应作为传统聚落保护与再生的改进方面加以关注和实施。

五、关于丛书编纂

这部丛书是第一部关于中国传统聚落特征与保护的大型研究集锦，内容覆盖了各省市自治区传统聚落的历史溯源、地域特征与现存状态、保护与活化的方法与途径，以及未来走向的展望等。丛书中的“传统聚落”聚焦于狭义的“村”和“镇”，并可选择性地涉及“城”，即“县”或“市”的老城区，如北京的胡同和上海的弄堂。书中内容兼顾理论观点和叙述方式的历史性、逻辑性和独特性，引述材料要求真实可靠，体例同中有异，充分表达地域特征，并将之纳入史地维度和经济、社会发展的叙事语境。保护与活化内容要求选取兼顾普适性和典型性的工程实践案例，对乡村振兴中的建成遗产存续和再生问题进行全方位的讨论。由于本丛书仍是以行政区划单位作为各分册的研究范畴，难免存在少量跨省市区之间的互涵和重复内容，但作为一部大型丛书，总体上还是完整统一的，其中不少篇章都可圈可点，对乡村振兴和传统聚落的未来探索有多方面的参考价值。

（本文主要内容及参考文献见《建筑学报》2019年12期）

中国科学院院士、同济大学教授

己亥夏至于上海寓所

序二

聚落，是人类聚居和生活的场所，《汉书·沟洫志》曰："或久无害，稍筑室宅，遂成聚落"。聚落这一概念最早出现时是为了描述区别于都邑的居民点，现在已泛指人类生活地域中的村落和城镇。聚落是在各个地域内发生的社会活动、社会关系和特定的生活方式，并且是由共同的人群所组成相对独立的生活空间和领域。传统聚落主要是指具有一定历史性的城乡聚落，拥有物质形态和非物质形态的文化遗产，是先人运用自己的智慧，依据自然、气候、地理、习俗等环境因素建立的适宜的居住空间，同时具有较高的历史、文化、科学、艺术、社会、经济价值，能够反映一定历史时空的社会物质文化与精神文化的重要载体。

传统聚落是人们与自然协调过程中不断地尝试和调整所形成的，是在一定的时空条件下的总结。传统聚落是一定地域空间范围内的人文现象，它既是一种空间系统，也是一种复杂的经济、文化现象和社会发展过程。其起源、形成、发展均在特定地理环境和社会经济背景中，通过人类活动与自然相互作用下的结果，是对自然地理条件、社会治理结构、文化机制作用等多方面的缓慢调整适应，既是人类不断地适应、改造自然环境的实践积淀和智慧结晶，也是特定地域环境人地关系的空间反映。正如本套丛书之一《云南聚落》编写作者杨大禹教授所说："几乎所有的传统聚落，作为联系自然环境和人文环境的中介，从它们的地理分布、外部整体形态、内部空间结构，到聚落与周围自然环境、山水地形的紧密关系，都体现出因地制宜、和谐有机的共同规律。"这些共识是协调当地的地理条件、社会风俗与生活方式等积累而成的。在以聚居为主的生活模式下，都会充分考虑到聚落的环境特点，尽量找到资源配置最为合理、微气候最为和谐的场所。聚落形态与民居建筑形式的存在，与人们应对自然环境的生理、心理需求有着千丝万缕的联系。所以，传统聚落都能反映出在一定的地域空间环境、一定的民族和一定的历史时期所承载的建筑文化底蕴。

传统聚落作为中华文明的一种载体，凝聚着具有地域性、民族性与艺术性的布局特色和建筑风采，以及文化习俗下构成的聚落分布、空间格局、生产模式、景观形态等风情各异、千姿百态的元素。传统聚落是先人们长期适应自然，与自然和谐相处的历史见证，凝聚着中国悠久的农耕文明，展示着人们自古至今的生存智慧，可以说，传统聚落承载着中华文化精华和中华民族精神。所以，保护传统聚落就是维系中国传统文化的延续，就是在保护中华文明的根。

对于聚落空间的研究，既要把控聚落自身各种要素以及各要素之间的相互关系，也要关注聚落内部空间与聚落外部空间之间的关系，从而进一步了解单个聚落与同一个地域内其他聚落之间的关系，以便获得对聚落空间完整概念的把握。通过对传统聚落特色的系统研究，包括将传统聚落的不同历史发展阶段，各种历史文化要素和不同形态载体归纳合一，作为相互交融、贯通的体系来研究，从理论层面上梳理传统聚落各种有关形成、发展、演化的普遍规律和地区特征，挖掘其精神文化及生命智慧，发现其内在的文化价值，尊重其自身的运营机制，肯定其在现代聚落发展中的积极作用，以丰富我们对于人类聚居的认识。

长期以来，我们的先人经过不断的实践，运用了他们的丰富智慧，无论在聚落总体布局或在民居建筑技术、艺术方面都取得了很高的成就，积累了丰富的经验。传统聚落生存智慧拥有中国优秀传统文化的内核，是体现传统建筑智慧最具特色的代表。如何重新再认识传统聚落所具有的地域性、民族性与文化多样性特征，进一步发掘潜藏其中的营建技艺、理论精华和创造智慧，寻求传统聚落的持续发展相应的理论支撑，是我们当前重要的课题。当然，蕴含着中华文化基因的传统聚落更是当代建筑文化特色形成的基础，值得我们去进行研究、总结、学习和借鉴。

“中国传统聚落保护研究丛书”各卷作者综合运用文献研究法、调查研究法、比较研究法、定性分析法等科学研究方法，建构传统聚落研究的基本思路。采用文献分析、田野调查、理论研究与实证分析结合、系统化分析等方法，通过对学术文献、地方志、文书族谱等史料资料进行梳理筛选，对现有传统聚落进行建筑测绘、口述访谈，在吸取前人研究成果的基础上，归纳总结我国传统聚落发展特点及其背后蕴含的丰富文化和物质内涵，从整体上考虑多元文化影响下的传统聚落特征。丛书作者在编写过程中，借鉴历史学、社会学、建筑学、城乡规划学、文化地理学、景观生态学等跨学科交叉的思路，采用融合融贯的研究模式，既对传统聚落的基本共性特点归纳总结，也对受各区域条件影响的传统聚落比较分析，从整体上来把握研究对象。

在新时代的聚落发展和建设中，对传统聚落的保护与研究就显得尤为重要。传统聚落所呈现出来的优秀空间格局与营造技艺，不仅能给聚落的保护更新提供更为合理的方法途径，同时也能为新时代的聚落建设提供更多的方式方法及可能性。探究历史文化基因的内在联系，研究传统聚落的起源、演变、特点和价值，为传统聚落的传承提出依据，以便于更好地加以保护与利用。与此同时，在弘扬与传承优秀传统文化的基础上，探寻传统聚落发展模式及其保护的策略与原则，对保护与更新提出更为具体的要求与措施，构建整体保护的格局理念，以及与其相适应的、分级分类的传统聚落保护体系，更好地把握传统聚落在当代的发展道路与方向。

“中国传统聚落保护研究丛书”的编写希望以准确翔实的史料、精确细腻的测绘、真实生动的图片来全面展示中国传统聚落悠久的历史、灿烂的文化、淳朴的民风。由于各地区的状况不同和民族差异，以及研究基础也会参差不齐，故在编写中并未要求体例、风格完全一致，而以突出各地区传统聚落自身特色，满足各地区建设的需求为主。同时，丛书的编写，也希望对全国各省、直辖市、自治区传统聚落保护与传承、历史街区与传统村落建设，以及城乡人居环境提升起到重要的参考与指导作用，这是本套丛书研究编写的目的和意义所在。

2020年11月16日

前言

聚落，按照《辞海》的解释，即“村落”，当然在其之后还附有一句“人们聚居的地方”。翻阅其他辞书，定义基本相同。然而，“人们聚居的地方”似乎并不应仅仅限于村落，像市镇、城邑也有人聚居，而且它们的规模更大于村落。

我们探讨聚落缘起时，常常会引用司马迁的“一年而所居成聚，二年成邑，三年成都”（《史记·五帝本纪》）。其中所谓的“聚”，大多都被解释为村庄。但若问，一个村庄需要经一年之久方能建设完成，那么在此期间，村中居民将何以进行正常生活呢？可见，这里所指应该不是普通村落，至少会是稍具规模、有更高要求的中心聚落，也就是日后都城的雏形。同样在《史记》中还记载，古公亶父因受“戎狄之苦”而迁居岐下，称其“贬戎狄之俗，而营筑城郭室屋，而邑别居之”，“豳人举国扶老携弱，尽复归古公于岐下。及他旁国闻古公仁，亦多归之”（《史记·周本纪》）。《吴越春秋》则将此事记为：“邠（豳）人父子兄弟相帅，负老携幼，揭釜甑而归古公。居三月成城郭，一年成邑，二年成都，而民五倍其初”。由此进一步说明，书中所称的“聚”乃是指一座与城市类似的中心聚落，甚至就是都城。据此，“聚落”的定义，就应该指包括城邑、市镇、村落在内的所有人类聚居生活和生产的场所。

在我国古代，数千年来文化的因循相袭，包括建筑在内的无数物质文明，基本延续着既有的轨迹平缓发展，由诸多建筑与周边环境构成的聚落形态也因此没有出现突变，而明确的人地关系、超稳定结构的文化约束又使得那里居民的生产、生活方式得以长期延续。只是晚近以来，社会的发展、外来的影响，使我国的城市、乡村都发生了翻天覆地的改变，无论是聚落的外观形态还是内在的生活方式、生产关系都有了本质的变化，融入许多与过去完全不同的内容，于是人们用“传统聚落”一词以区别已改变了传统特征的城、镇与村落。

近现代以来，由于大城市一直是经济发展的前沿，它们的改变也最为迅速，即便许多有着悠久历史的城市，或许还保留有一定区域的传统风貌，却已经难以称之为“传统聚落”了，至多是将那些传统风貌尚存的地段称之为“历史街区”。规模稍小的镇、市、乡村，其实在近数十年间也已有了很大的变化，只是相对于大城市，它们的变化仅仅是幅度稍稍小一点而已。所以，今天我们希望通过尚存的聚落来了解、理解传统文化，分析古代文明的形态、特征，显然那些形貌改变稍小的镇市及乡落聚落无疑是可以见到的最好的实例。

今天的江苏境内，自十分久远的时代就已经有了人类活动的踪迹，随着社会的发展，各类聚落也相继出现。由于优越的地理环境和良好的气候条件，这里逐渐发展成为我国经济最发达的地区，各类聚落的数量，甚至质量都有了大幅度的提高。虽说经济富庶通常会成为生活追求的基础，江苏地区出现了以精致、典雅著称的苏式建筑，以宏敞、富丽闻名的扬派建筑，在省内其他地方的民居建筑中同样也能找到各自的特色。然而，若以聚落作为考察对象，就会发现过去的任一聚落之中，都不会全部由制作精良的深宅大院构成，那些被视为优秀的民居通常只是其中的一部分，甚至是较少的部分，更多的则是被认为品位较低，以至于只是"土阶茅茨"的平民建筑。如果从一个地区来看，乡村聚落数量肯定要更多于城市乃至市镇，而当年社会地位的低下、经济条件欠缺，所以"土阶茅茨"的民居往往成为其中的主体。

由于建筑一方面承担着满足人们生活中的各种功能需求，另一方面也是其主人身份、地位的某种象征，所以随着数十年来社会的发展，许多人在生活水平得到提高之后，率先想到的就是拆除、改建自己旧有的居宅，于是那些品质稍差，甚至只是被认为不足以显示经济发展水平的建筑就开始逐渐消失。在苏南乡村，曾经流传着这样一句话：说是"50年代住草房，70年代翻瓦房，80年代造楼房"，后来又增添了"90年代楼房改洋房"。细细解读就可以品味出这样的信息，首先揭示出即便在经济水平最为发达的苏南地区，过去以草房为主的乡村聚落也曾普遍存在；其次是反映了自20世纪50年代以来，半个多世纪中苏南乡村聚落迅速变化的进程。因此，从当我们以整个江苏地区来看，历史原因造成了经济发展的不均衡，绝大多数地方的经济发展弱于苏南太湖平原地区，那些地方的聚落品质也必然呈现出较苏南更低的水平。比如在江淮之间，直到20世纪80年代初，全部由土墙、草顶建筑构成的乡村聚落依然存在。改革开放之后，在同样的政策和同一激励机制之下，那些起点较低的地方也就更容易改变面貌了。按照"现存建筑有一定的久远度，文物保护单位的等级达到标准，传统建筑的占地规模、现存传统建筑（群）和周边环境保存有一定的完整性，建筑的造型、结构、材料及装饰有一定的美学价值，并有对传统技艺的传承"的标准，江苏地区未能有更多的乡村聚落能够进入"传统村落"的名录也就可以理解了。

近年来，由于人们对于历史、文化的关注日益增强，从文物建筑的保护到传统村落的保护，都反映出了作为一个历史悠久的国家，对于自己的文化进程以及所创造的物质文明价值理解的逐步深化。因此，探究传统聚落不仅仅被认为是一个学术课题，更被提高到具有凝结历史记忆、反映文明进步等方面的重要作用，对于当今方兴未艾的旅游业，村庄建筑的古朴幽邃、田野环境的明媚清新等都能成为潜在的、不可再生的资源，于是社会上的各种力量都开始将注意力投向乡村、投向古镇。本书也希望借此机会，在对江苏聚落已有深入调查的基础上，阐述个人的一己之见。

本书将用八章的篇幅对江苏省尚存的传统聚落予以梳理，以期揭示它们的形成机理、构成方式以及风貌特征。第一章主要考证各类聚落的形成机制，并分析其文化特征；第二章分析江苏地区的聚落演变、影响聚落特征的因素等；第三章主要探讨聚落民居的建筑形制和特色；第四至第七章以文化地理学的概念将江苏分作四大区域，分别对其中的聚落实例予以分析、探讨；第八章主要讨论了影响聚落传统文化的传承与发展的原因及作者对此的见解。

虽然本书容涵了作者多年研究形成聚落、民居建筑的思考，在写作过程中进行了深入的调查和踏勘，但限于自己的见解，其中或许会有不足和缺陷，十分期待在出版刊行后能得到同行的批评、指教。

2020年4月

目录

第四章　江南地区的传统聚落

第五章　宁镇地区的传统聚落

第六章　淮扬地区的传统聚落

第七章　徐海地区的传统聚落

第八章　历史聚落中文化的传承与发展

与不少人类文明一样，聚落形成于十分遥远的年代，当时尚未出现诸如文字甚至是图画之类足以流传后世的记录资料，以至于今人只能凭想象予以推测。虽然某些说法“流传既久”，似乎“未可遽更”，但若用逻辑予以推导，引证其他相关学科的常识，未必就是“沿用已久，遂成故实”。而且，这样的“大胆假设”，有时还需要有新的资料的发现才能得到“求证”，让“学说”更接近于事实。

第一节　游徙与定居

聚落是人类聚居生活和生产的场所，所以定居常被看作聚落形成的前提。

一般认为，早期人类主要以狩猎和采集作为谋生的手段。为了获得生存必需的食物，他们需要跟随动物的奔跑或因循季节的更迭作长途迁徙，因而常常“居无定所”。直到大约距今1万年前后，农业革命终于让人们的生产和生活方式发生了巨大的改变。因为农耕生产、等待谷物或其他可充当主食的作物成熟需要时间，于是他们就在栽种这些植物的土地旁边搭建起了各式房舍，聚落也就由此诞生。

然而，是否还有另外的解释？因为动物学的研究让我们看到，在非洲大陆刚果河两岸生活着人类的近亲——黑猩猩与倭黑猩猩，数百万年以来，因为它们生活的区域大致稳定，以至于由于河道的阻隔令彼此呈现出十分明显的种群特征。同样，如今已发现并发掘的上古人类文化遗址中，即便是旧石器时代的遗址也存在着一定厚度的文化堆积层（图1-1-1），这反映出早在农业革命到来之前，他们也有相当长的时间在某一地方逗留，即定居的事实。除非遇到无法抵御的环境灾变，绝对不会像洄游的鱼群或迁徙的候鸟那样，每年都要作常态的长途旅行。而在今天，世界上还有不少以畜牧为主要生产方式的部族，受气候的影响仍保持着季节性、周期性的迁徙生活，但他们的迁徙通常也只有几十公里的范围，且为方便相互照应和相互帮助，他们的徙居之地通常会有数十户居民比邻而居。可见，早期人类并非如许多人想象的那样，时刻处在长途迁徙之中，相反，定居却是他们的常态，只是当时的历史缺乏文字的记载，唯有从那些散落的石制工具以及动物骨骸化石中推测可能的答案。或姑且将农业革命开始之前称之为“前聚落”时代吧。

当然，农耕与定居的联系更为密切确是事实，而且生产方式的改变，也使乡村聚落与之前的居住场所发生巨大的差异。比如过去常被用于充饥的某些植物根茎、果实，由于其产量有限而渐渐为人们所遗弃；为了能够种植更多的谷物，他们有时不惜放火清除那些曾经帮助人们免受饥饿的乔木、灌木和其他所谓的杂草。于是，人地关系被重新建构，以往的采集者逐渐变成了从

图1-1-1　江苏地区发现的打制石器

事耕种的农民。而农耕还需要用更为精细的手法来进行播种、施肥、灌溉、除草、防虫等，这将耗费大量的时间。因此，为了有更多的时间照看庄稼，人们就把自己居住的屋宇设置在农耕作业场地的周围，以便节省下往返的非工作时间，使田间管理得以保证，因而他们的活动范围也就变得越来越小（图1-1-2）。

在我国，尽管广袤的汉民族聚居地被认为拥有最好的环境，草木丰盛，土地肥沃，加之气候适宜，进入农耕时代之后，生产和生活条件基本稳定，但难免也会有天灾人祸的发生。当严重的水旱、疫病以及兵燹等自然或社会问题发生，并影响到定居居民的生存时，被迫离开赖以为生的聚落往往成为最后的选择，他们向着自以为可以避难、求生的地方迁徙，原本依附于土地之上的农民又变成了漫无目标的游徙“流民”，这样的现象在有史料记载的时代仍然十分普遍。居民的离去，使村庄开始破败、建筑陆续倾圮、田园逐渐萧疏、荒芜，聚落似乎在自然中被降解。直至灾难过去，人们陆续返回，或者又有新的迁徙者来此定居，再度从筚路蓝缕中开始聚落新一轮的兴衰轮回。

由此可见，即便自农耕时代以来，定居并未被绝对地固定下来成为恒定的形态，聚落一直是在定居与游徙的交替中不断更迭与发展。

（a）渔猎时代

（b）农耕时代

图1-1-2　渔猎与农耕

第二节　聚落的形成

在极为遥远的上古时代，人类其实已经登上了历史的舞台，只是缺乏有效的记载，唯有通过传说或考古活动中找到的化石、遗物来发现一些他们确实存在的蛛丝马迹。与其他动物一样，早期人类在大地上繁衍生息时，并没有表现出什么特别之处，甚至较那些鸷禽猛兽还更显羸弱①。为了抵御自然环境的严寒、酷暑，

①《荀子·劝学篇》：“登高而招，臂非加长也，而见者远；顺风而呼，声非加疾也，而闻者彰。假舆马者，非利足也，而致千里；假舟楫者，非能水也，而绝江河。君子生非异也，善假于物也”。

他们需要拥有能够遮挡风霜雨雪的栖息居所。历史学家告诉我们，早期的人类主要栖息于天然的岩洞之中，而且考古学的成就也证明，能够找到的早期人类遗址基本都在山洞之中（图1-2-1）。然而，这样的洞穴并非随处都有，尤其是在像今天江苏省平原地带。那么他们是否也会利用树枝、竹竿之类搭建自己的容身之所呢（图1-2-2）？借助动物学的常识可以知道，像鸟类有栖息在山崖石隙的，也有居住于大树柱洞的，更多的是生活在由自己用捡拾的枯枝搭建于高树枝杈上的鸟窝中。同样，当我们在博物馆中见到那些带有孔洞的石斧，原本还应该带有便于挥动的木把和绑扎的绳索，骨镞及青铜箭镞的后面原本还应该带有竹、木箭杆，只是

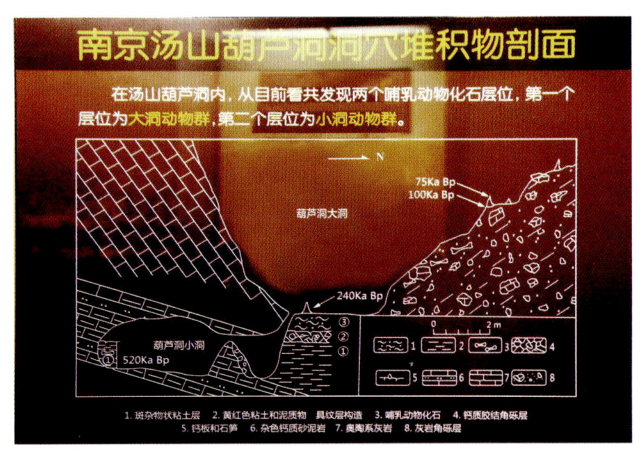

图1-2-1 “南京直立人”居住的南京汤山葫芦洞

图1-2-2 用树枝、竹竿之类搭建居所

那些竹、木之物经过长时间的自然侵蚀已经朽烂。所以依据推测和逻辑判断，早期人类也应该使用过用竹木搭建的居所，而且不在少数，只是这些东西不似石头的岩洞，可以被长久地保存下来。

随着时间的推移，并在人们不断地改进之下，那些功能不甚完善的、结构不太合理的居所形式逐渐被淘汰，终于使那些由人工构筑的建筑、村庄、聚落得以更趋合理。在今天江苏省的范围内，现已查明的新石器时代遗址约有数百处之多，其中已发掘的数十处遗址中，发现了许多这一时期的建筑遗址，由此可以了解到，当时的建筑平面有矩形，也有圆形；地面已有夯打、烧烤处理；柱洞的发现反映了当时已经采用构架体系；残留的编篱夹泥墙进一步证实了墙体并不承担承重的作用。而在一些残存的建筑构件上又让我们看到榫卯，这说明我国传统建筑特有的结构形式在此时已经被广泛运用（图1-2-3）。建筑中已经有了防潮、排水措施，这反映出当地居民在应对当地潮湿多雨的气候环境方面已经有了丰富的经验。

某些发掘面积较大的遗址中，还可以看到当时聚落的大致形态。如吴江梅堰龙南良渚文化遗址，河道穿越了整个聚落，房舍分布在河道两侧，呈向心围合式布

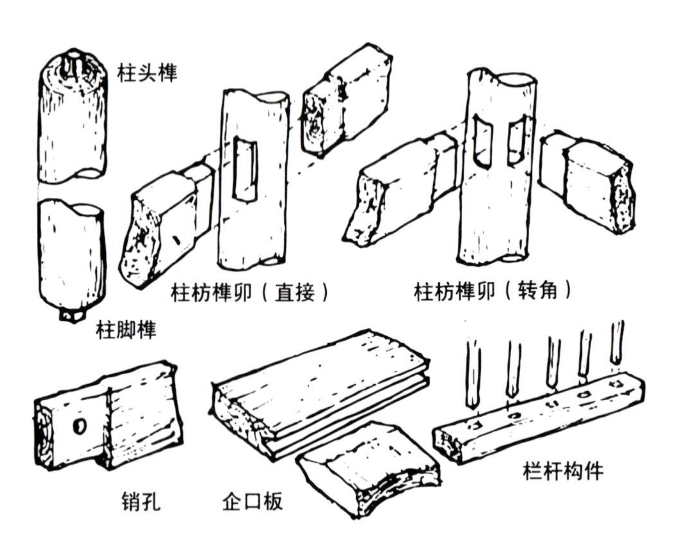

图1-2-3 早期的建筑榫卯（摹自潘谷西《中国建筑式》）

置，房舍附近还有铺砌了石子的村道，这与当地后来的村落布置已相差无几（图1-2-4）。又如连云港藤花落龙山文化遗址中，数十座房舍群为两重城垣所包围，外城的外侧还绕以城壕。城中的建筑规模不大，有矩形的单间房、双间房、排房、“回”字形和圆形房等，其中还有一座规模远大于周围其他屋宇的，推测为用于宗教、祭祀或其他大型集会活动的大型建筑。建筑附近还发现有道路、水沟、水坑等遗迹[①]。

类似的聚落在太湖流域还有诸如莫角山、福泉山、赵陵山、寺墩遗址等。在连云港地区周围也有桃花涧遗址、大伊山遗址、二涧水库遗址、陶湾遗址（含九龙口）、大村遗址（含小村遗址）、朝阳遗址等。这些遗址中出土了斧、锛、刀、镞、凿等石器，有鼎、罐、盆、盘、豆、杯、器盖等陶器，还有少量玉器。动物遗骸可以辨认的有鸡、猪、牛、鹿、狗等，还有鱼类。这些遗址中大多发现有炭化稻米、稻壳的存在（图1-2-5）。依此大致可以勾勒出距今约7000年前江苏大地上人们生产与生活的轮廓：当地居民已经进入农耕时代，种植开始上升为主要的生产方式，家畜饲养较为普遍。由于水网密布，渔猎经济依然占有一定的比重。

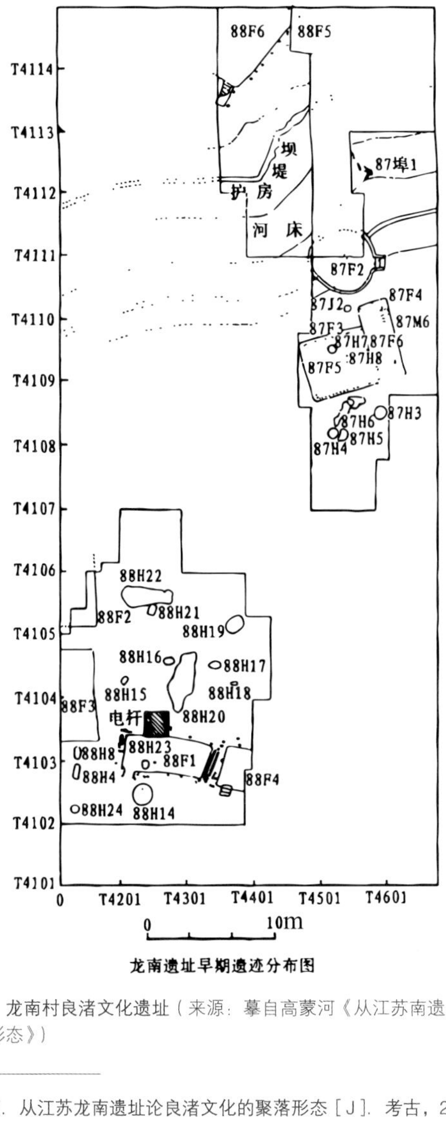

龙南遗址早期遗迹分布图

图1-2-4　龙南村良渚文化遗址（来源：摹自高蒙河《从江苏南遗址论良渚文化的聚落形态》）

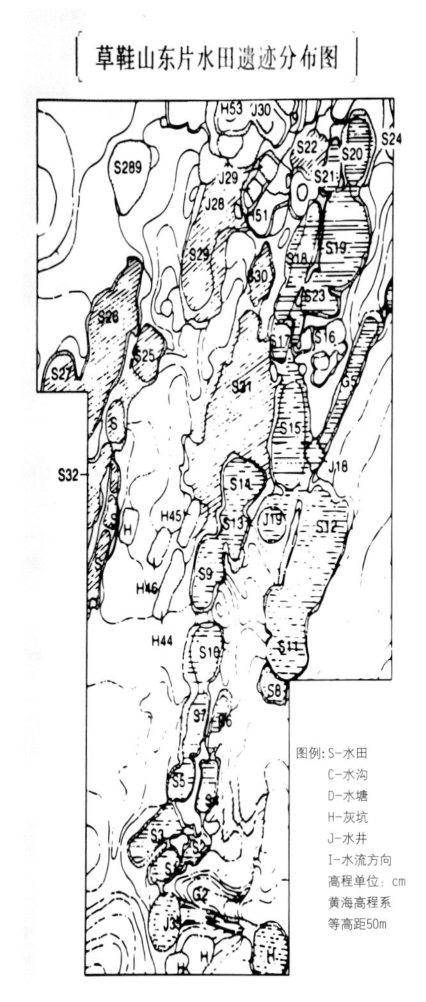

图1-2-5　苏州草鞋山新石器时期水稻田遗址

① 高蒙河. 从江苏龙南遗址论良渚文化的聚落形态［J］. 考古，2000（1）.

第三节　聚落的扩散

人类在进入农耕时代之前，食物来自狩猎与采集，运气不好或时节不对，往往会令他们得不到所需的食物而忍受饥饿，从而影响繁衍，人口数量十分有限。自从产生了农业生产，尽管等待作物的成熟需要时间，但若能达到一定的种植规模，不仅在作物成熟之际可以获得充足的食物，即便是在青黄不接的时节，依靠储存，也不至于挨饿，所以食物的供给有了基本保障。与生物界所呈现出的规律一样，当人类有了充足的食物之后，迅速繁衍也就接踵而至。

聚落人口的增长，并未像有人想象的那样，会向周边以蚕食般地进行扩张。因为生存和繁衍需要占有相应的资源，尽管最初的聚落周边还是榛莽荒原，可供继续开垦，但农耕生产需要耗费大量的时间用于田间管理，如果采用这样的扩张方式，至少生产的农地会与人们居住场所越来越远，由此将会导致原本可用于田间管理的时间无谓地消耗在了往返路途之上（图1-3-1）。其实广义动物界的领地意识或许就是为了它们生存和繁衍能获得资源保障；植物利用自然的风力，借助于动物的帮助将果实、种子带向远方，似乎也有不希望在物种繁衍之后抢夺生长的阳光、水分。所以，人类在聚落人口增长时采用了与生物界相似的处理方法，即“分家”的形式。

让原聚落中家族的一支向外迁移，或在邻近荒原中进行开垦，组建新的聚落；或远徙他乡，寻找适宜的地方开辟新的家园，这在费孝通先生的《江村经济》中有具体的论述，虽说他所阐释的是晚近江苏吴江地区的乡村聚落，但这样的情况并非仅仅出现在当时，而是更早的时期应该就已普遍存在。若结合姓氏源流及其迁徙的研究，就可以看出这种“分家”的做法应该出现极早，且十分普遍。也正因为如此，我们至今所见的绝大多数

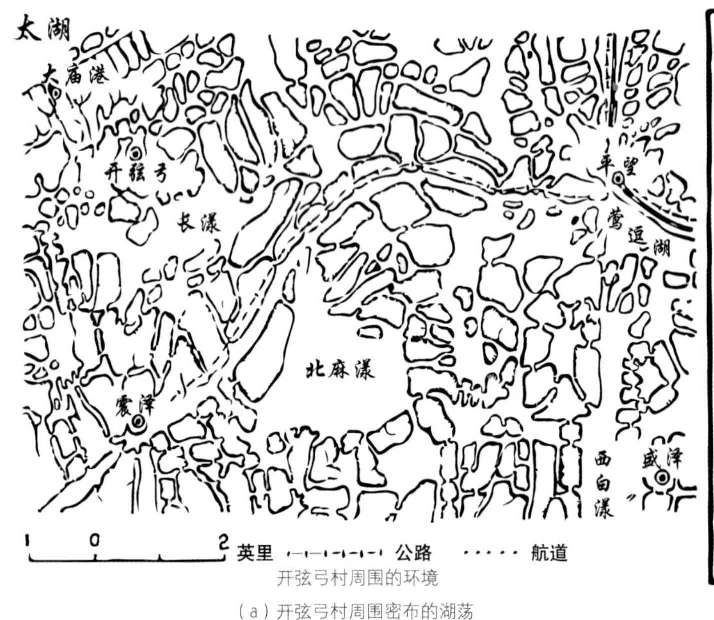

（a）开弦弓村周围密布的湖荡

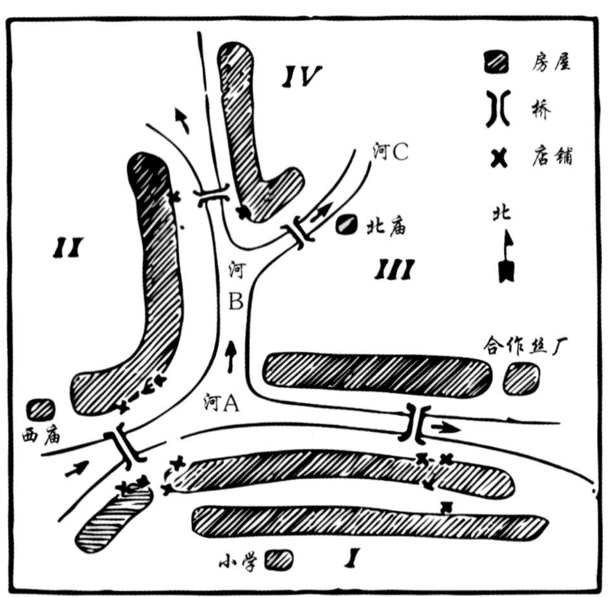

（b）以湖荡作为边界的开弦弓村

图1-3-1　河港经常成为乡村聚落的天然边界（来源：摹自费孝通《江村经济》）

乡村聚落（自然村）规模通常都不会太大。

在今天的江苏境内，诸如太湖流域良渚文化晚期，或是徐海地区龙山文化后期，都发现了以聚落群形态出现的遗址。这反映了农耕时代刚刚形成之初，由于尚有大片未开垦的荒原，所以当某一聚落的居民感觉到人口增长的压力时，会让其中的一部分人在附近荒原进行垦殖，以建立新的家园。当然也可能还有更多远距离迁徙的，这需要结合考古学、移民史等的研究方能获得能反映那个时代科学的结论。

人口、聚落在一地的扩散，由于环境气候的相同、生产方式的相似，导致了聚落呈现出地域特色；而他们向远方的迁徙，又带来了文化上的传播与融合。

第四节　文化的区系

远古时代的人类，原是一种与共栖一地的其他生物并无太大差异的普通动物，在经过百万年的进化之后，竟能一跃成为整个世界的主宰，有人认为因为人类会制作、使用工具。若我们将视野扩大，就会发现许多动物也都拥有这样的能力，如猿猴也会寻找适当的石块砸碎坚果，以取食果仁，甚至鸟类也有类似行为。也有人认为，是因为掌握了语言，从而使许多人朝着同一目标努力，如共同狩猎等。事实上不仅兽类、鸟类会用吼声、鸣叫相互联络，就像蚂蚁或蜜蜂也有相互交流的方法，而且精确有效。直到最近，以色列人尤瓦尔·赫拉利提出，是人类在“认知革命”之后，不仅学会了编故事、讲故事，还有更多的人会相信故事。[①]仔细想想，这一颇为有趣的说法还极有道理。

出于生存的需要，为对付远较自己更为强大的猎物时，人们需要相互的协作，需要语言，这在动物界也同样如此，且十分普遍。然而人类的语言交流除了协作狩猎，躲避危险之外，还有更为复杂的社会信息交流。他们在共同的生活、工作中形成同一的行为规范、生活习俗，并进一步提升和抽象成思维方式、审美意识、价值标准等，即所谓文化形态。转而将其再落实到日常生活之中，就表现在了他们共同的文化之下会制作相同的石器、陶器以及相似的建筑与聚落。随着人口、聚落在一地的扩散，这种超越个体功利目的的文化也会向远方传播。

随着考古学的发展，华夏文化起源是多元性的观点也逐渐为人们普遍接受。而这样的多元起源在扩散、传播之时，会因为彼此的接触与交往而相互影响、融合，但一些细微的差异还会像基因那样长期留存。像不同地区出土的史前时代石器、陶器器型的细微差异，若据以分析哪种更为科学、合理，可能一点意义也没有，但如果从中研究使用这些器物者来自何方，却有着极为重要的价值，所以考古学界就是依据这些器物和器型来区分是否属于同一个文化区系（图1-4-1、图1-4-2）。

在今天的江苏境内，考古学界依据出土的器物将当地新石器时期分作四大区系，由南到北分别为太湖平原、宁镇丘陵、江淮平原及徐海地区四大片区。如果结合地理环境，更能显示出这种分区的说服力。

太湖流域为长江出海口的冲积平原，其地势低平、土地肥沃、用水便捷，所以在这片广袤的土地上从

① 赫拉利. 人类简史［M］. 林俊宏，译. 北京：中信出版社，2014.

图1-4-1　江苏地区出土的新石器时代陶罐

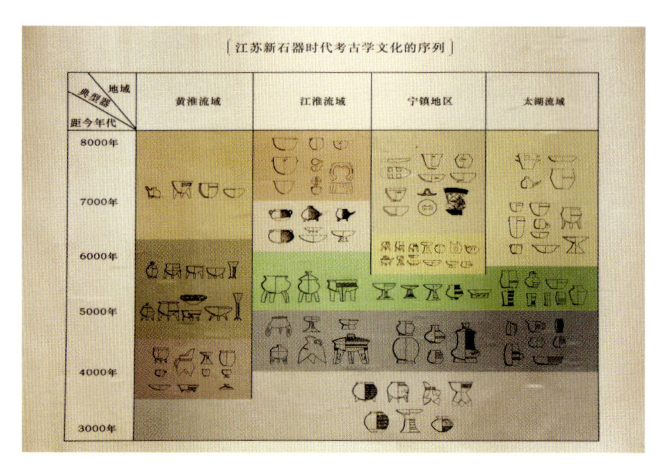

图1-4-2　器型的不同体现出不同区系文化的差异

很早起就有了人类活动的足迹，并在长期的生产与生活中形成了共同的文化特质。进入新石器时代，其因循着从马家浜到崧泽文化、良渚文化的序列发展轨迹十分清晰。

太湖平原之西及西北侧为天目山及其支脉茅山、宁镇丘陵相隔。在宁镇丘陵地区则有另一支早期文明按丁沙地早期文化遗存到北阴阳营文化、昝庙下层文化遗存的序列发展。他们与太湖平原的先民有相互交流和影响，但各自的特征也十分明显。

横亘于江苏中部的长江对早期人类的交往无疑是巨大的阻碍，所以长江以北的文化又显现出它的独特性。江淮平原即长江以北，淮河之南的大片冲积平原。这里以龙虬庄文化为其早期形态，之后或因自然原因而中断，再后来受到南方良渚文化及北方龙山、岳石文化的共同影响。

古淮河原先独流入海，当时没有洪泽湖，它流经今天的盱眙后折向东北，经淮阴向东，在今涟水县云梯关入海。在这一时期淮河也是我国七大河之一，与长江、黄河齐名，所以对于早期人类的交往也有很大的影响。相反，淮河以北的徐海地区属于山东南部黄淮平原的一部分，所以这里的早期文明直接源自山东的海岱文化，是为北方大汶口、龙山文化发展序列的余绪。

这样的早期文化区系在之后的文明进程中虽然不断融合，其中一些文化差异依然有所保持，如比较明显的就是今天江苏省的方言区，太湖平原地区人们使用的为“吴方言”；宁镇丘陵与江淮平原地区使用的语言虽统称为“江淮官话”，但其中还被细分为“宁镇小片”和“淮扬小片”；而徐海地区则大多使用“中原官话”。

第五节　“聚落”的外延

进入农耕时代，为了便于耕作，人们将自己栖身的屋宇建设在了从事生产的土地之畔，聚族而居，从而形成乡村聚落。这类聚落的形态延续了近万年，其性质似乎并无多大的改变，所以每当提起“聚落”，许多人往往就会联想到乡村，视乡村聚落为唯一形态。事实上，就在乡村聚落出现的同时，城市聚落亦已孕育成熟。随着农业生产的发展，出现了剩余产品，不同乡村聚落间的产品出现了交换，而这类介于远近数处聚落间的商品交易场所也就渐渐演化成了市集聚落。

一、都邑聚落

有人认为，城市的形成是在定居之前，源于墓地，因为人类敬重逝去的同类，所以即使是在他们不安定的游牧生涯中，最先获得永久性固定居住地的是逝去的人[①]。也有人以为，是人类聚居后出现了庙宇，庙宇和文明同时发生，由此与普通乡村聚落相分离，形成了城市的萌芽[②]。这些说法应该说都有其道理，只是截取的时间片段不同而已。因为人类是社会性的动物，当他们在遥远的年代为诸如捕获大型猎物等进行集体行动时需要有人进行协调，而人群中的某个人或膂力过人或有丰富经验，就会担当组织的职责。久而久之，就形成了受众人尊崇的首领；人类还善于联想，当遇到基于他们的常识无法解释的诸如梦境、灾变等现象或问题之时，常常会依据想象自圆其说，于是就产生了鬼神的概念，有了祈求祖先佑护、向神灵表示敬畏的习俗。所以，当他们居无定所时会将逝者安葬在一个被认为是理想的地方，以便日后返回进行怀念；到聚居时代就会崇饰祠寺，用他们认为的最为虔诚的态度和方法与鬼神对话。

虽然我们无法确定城市聚落最早出现的年代，但考古学的成就让我们看到，新石器时代晚期，许多地方不仅出现了聚落群，其中有一些还会拥有几座体量超乎普通民居的“大房子”，甚至是高大的土台。如我们所熟悉的陕西临潼姜寨的仰韶文化遗址，其中就有几座被普通民居簇拥着的中型建筑，而在聚落东侧的一座建筑规模尤其巨大（图1-5-1），这些中、大型建筑被认为是氏族举行诸如议事、庆典或宗教等活动的场所[③]，甚至有人以为这就是宫殿的雏形[④]。在江南，像苏州昆山市

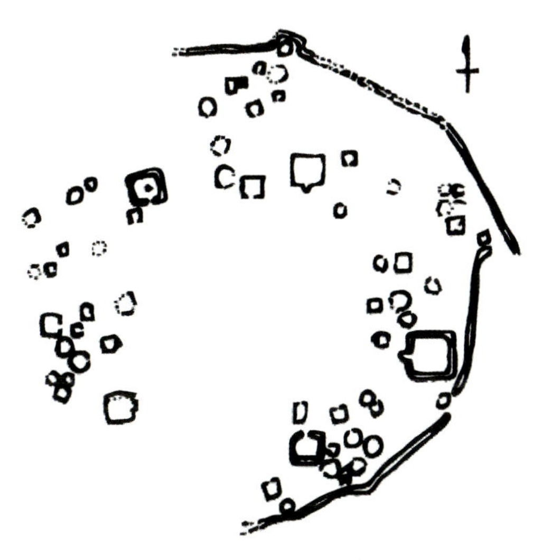
（a）聚落平面图（来源：摹自刘敦桢《中国古代建筑史》）

（b）聚落模型

图1-5-1　陕西临潼姜寨仰韶文化遗址

① 芒福德．城市发展史［M］．宋俊岭，等，译．北京：中国建筑工业出版社，2005.
② 韦尔斯．世界史纲［M］．吴文藻，等，译．桂林：广西师范大学出版社，2001.
③ 刘敦桢．中国古代建筑史（第二版）［M］．北京：中国建筑工业出版社，2008.
④ 杨鸿勋．宫殿考古通论［M］．北京：紫禁城出版社，2009.

的赵陵山遗址及常州天宁区的寺墩遗址中，都发现有巨大的人工堆筑的台状土山，经研究，这些土台当属良渚文化早期的祭祀坛，因为在它们周围有大量墓葬，显示出与土台的密切关系[①]。基于现有的考古资料，这些拥有大型建筑或巨大土台的被认为是聚落群中处于中心地位的聚落，属于这一地区的政治中心[②]。

中心聚落的形成，因其特殊的性质，开始在这里出现一批特殊的人群。为与神灵的对话，需要有巫士、祭师之类的神职人员；而作为聚落群领袖的职责也不再仅限于组织一次狩猎那么单纯，需要考虑聚落群整体的维持与发展，这靠着个人的智慧与力量有时已难以支撑，因此，也要有相应的人员帮助谋划、统筹，于是形成了所谓的“统治阶层”。

因为进入农耕时代，有了谷物或其他农产品的积累，人类对于“未来”的谋划渐渐形成，所以领袖的职责、神职人员的重任也需要考虑传承，于是“学习”“培养”的概念由此产生。这种“学习”与“培养”不同于生存本能，也有异于生存技能的学习和教授，这是无数代人的智慧的积淀，需要漫长的时日方能领悟，这些人渐渐地脱离了寻求食物的劳动，需要由其他人提供生存的各种物质资料，于是脑力劳动与体力劳动开始分离，各种财富（资源）向中心聚落集中。而财富的聚集难免会有人觊觎，这就需要修造防御的城池、设置武装守卫，城市的基本功能业已形成，它与周边的乡村聚落形成了明显的差异。此后，城市聚落终于摆脱了与乡村聚落在形态上的联系，走上了另一条独自发展的道路（图1-5-2）。

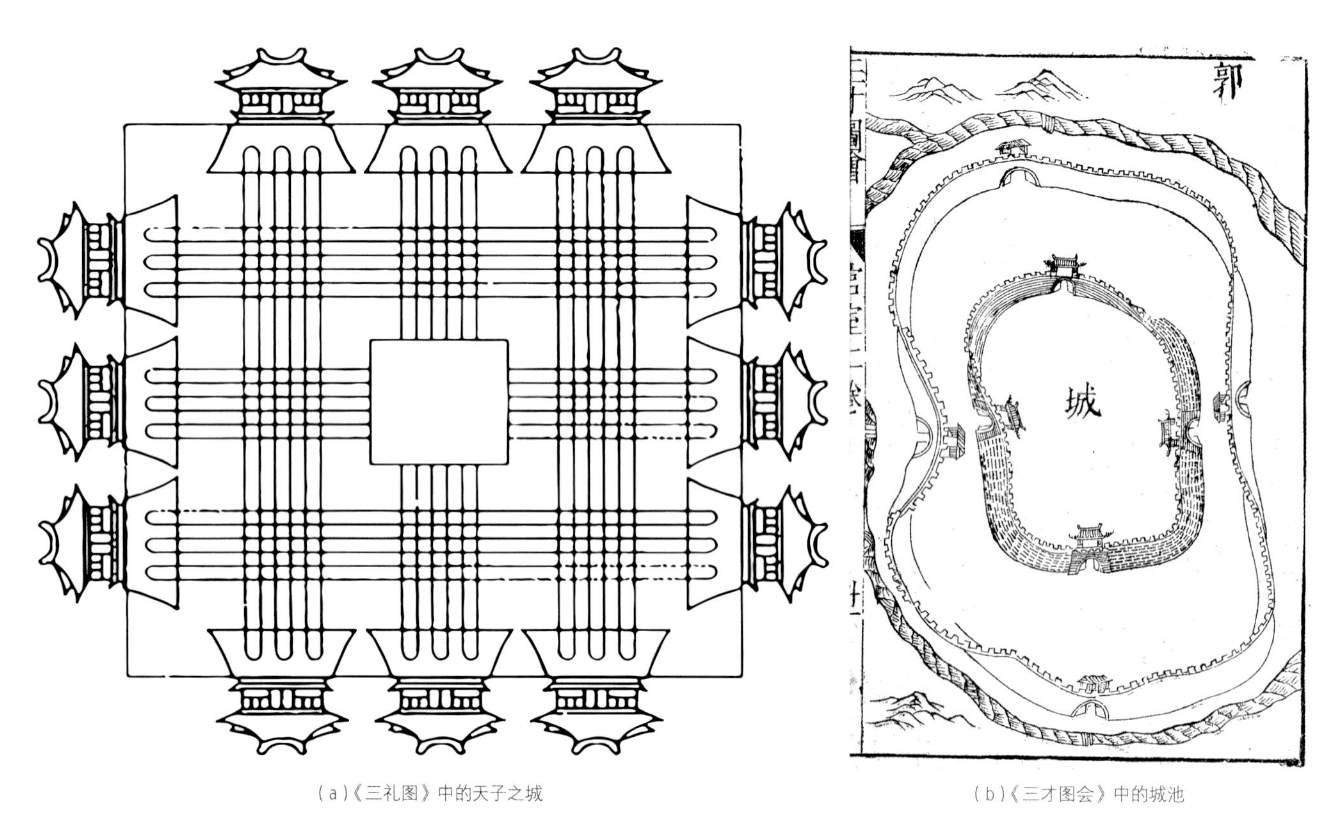

（a）《三礼图》中的天子之城

（b）《三才图会》中的城池

图1-5-2　城市聚落

① 邹厚本. 江苏考古五十年［M］. 南京：南京出版社，2000.

② 王巍. 中国考古学大辞典［M］. 上海：上海辞书出版社，2014，3.

二、市集聚落

如果说都邑聚落与乡村聚落起源于同一形态，只是之后分道扬镳，走上了各自发展道路的话，那么市集聚落则形成于农耕时代之后人们的实际需求。在渔猎、采集时代，人们所能获得的衣食资源虽说数量极为有限，但种类却十分丰富，因为自然界可供人类衣食的植物根、茎、叶以至果实种类庞杂，且成熟并非集中于一时，而捕猎的收获就更是全凭运气，只要有所猎获，都可成为他们的衣食。到了农耕时代，耕作需要环境条件与管理技术，种植的单一化可以充分发挥环境优势，并且也会使管理更为有效，从而获得更大的收益，但这难免会令他们的多样化需求受到抑制。为了让多样化的需求依然保持，人们采取了相互交换、互通有无的方法，于是当作物产量有所增长，在满足自己需要尚有盈余之际，常常会取出其中一部分与他人交换，这种物物交换的场所通常被称作“市”，也有被叫作“集”或其他名称。

市集的出现应该是在十分遥远的年代，于是有人就将其归作“包牺氏”或“神农氏”受天地万物的启发所创[①]。最初这些交易的市集常常设于乡村聚落间的道路两旁，“日中为市，致天下之民，聚天下之货，交易而退，各得其所”[②]。四方的乡民多在清晨前往，日中完成交易之后各自返回。因为交易量的有限，不少地方还将交易时间约定俗成地在旬日之间分作单、双日，所以，这样的市集虽然也会有大量的人群聚集，但通常是“朝则满，夕则虚”[③]，尚未形成聚落。

物物交换未必都是等价，其中还会涉及供求数量及需求的迫切程度等因素，于是就有了获利的空间。有些人发现了这一秘密，因而专职从事起商品交易的工作，以从中牟取利益，这就是商人。“（他们）倍道兼行，夜以继日，千里而不远者，利在前也”[④]。由于商人不像四乡的农民，将手头零星的物品交换或出售后就能返回家园，他们有时会有大量的货物等待出售，也会陆续搜集四乡村民的出产集中运出，需要在市集上逗留相当的时间，因而近旁租房或建房成了他们唯一的选择，这样就能满足居住和堆放、囤积货品之需，随之而来又有了商店、酒楼、茶馆、客栈之类各种服务性的设施在此出现（图1-5-3）。而商品交易的发展也会引起

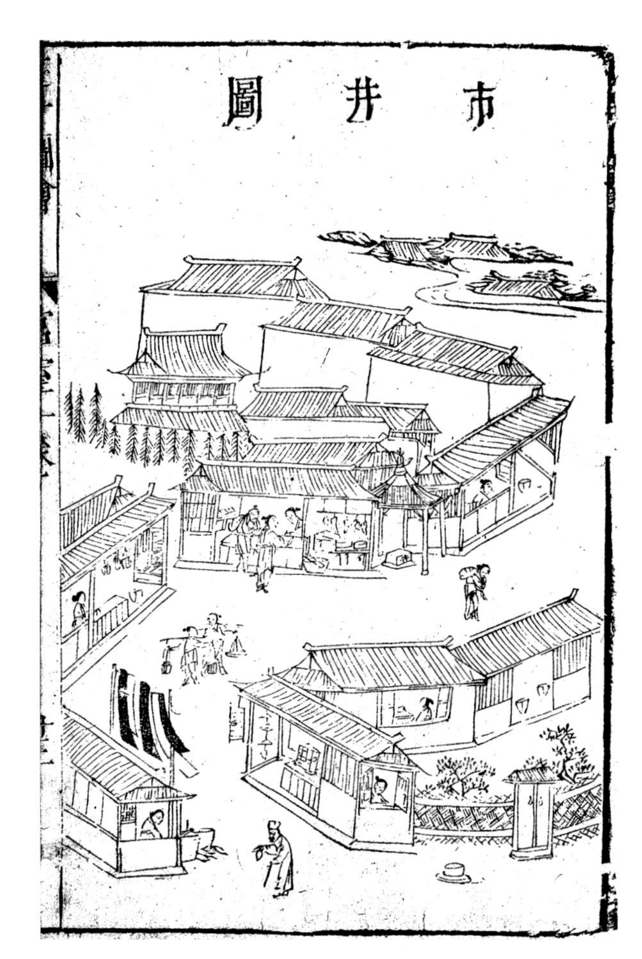

图1-5-3 《三才图会》的古代市集

① 周易·系辞下［M］.

② 同上.

③《战国策·齐策》：“市，朝则满，夕则虚。非朝爱市而夕憎之也，求存故往，亡故去。”

④ 管子·禁藏［M］.

政府的关注，除了将市集纳入各级城市的范围之中，还会派出官吏到乡间市集中收取市租（商业税），当然也会在致力于市集的整治环境、平整道路、维持治安、平抑争讼等方面为商旅提高保障[①]。于是，间歇式的定期市集渐渐成了“常市”，也就是每天都会有人来此交易，甚至成为某些商品的集散地，聚落终于成型。北宋初年，基于市集在国民经济中的作用，被确立为介于县城与广大乡村之间的一级行政建制。

三、其他聚落

随着社会的发展，基于军事或经济的需要，还出现了一批按官府的意愿设置与建设的聚落。

最为常见的就是“镇”。依据《说文》的解释，“镇，博压也”，由此就又衍生出“镇压”“镇守”“军事重镇”之类的词语。作为一种行政建制，“镇”最初带有浓郁的军事色彩，如唐代的藩镇、北魏的六镇等，它们的设置不是为了防御外来的侵扰，就是镇守一方的安定，至于在更为大量的州、县往往都会有维持治安的要求，因而会在其治所设“镇抚司”之类的机构，在其下辖地方置“镇”。当然这远不能与“藩镇”或“六镇”相比拟，其职责及规模都会小于后者。由于自西汉之后时而采用“军屯制”，也就是由国家分配给每一兵士一定数量的土地，令他们在和平时期自耕自种，以免去百姓的负担及转运粮饷的困难，所以这些“镇”中的居民除了兵士，还会有他们的家属，以及服务性人员与设施，自成聚落，平日兵士与农民并无太大的区别，“镇”与普通市集也并无不同。到北宋初年，有鉴于唐代藩镇之祸，削夺地方兵权时，这些镇也就完全等同于市集了[②]。

管理食盐生产、控制食盐集散的“场”也是依据官府的要求而设置的。在我国，长期以来食盐被定为专卖商品，其目的在于寓税于价，使政府增加了财政收入，又避免百姓感觉到征课的压力。相传这种方法最初形成于春秋时期的齐国，是管仲提出“官山海”政策的具体实施，即由官府垄断经营山海之产（主要为铁和盐）[③]，虽然汉代之后时有废兴，但到唐代晚期以后，历代政府都对盐铁，尤其是盐的垄断经营更为强化，为此在产盐之地设“场”，以管理食盐的生产和集散。如唐代宗时的盐铁使刘晏在今天的涟水设海口场，开始了江苏地区官府专场产盐的历史，唐大和五年（公元831年）增设了如皋场。宋代又将盐务管理机构分为相互统辖的监、场、务三级，两淮共设25个盐场。元、明时期盐业发展，场被增至30处，入清后淮河以南的盐业生产逐渐衰落，北部却有所发展，到清末减少至18处。场虽为官府所设，但食盐也是商品之一，所以场在确立之后，基本因循着市集聚落的轨迹运营和发展，尽管随着海岸线的东移，像如皋、海安、安丰等“场”已经远离了海岸，仍然以镇市聚落形态延续。

进入商品时代，运输维系了国民经济的发展，而在现代交通工具尚未出现之前，主要依赖船舶航运。为了社会的繁荣，更重要的是为了保障朝廷的物资供给，官府需要确保河道通畅，所以在重要河流的关节处设置官府的行政机构，江苏北部黄河故道与大运河沿线散布的一些称作“堡”或“浅”的村庄，最初也是由这类机构逐渐演化出的聚落。如“堡”，原本叫作“铺”，都是

---

① 《荀子·王制》：“修采清，易道路，谨盗贼，平室律，以时顺修，使安而货财通，治市之事也。”
② 嘉泰《吴兴志》：“（宋初）收藩镇权，县之有兵者，知县掌都监或监押……财赋则参丞贰，诸镇省罢略尽。所以存者，特曰监镇，主烟火兼征尚。”
③ 管子·海王［M］.

明代黄河堤防最基层的一级单位。明人潘季驯在他的《河防一览》中记载："每堤三里，原设铺一座。每铺夫三十名，计每夫分守堤一十八丈。"之后黄河改道，堡（或铺）也就渐渐转变成了村庄聚落，如黄河故道徐州宿迁段至今还保留着七堡、康堡、八堡、白堡、三堡和六堡等村名。同样"浅"也属于水工机构。因为淤积是河道常见的问题，因此官府需要长期派驻民工，负责筑堰打坝，清理淤泥，同时帮过往船只拉拽牵缆。这些民工被称之为"浅夫"，他们的驻扎之所叫作"浅舍"，明代《漕运通志》中载："宿迁县武家沟等浅凡二十一，每浅老人一名、夫一百名，什物二十八件，岁办桩木一千根、草十万束，树多寡不一。"浅舍通常配置正房三间、火房三间、牌楼一座、井亭一座。明代仅宿迁就曾有浅舍10处[1]，清代以后浅舍被废，其地转化成了村落。原先称作"浅"的地名也被更改。如今尚能见到的仅有宿迁大马浅、宝应八浅等还保留了曾经的地名，由此也可看到这些乡村聚落的产生与发展。

① 万历《宿迁县志》："皂河浅舍三所、新岗浅舍三所，小河口浅舍二所、港口浅舍二所、武家沟浅舍一所等，共十处浅舍。"

江苏，作为一个行政区划，其建制始于清康熙六年（1667年），取当时江宁、苏州二府首字而得名[①]。此前其地的隶属关系在不同的朝代时有变化。先秦划天下为九州，这一地区属于徐州和扬州。春秋时期，今江苏的南部为吴国，北部归宋国。战国时诸侯兼并，归属也因此而发生改变，但一般以为，其主要部分属越、楚以及齐国的一部分。秦始皇统一中国后，今天的江苏为九江、会稽等郡所辖。西汉时则分属徐州郡和扬州郡。三国年间，苏南属吴，苏北归魏，今天的南京（建业）被东吴建为国都。之后在南北对峙，南方的东晋、宋、齐、梁、陈相继以今南京（建康）为都。隋唐时期，这里由河南道、淮南道和江南道分管。五代十国时，今天的南京曾相继为吴和南唐的国都，而江南的苏州及周围地区属吴越，北部归于五代各朝。北宋为江南东路的一部分，南宋绍兴议和之后确定以淮河为界，今江苏北部归金，南部属南宋。元朝时今苏北属河南行省，苏南属江浙行省。明朝定都应天府，直隶南京，此即南京得名之始。明成祖迁都北京后，今江苏、上海、安徽等地都属南京的南直隶。清朝立国，将南直隶改称江南省，设江南布政使统领上下两江，今安徽为上江，江苏、上海之地为下江[②]。不久，清康熙六年（1667年）分江南省为江苏、安徽，江苏省辖淮安府、扬州府、徐州府、江宁府、苏州府、常州府、镇江府、松江府，其范围大致与现在相同。

第一节　远古江苏先民的足迹

江苏地处我国东部沿海的中部，其东濒临黄海，东南与浙江、上海相毗邻，西联安徽，北与山东接壤，界于北纬30°45′～35°20′，东经116°18′～121°57′之间。

我国第一大河长江流经江苏注入东海，第二大河黄河也曾改道江苏，第三大河淮河则在此横贯入海。大江巨河裹挟的泥沙在此积淀，形成了延绵的三角洲平原。这里地势平坦、土地肥沃，纵横的河港与星罗棋布的湖泊为各种生物提供了生存中必不可少的水源。而适宜的纬度以及临近大海，受到亚热带季风气候的影响，使之呈现出光照充足、四季分明、气候温和、雨量丰沛、无霜期长的气候特征。这些得天独厚的气候条件与自然环境为各类植物的滋生、各种动物的繁衍提供了良好的条件，人类也从很早开始就步入了这片宜于生存的土地。

一、从南京直立人到神仙洞人

宁镇山脉是长江南岸一条横亘东西的低山丘陵，西起南京江宁淳化镇的青龙山，经句容、镇江的丹徒、镇江市区、丹阳，东止于常州武进孟河镇的黄山，绵延约100公里。山脉形成于1.5亿年前后的燕山运动，后经风化、侵蚀和断裂等自然地质活动，终于破碎成链状低山。今天所知的江苏先民早在35万年前就开始在此生活、繁衍，并留下他们的足迹。

① 清·乾隆．江南通志［M］.
② 清·道光．安徽通志［M］.

（一）南京直立人的环境与生活

1993年，东距南京市区约30公里的江宁汤山镇雷公山上，因开山取石发现了石灰岩山体中的溶洞（后被命名为葫芦洞，图2-1-1）。洞内堆积的泥土里夹杂了许多动物化石（图2-1-2）。当人们清理这些堆土时，意外发现了早期人类颅骨（图2-1-3）与臼齿化石。经过考古工作者的研究、测定，确定这是大约生活在35万年之前的人类祖先——“直立人”的遗骸。

汤山位于宁镇山脉的西段，其北有长江阻隔，山南则地势低洼，形成湖泊与河港。山脉成形之初山体较今天更为高峻，后遭自然侵蚀而渐渐降低。在雨水和地表径流的侵蚀与冲刷下，山中石灰岩体内溶蚀成许多高度大致相近的洞穴[①]。大约在距今35万年前后的“中更新世中期”，大地刚刚渡过一个冰川寒冷时期，开始渐渐转暖。依据相关研究，此时汤山地区的气候环境与今天大致相仿或偏冷。尽管此后的气候还会时有波动，但并不妨碍这里植被的生长和动物的繁衍。所以，山体及其周边生长着茂草丰林，其间还有因前一阶段气候变冷而从北方迁徙来的兽类，更有原本就栖息于此的当地鸟兽

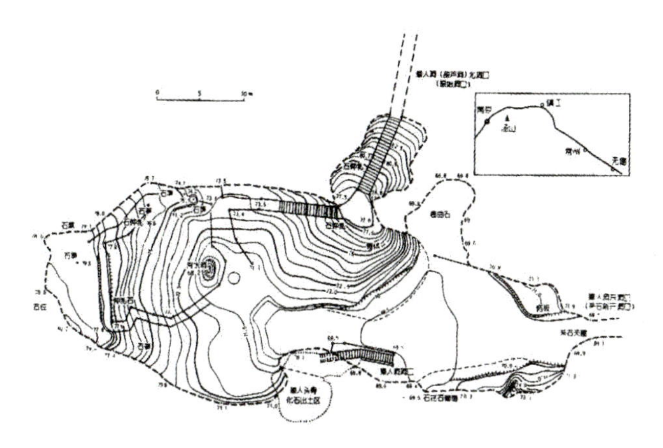

图2-1-1　汤山镇雷公山葫芦洞平面图

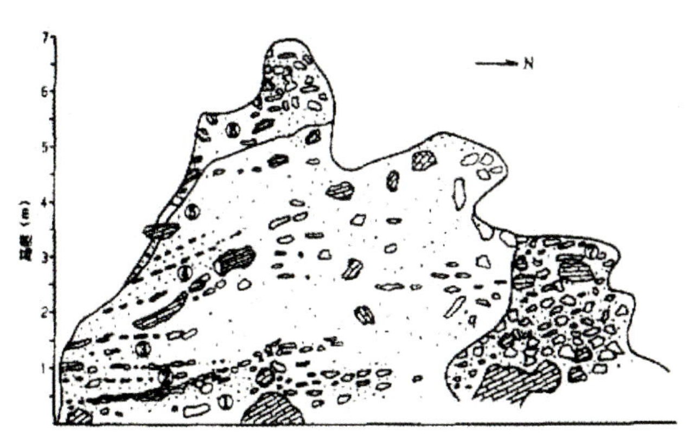

图2-1-2　葫芦洞堆积土层及文化遗存

（a）正面

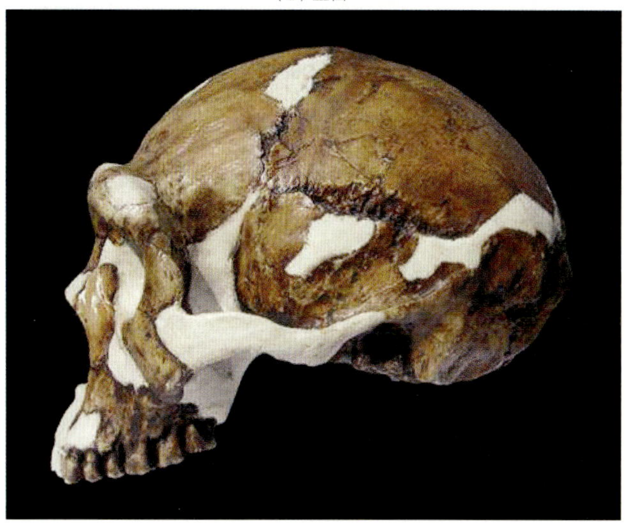

（b）侧面

图2-1-3　南京直立人颅骨化石

① 俞锦标等. 南京直立人生存环境探讨［J］. 中国岩溶，1998（1）.

鳞介①，南京直立人也生活在它们之中（图2-1-4）。

据考证，雷公山葫芦洞中的直立人遗骸及众多动物遗骨化石是由山上径流带入，后来洞口又被堆积物所堵塞，所以使底层与堆积的化石保存完好②。那么，这些早期人类的居所在哪里？其遗存是否还能找到？他们居住的是山洞？还是窝棚？也许要得到这些相关答案，可能还有待考古工作者更为全面、深入的发掘和研究，或许已经无法再找到，但南京直立人应该不是匆匆的过客，他们曾经在这片土地之上有较长时间的逗留是可以肯定的，或许他们就生活这片低山丘陵地带。

图2-1-4 南京直立人复原像

（二）莲花洞人的环境与生活

宁镇山脉的东部，镇江丹徒区白龙山的莲花洞内，考古人员在1981年也发现了古人类生活的遗存（图2-1-5）。他们在此发掘出土了1枚古人类的牙齿和与其共生的一批哺乳动物化石。据考证，牙齿化石属晚期智人类型，距今1万年左右。

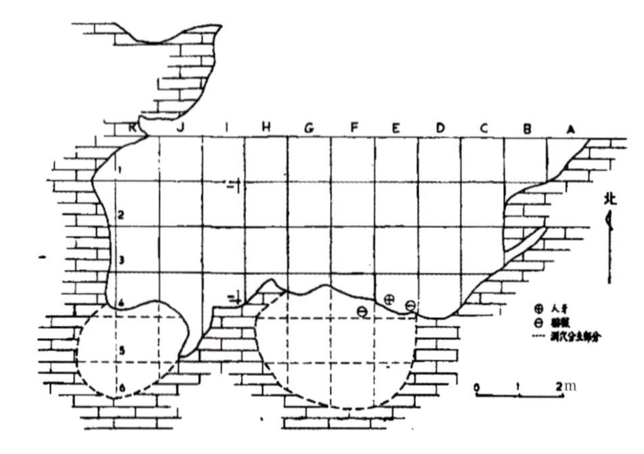

图2-1-5 莲花洞平面图

白龙山1万年前后，环境大致与今天相仿，不高的山体间流淌着小溪，山麓及附近生长着稀树和灌木，稍远还有小型湖泊、河港，湖岸及山麓间散布着小片的草地。因为出土动物化石中，并未见有典型的草原动物，森林类型食肉动物也很少，主要为杂食性的鼠、兔、猕猴、鬣狗、水牛、犀牛、豪猪、獾猪、棕熊、梅花鹿等森林—草原边缘类动物。而遗址堆积层中的孢子花粉也显示，这一时期属针阔混交林向落叶阔叶林再向常绿阔叶林的转变过渡期。据以知道莲花洞人时期的气候属于温湿偏凉与温暖湿润的过渡期③。

由于莲花洞内的堆积物都是自然形成的，故可以推断，当时的人们并未将此洞窟作为自己的居所，或许这里只是狩猎、采集时的休息、逗留之处。在2001年及2010

① 邹厚本．江苏考古五十年［M］．南京：南京出版社，2000．

② 俞锦标等．南京直立人生存环境探讨［J］．中国岩溶，1998（1）．

③ 张祖方．江苏丹徒莲花洞人类牙齿和动物化石［J］．南京博物院集刊，1982（5）．

年相关单位又对莲花洞遗址进行了第二次、第三次考古发掘，除了再次出土了数百件动物标本之外还发现了几件打制石器（5件石核和2件刮削器）。经过测定，发现这些出土物距今约有10万年或更久，属早期智人时期。这一发现不仅将当地智人活动的历史大大向前推移，更显示出他们已经在此度过了如此漫长的岁月。那么还有谁会说，定居是进入农耕时代之后才渐渐形成的呢?

（三）神仙洞人的环境与生活

同样是宁镇山脉，20世纪70年代中叶，当地村民在位于溧水县城东南21公里的回峰山上开山采石时发现了岩洞，被称之为“神仙洞”（图2-1-6），其中出土了不少动物化石，有人将其当作龙骨（中药）出售给了县城的中药店，引起了文物部门的关注。随即，考古工作者于1977年开始对山洞进行了考古发掘。经清理，除了鼬、仓鼠、黑鼠、狗獾、棕熊以及鬣狗等动物化石外，还有一块早期人类的颞骨。据测定，这是生活在距今约1.1万年前一位女性先民的遗骸①。

依据考古工作者的研究，神仙洞人时期的环境、气候与莲花洞时期基本相同，所以同时出土的伴生动物化石也都属于森林—草原边缘类型。同样，神仙洞也是石灰岩山体经地下水溶蚀而成，其堆积物松散，且连续沉积，说明也不是先民居住、生活的场所。（图2-1-7）

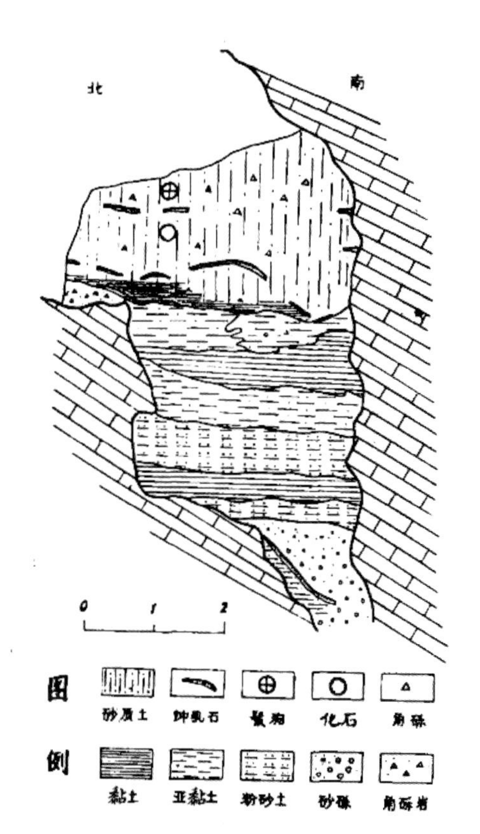

图2-1-6　神仙洞堆积层剖面图

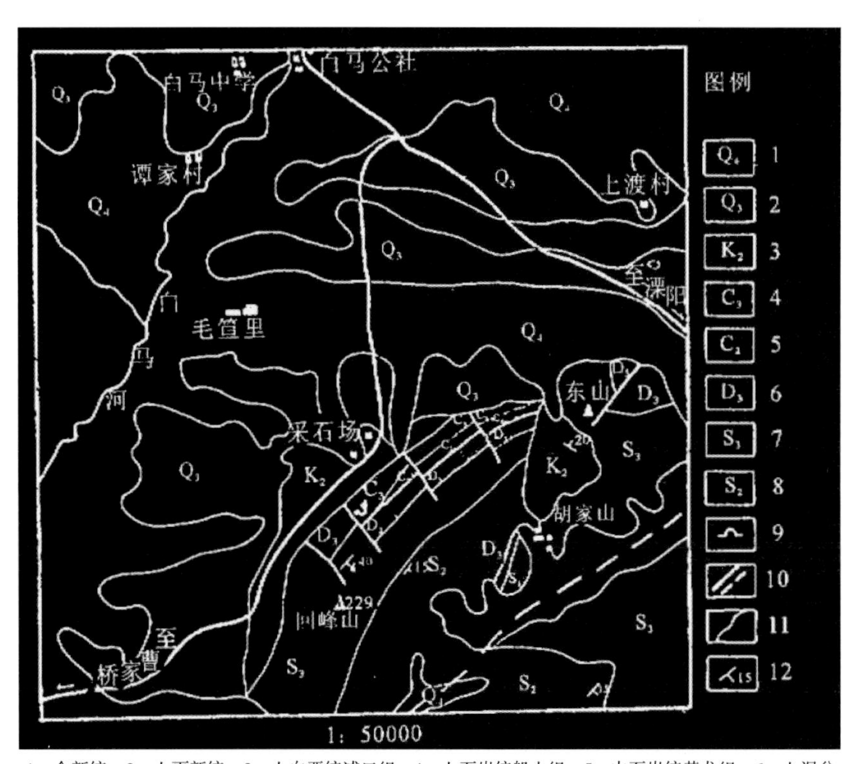

1. 全新统；2. 上更新统；3. 上白垩统浦口组；4. 上石炭统船山组；5. 中石炭统黄龙组；6. 上泥盆统五通组；7. 上专留统坟组；8. 中志留统坟头组；9. 洞穴；10. 断层；11. 地质界线；12. 产状

图2-1-7　溧水回峰山地质略图

① 李炎贤等. 江苏溧水神仙洞的动物化石［J］. 古脊椎动物与古人类，1980（1）.

二、江南及徐海地区的先民

江苏地区自然条件优越，自从先民进入这片土地绝不会独独青睐于宁镇山脉，20世纪50年代，在泗洪下草湾发现的早期人类股骨化石就显示出平原、水网地带也存在着先民的足迹。或许是平原、水网对动植物遗骸保存的条件远逊于山地，故无法找到更多的遗存而已。

自20世纪50年代起，考古工作者在江苏境内展开的考古活动已发现确切的古人类及旧石器遗址有近50处，其中像西太湖地区及沂沭河流域是打制石器发现较为集中的地方，当然其原因也是那里拥有可以制作工具的石材。

（一）马陵山打制石器

马陵山是一条南北向的山脉，地跨苏北鲁南，北起山东临沭，经郯城、东海、新沂，南止于宿迁境内的骆马湖畔，北高南低，绵延达60余公里。“此山岗陵起伏，形似奔马，故称马陵山”[①]。

1976年，南京大学地理系师生来此考察第四纪地貌，偶然发现几块疑似经人工加工的石块，遂带回南京，经中国科学院古脊椎动物与古人类研究所专家鉴定，确定为史前人类的打制石器，距今约1.5万年前后。之后，相关部门在1978年组织了考古人员进驻马陵山中部的山村大贤庄进行专业调查，在近一周内调查了其周边数公里的地区，获各种打制石器和细小石器200余件。有石砧、石锤、石球、尖状器、盘状器、刮削器、砍伐器、手斧等。1984年，考古人员再次前往调查时，又在附近的爪墩、何山头、南山、石碑、范顶子等处发现了具有相同特征的旧石器集中散布点，采集到的有细石叶、细石核、船底形石核、铅笔头状石核、指甲盖型刮削器、圆底形镞、雕刻器等（图2-1-8），被认为是一批相当重要的“典型的细小石器”[②]。其实，马陵山在山东境内也发现不少旧石器遗址点，如望海楼旧石器地点、小麦城旧石器地点、黑龙潭细小石器遗址等。

在马陵山脉如此广泛地散布着各种石器，除了反映出当地石料宜于获取及加工这些工具之外，更显示出这里人口已经十分众多。只是目前尚未找到与之对应的居住遗址和明显的文化堆积层。或许这里只是史前先民的石器工场，当然能拥有这样规模的工场，他们的居住地也应该距此不会太远，确切的答案当然还有待考古工作者的探究方能得出。

（二）桃花涧打制石器

桃花涧也是连云港一处旧石器遗址，位于海州锦屏山南麓。1979年，考古工作者在清理一座汉画像砖墓时于桃花涧西的黄土堆积层剖面发现了多块用燧石打制而成的石器。不久开始对此进行试掘，获得了舟状石核、两极石核、漏斗状石核，半锥体石核、刮削器、尖状器、人工石片和小石叶等一批标本（图2-1-9）。

依据发掘情况和石器特征，这批标本被推断为距今1万年之前，但这似有争议，因为桃花涧石器的制作方式与马陵山基本相似，由于两地所产石材的差异使两者在外观上略有不同。又因遗址探坑可以看到明确的层位关系，石器被分别埋在不同的堆积层中，所以这里又被分为前后两个时期。如果这一假设成立，那么是否可以认为，出于某种原因，当时生活在桃花涧或其附近的先民在这两个阶段之间曾有一段相当长的离去的时间。对

① 清·乾隆．郯城县志［M］.

② 邹厚本．江苏考古五十年［M］．南京：南京出版社，2000.

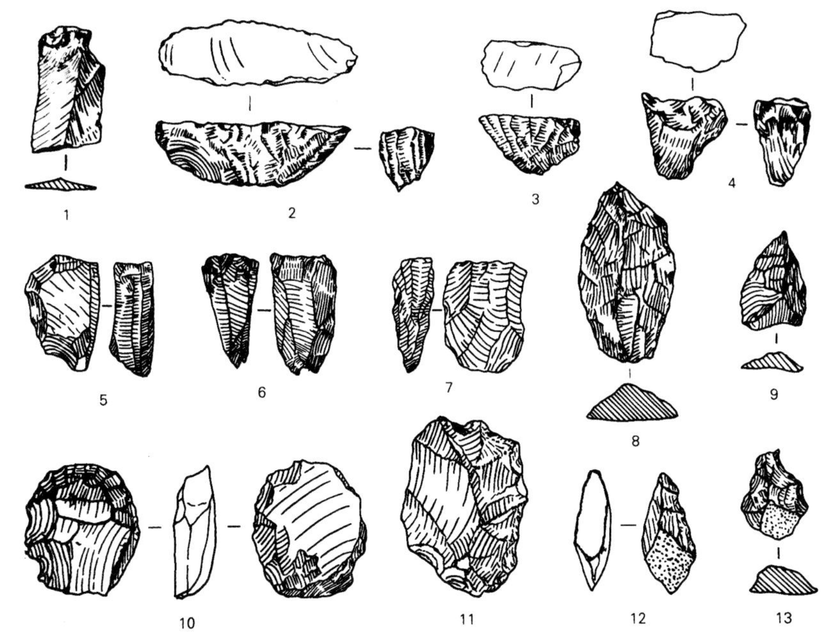

图2-1-8　大贤庄（马陵山）旧石器（来源：摹自邹厚本《江苏考古五十年》）

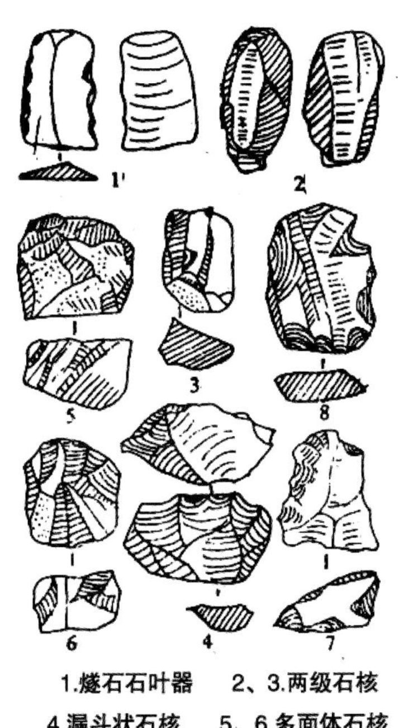

图2-1-9　桃花涧出土石器（来源：摹自李洪甫《连云港市桃花涧旧石器时代晚期遗址试掘报告》）

此也有持不同见解的，认为该遗址属于山前堆积，也有可能存在次生堆积的情况[①②]。

（三）三山岛打制石器

同样是打制石器，地处江南太湖之中的三山岛的遗物与江苏北部呈现出不同的旨趣。

1982年，三山岛开山采石，岛上的大山、行山、小姑山等山体揭露出数处含有动物化石的裂隙堆积。1984年，又有人在三山岛西北清风岭发现溶洞，并在洞中发现似人工打制的石块。1985年有关部门组织展开了考古调查和发掘，出土了数千件石制品，种类可分为石核、石片和石器。据相关研究，这是一处旧石器晚期最后阶段的遗存[③]。

所谓“石核”主要指大块待加工的砾石或从石材上打下未曾进一步加工的大块石料；从石核上剥离下的片状粗加工石料称“石片”；再经进一步加工就成了各种“石器”。三山岛发现的石制品以石片居多，占到80%以上，似乎显示出这是一处专门的石器加工场所，因为这些属于中间环节的半成品，可以根据需要再加工成不同的工具。其次是石器，种类包括刮削器（包括单直刃刮削器、凸刃和凹刃刮削器、盘状和复刃刮削器、长身端刃刮削器），尖状器（锥、钻），砍砸器（呈斧形）等（图2-1-10），也反映了品种丰富，可依据需要予以定制。此外，像将从石核上剥离石片主要采用“锤击法”，较少使用“砸击”，也大大提高了石核的利用率，更说明了其专业化水平。

① 李洪甫．连云港市桃花涧旧石器时代晚期遗址试掘报告［J］．东南文化，1989（3）．
② 邹厚本．江苏考古五十年［M］．南京：南京出版社，2000．
③ 张祖方等．太湖三山岛的哺乳动物化石［J］．南京博物院集刊，1987（9）．

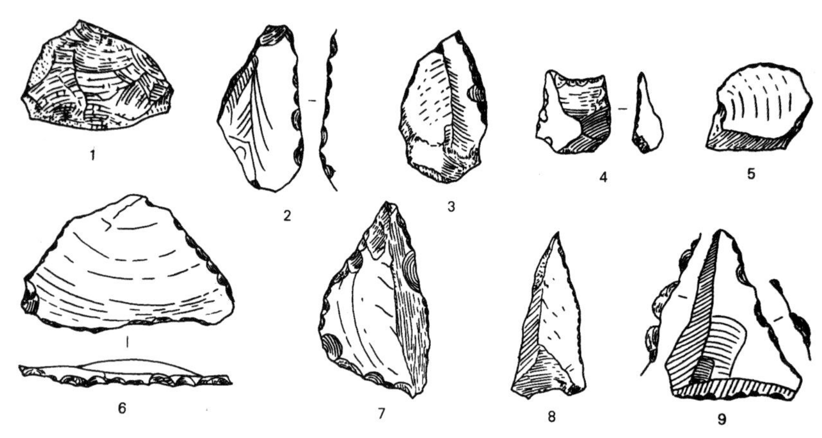

图2-1-10　三山岛的打制石器（来源：摹自邹厚本《江苏考古五十年》）

值得注意的是，三山岛石器与同时代其他地区相比较，宏观特征大致接近，但仍可以看到彼此细部间的差异大于共性，这说明石器的使用功能极其简单，所以经过了长期的使用实践，使最好用的形制被保留了下来；而这些石制工具的制作方法却以师徒传承的形式得以流传，不同地区都有自己独特的制作传统，久而久之，彼此的差异愈加明显，它所反映的是所谓的“地域文化”似乎在这一时期、在这些石制工具中已开始呈现。

三、旧石器时代的生产与生活

从距今35万年的南京直立人时代到旧石器晚期江苏各地先民的出现经过了三十余万年的漫长岁月，其间还有过至少两次规模较大的冰期，小规模的气候波动则次数更多。他们是如何抵御冰期漫漫的严寒，又如何在间冰期温暖的环境下生活并获得发展，基于目前的资料尚无法判定，但他们演变的结果却已为考古的成果所证实。

这些先民已熟练掌握了石器制作，对于燧石、玉髓、石英等质地坚硬的石材已有了了解，而在连云港地区有水晶出产，宁镇地区有玛瑙（雨花石）出露地表，因而也被用作制造石器的原料。人们以此制作了砍砸器、刮削器、尖状器等工具，用以砍伐或修理木质、骨质器具或猎捕野兽、处理兽肉兽皮，当然也可能用来挖掘植物块根等食物。江苏北部的遗址中出土的一些以小型石片制作的石器，属其他地区同时代并不常见的类型，极具地方特色。从遗址中见到的动物骨骸，反映了狩猎和采集是当时人们衣食的主要来源。

第二节　走向文明的江苏聚落

距今大约1.1万年之前，第四纪最后一次冰川寒冷期结束，大地转暖、万物复苏，人类又经历了一两千年的发展之后，开始陆续从采集走向农耕，这就是所谓“农业革命”。自此以后，人们的生产形式确实发生了巨大的变化，至于生活方式，若前面的考论还不至于被认为过于武断的话，那么称其“变化不是太大”应该也不存在太大问题。因为在此之前人们并没有整天追着猎物从一个地方赶往另一地方，此后也并非一朝扎根就世世代代永不离开。前面曾提到像苏州草鞋山遗址那样，厚达11米的文化堆积层显示了从距今7000年前后的马家浜文化一直到公元前450年前后的春秋吴越文化，将近5000年来始终有居民在此生产与生活，但堆积物明显地分成了10个叠压层则说明这里至少发生过10次，甚至更多的盛衰变迁，而且每一次中断还为时不短。

一、新石器时期的江苏文化遗存

农耕时代前期，人们使用的工具依然是石器（农耕社会经历了数千年的发展之后才逐渐出现青铜工具），只是将过去的打制改作了磨制而已，因而若以工具来划分时间区段，此时仍为石器时代，为示区别其前面增添一个“新”字。新石器时代的人类社会发展依然缓慢，那些被称之为“文明”的东西还须经过将近5000年后方始涌现，所以要了解此时的聚落还只能借助考古成就。

因为农业的出现，人类可以依据需要来控制食物的生产，于是人口迅速增长。在今天江苏省域范围内，发现的新石器时期遗址已达500多处，而且文化区系也变得十分清晰。

（一）江南地区

太湖地区其实包括今天的江苏南部、浙江北部以及上海全部，是一片以太湖为中心的碟形洼地，其间河港纵横、湖荡众多。随着气候的变暖，海平面开始上升，沿海很多地势较低的地方渐为海水所淹没，这就是“海浸”。在距今7000～6500年之间，海浸达到最高潮，太湖的东、南，海岸线较今天要内缩很多。但就在太湖周边地势较高的小山、高阜之地，仍被当地先民选作栖息之地，他们在此栖息、劳作。

大约距今7000年，这里的居民发展出了稻作生产，也学会了将一些较为温顺的动物进行人工饲养。当然，在他们的生活中，渔猎作为传统还占有相当大的比重。随着海水的退却，这里的先民逐步向外扩张，经过近千年的发展，相近似的聚落已经扩散到南达浙江的钱塘江北岸，西北到江苏常州一带的广大区域，因为是首次发现于浙江省嘉兴市南湖乡天带桥村马家浜，故被称之为“马家浜文化”。其在江苏的重要遗址有苏州的越城、草鞋山、梅埝、袁家埭以及常州的潘家塘等。

继“马家浜文化”之后为“崧泽文化”，因其首次在上海市青浦的崧泽村发现而命名。从遗址文化层的叠压关系可知它们的先后次序，而比较陶器的器形、纹饰手法、制作技艺等，可以发现崧泽时期较马家浜文化有了长足的进步。因此，崧泽文化被认为是由马家浜文化演变发展而成的。崧泽文化的先民主要从事稻作农业生产，渔猎也仍占有相当大的比重。江苏省的典型遗址有苏州越城、草鞋山、张陵山、澄湖、钱底港以及常州圩墩等。

之后这一地区出现了一个被称作“良渚文化”的早期文化类型，是因最先于1935年在浙江杭州的良渚村发现而得名，其后的太湖地区田野考古中，发现了更多这一时期的聚落遗址，因而被认为是聚落数量最多、分布密度最大、四至范围最广的新石器时代文化。它南至钱塘江北岸，西面可达宁镇地区，北缘直抵长江，中心处于环太湖地区，像苏州的越城、张陵山、草鞋山、龙南、袁家埭、罗墩、少卿山、赵陵山、黄泥山，以及无锡的仙蠡墩、江阴的黄塘舆、高城墩、常州的寺墩等都是其重要遗址，但也有认为其范围可能远大于此[①]。良

① 黄宣佩．良渚文化分布范围的探讨［J］．文物，1998（2）．

渚时期的建筑与马家浜时期相差无几，但农耕生产却有了很大的进步，这体现在首次发现了石锛、石犁、石镰、石制耕田器等农具，良渚文物中除了其他遗址都能见到的石器、陶器之外，还出土了大量精美的玉器，有璧、琮、璜、环、珠等，其造型之优美、工艺之精湛令世人瞩目（图2-2-1、图2-2-2）。

大约在距今4000年前，良渚文化突然中断，直到距今3500年前后再次有人类生活的遗存出现，但其文化形态却与良渚文化差异巨大。出土文物中没有见到良渚时期那种精美的玉器、象牙器以及带细刻图案的陶器，遗存的陶器大多较粗陋，所以被认为应该是一种外来的影响[①]。这一文化类型的聚落首次于1959年发现于上海马桥而得名“马桥文化”，也是太湖地区新石器末期文化的典型遗存。江苏境内的马桥文化有昆山绰墩山、姜里、苏州澄湖、吴江广福村、无锡杨家、江阴花山以及溧阳神墩、秦堂山等。从文化堆积层的叠压关系看，它上承良渚文化，下接春秋吴越文化，至此已经步入了有文字记载的文明时代了。

（二）宁镇地区

长江南岸，距海不远之处有一片延绵的低山丘陵，它被称作“宁镇山脉”，山脉的周围地带即宁镇地区。这里有起伏的低山，山麓平缓；也有河湖港汊，水网密集。河湖之间被分划出小片的河川平原，虽不如相邻的太湖平原以及江淮平原那样广袤，却也土地肥沃，因而在距今7000年前后，当地的先民开始在平原缓坡间发展农业，并在近旁高阜、山麓之上建屋居住，形成了史前聚落。至今还留下了无数的遗址。经过了考古学家的发掘、研究，终于确立了这一地区由丁沙地类型到北阴阳营、昝庙、点将台、湖熟类型的新石器文化序列。

丁沙地位于江苏句容，是一块高出地面的岗地。经过1988年与1989年两次发掘，出土石器、骨器、陶器等实物，还有数十件待加工的玉璞及加工后的残剩料。开始因这处遗址已遭破坏，且这一地区的新石器文化序列尚不清晰，故被认为是良渚文化一处玉器作坊遗址。后经深入比较研究，发现了遗物的独特性，因而被确认为是一处单一的具有丰富文化内涵的遗存，其绝对年代距今7000年左右，是宁镇地区所发现的最早的新石器文化遗存。从出土的石器、兽骨来看，当时已有了原始农业和家畜饲养，渔猎在当地居民的经济生活中也有一定的比重。

高淳发现的薛城遗址也是宁镇地区早期新石器遗址之一，年代与丁沙地相近或略晚。经1997年抢救性发掘，揭露墓葬115座、灰坑95座、房基1处、灶穴2个，出土玉器、陶器（图2-2-3）、磨制石器等遗物数百件[②]。遗址分为上下两层，房基处于下层，平面近似圆形，为浅坑式建筑，居住面平整光洁。房基周围分布着灰坑，有窖穴和废弃物坑两类。从弃物灰坑中发现的鱼骨、龟板、螺壳、蚌壳等物，结合地近石臼湖的环境特点，可以推测其主人是以打鱼为生，是为湖荡类型的经济生活。上层应该属家族墓地，百余座墓葬密集排布，叠压达三层之多，可见这一家族在此已经生活了相当长的时间。

位于南京市区的北阴阳营遗址于20世纪50年代后期被发掘，因此处遗址发现年代较早，且遗存丰富、持续时间也较长，因而被视为宁镇地区新石器文化的坐标[③]。经露的遗址有上下两层，上层遗存与被确定为商周时期湖熟文化相接近，下层则为新石器时代遗存，延续时间约为公元前4000年到前3000年。在下层中共发

① 焦天龙．论马桥文化的起源［J］．南方文物，2010（1）．
② 薛城考古队．南京史前考古的重大收获——高淳薛城遗址的发现及初步认识［J］．南京史志，1998（2）．
③ 魏正瑾．宁镇地区新石器时代文化的特点与分期［J］．考古，1983（9）．

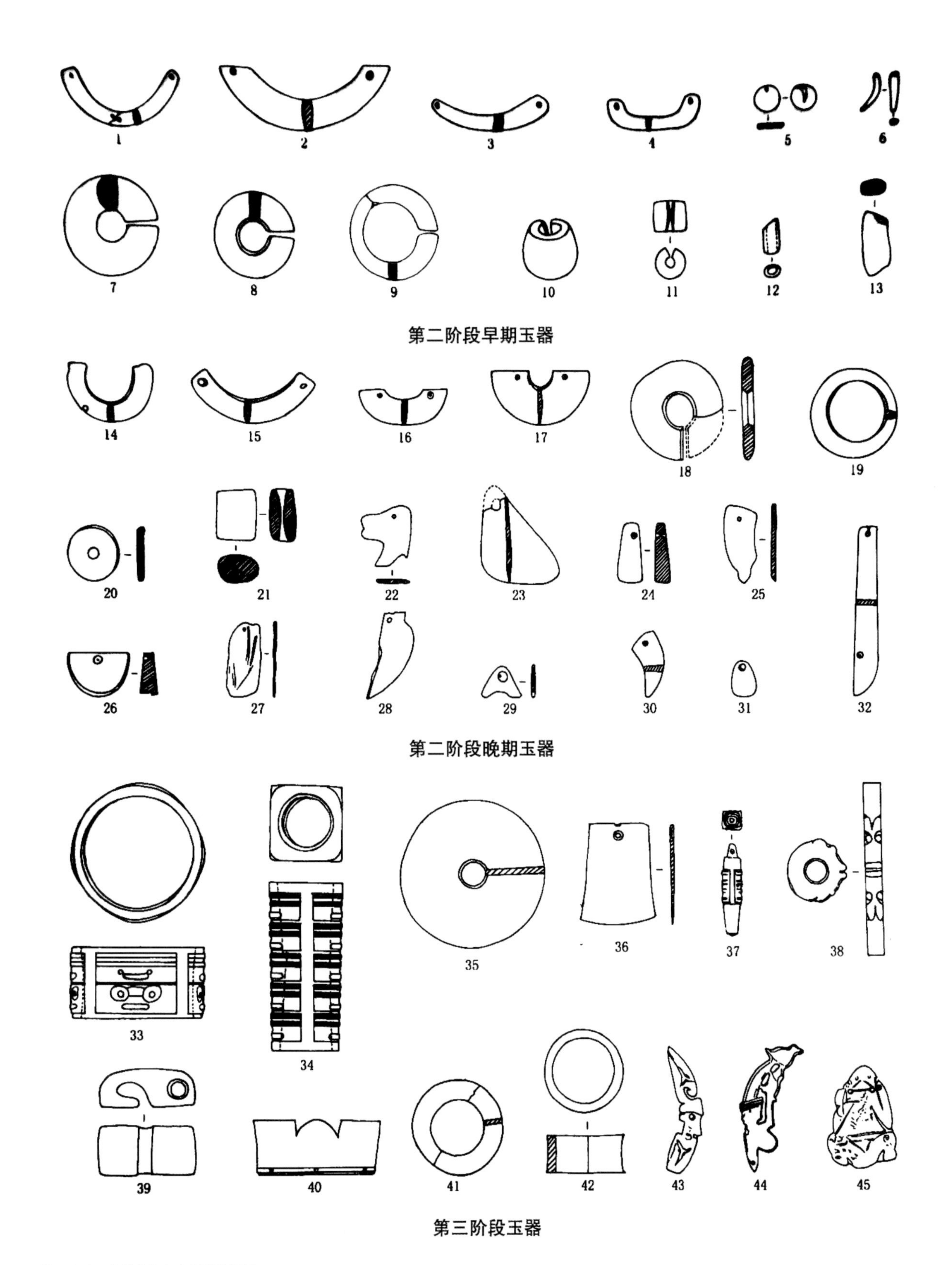

图2-2-1 良渚文化各个时期的玉器

图2-2-2　良渚玉琮

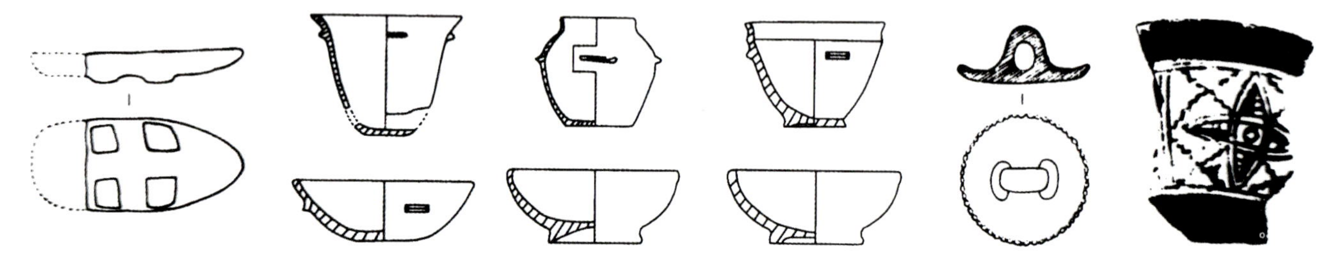
图2-2-3　丁沙地出土的陶器

掘出了墓葬271座、灰坑3座、灶坑1处。还有伴随的陶器、石器和玉器、饰品等。遗址中的居住区与墓葬区分开，居住建筑平面为矩形，内设椭圆形大灶坑（或为火塘），房屋外分布许多灰坑。从灰坑中的堆积物中可以看到有鹿、水獭、鼋和龟类遗骸，反映了当时渔猎仍是经济生活的主要部分。同时期的庙山遗址出土的陶器上留有稻壳印痕，可知此时的农业生产也有了相当程度的发展。而北阴阳营遗址中发现的集中且为数众多墓葬，反映了此处聚落延续时间的久远。

20世纪70年代末，考古工作者又在江宁的昝庙村发掘了一处古遗址，包含新石器时代和湖熟文化遗存。虽然遗址中新石器时代文化堆积层不厚，但内涵丰富。出土的文化遗迹和遗物有大片的红烧土堆积与墓葬，红烧土呈大小不一的规则块状，多数为红色，也有少数青灰色，其中还夹杂少量陶片，推测这应是毁坏后的陶窑的遗迹。墓葬的形制和分布与当地其他遗址大致相同，且随葬的石器与陶器与北阴阳营属于同一类型，故可以确定这里生活的先民与周边地区存在联系。

宁镇地区除了上述具有代表性的典型遗址之外，考古工作者发现和发掘的新石器遗址为数众多，其中出土的文物与这些典型遗址基本相类似，这反映出这一地区属于同一文化区系。而在这些遗址的上层叠压的文化层中已有小件青铜器和铜矿石的发现，表明当地居民已逐渐掌握了青铜的冶铸技术，社会开始步入青铜时代。而这一时期最为典型的是20世纪50年代初在江宁湖熟镇发现的遗址，故称“湖熟文化”。此时虽然已具有青铜器铸造的技术，但人们的生活与生产仍主要使用石制工具。从出土大量的石制斧、锛、刀、镰等工具中可以看出农业生产已占主要地位。而从铜器开始被运用以及陶器的文化特征已与中原的商周文化相接近，更表明其已经处于商末周初了①。

（三）徐海地区

江苏北部，徐州和连云港地域相近、民风相似，因连云港原称海州，所以这一带也被称作“徐海地区”。虽然徐州地区也有小山，连云港更有鲁中南沂蒙山脉的延展，但这里也是黄淮平原的南缘，所以当地新石器时期的文化与整个黄淮平原紧密相联。

北辛文化是黄河下游新石器早期的文化类型，主要遗址是山东滕州的北辛及周边地区，江苏邳州的大墩子遗址与连云港二涧村遗址等都属于同一时期相似的类型。大墩子遗址的文化层较厚，分为三层，显示了聚落的发展至少曾经历过三次甚至更多的兴衰过程。遗址中发现墓葬500多座，随葬的有角、骨、牙器、陶器和石制工具等②。二涧村遗址清理墓葬20座，出土随葬手制陶器90余件（图2-2-4）。其形制与大墩子底层出土遗物相类似，故被认为属于同一类型。其社会经济以农业、饲养业为主，制陶手工业也有发展。

邳州的刘林遗址发掘于20世纪50年代末期，之后进行了两次发掘，发现了新石器时代前期的墓葬将近200座，随葬品与大墩子中层相似，被认为具备黄淮平原大汶口文化类型的特征③。在已发掘的墓葬中发现有大量的殉葬猪骨，反映了当地家畜饲养已达到了高水平，并成为一种财富的象征。

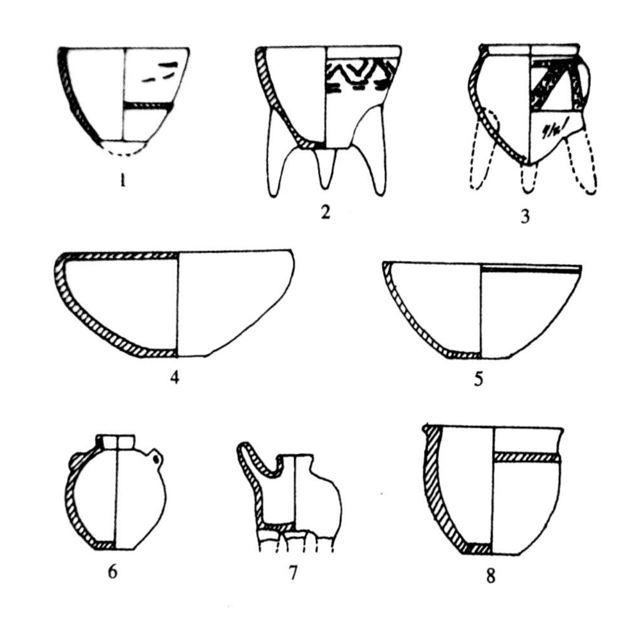

图2-2-4　北辛文化遗址中的陶器

徐州新沂马陵山的花厅遗址也是在20世纪50年代末发现的新石器时代遗址，遗址面积大约有70万平方米左右，主要由位于花厅村东北的小台地上的居住区与分布在花厅村西北的山沟与相邻的狭长山脊地带的墓葬两部分组成。考古工作者分别于1952年、1953年、1987年、1989年进行了四次发掘，揭露墓葬85座，出土陶器、石器、玉器、骨器等近2500件。其文物的年代与刘林遗址接近或稍晚，与大墩子上层相似④。在第71号墓葬（M71）中出土了一件方形陶屋，第287号墓葬（M287）则出土一件圆形陶屋，虽陶屋制作粗陋，却让我们对4500年前当地居民的居住形态有了一个大致的了解。

按照黄淮平原的新石器文化序列推算，紧接着大汶口晚期的就是龙山文化了⑤，但这一时期的资料目前还

① 刘建国等. 论湖熟文化分期［J］. 东南文化，1989（1）.
② 尹焕章等. 江苏邳县四户镇大墩子遗址探掘报告［J］. 考古学报，1964（2）.
③ 尹焕章等. 江苏邳县刘林新石器时代遗址第一次发掘［J］. 考古学报，1962（1）.
④ 钱锋等. 江苏新沂花厅遗址1989年发掘纪要［J］. 东南文化，1990（Z1）.
⑤ 张之恒等. 中国考古通论［M］. 南京：南京大学出版社，2009.

较为缺乏。再往后便是商周时期了。

（四）江淮地区

长江与淮河之间是由长江和淮河经亿万年冲积而成的广袤平原，虽然在沿江一带也分布有低山、丘陵和岗地，但整体地势低洼，水网交织，湖泊众多。随着气候的转暖，各种动、植物就在这片土地上迅速滋生，人类活动也日趋频繁。依据20世纪50年代对淮安宋集的青莲村已发现的大批文化遗迹进行的数次发掘和一系列研究，让世人看到了距今7000～6000年间当地先民在此生活与生产，形成了颇具规模的聚落群。最初学界曾有认为这一文化类型来自中原或江南，经过深入研究之后，终于找出了青莲岗遗存中的独特内涵，确立了“是江淮之间区系文化的早期阶段”[①]的观点。

青莲岗文化遗址中出土的石器有用于翻土的石犁、用于收割的石镰、加工谷物的石盘以及石斧、石凿、石锛、砺石等，同时还发现了炭化籼稻粒，这都反映了稻作农耕在当时的经济生活中已起着重要的作用。遗址中有集中堆放的猪骨、牛骨、鹿角和骨刺、鱼鳔以及陶网坠等，则说明养殖及渔猎作为补充仍占有相当大比重。出土的陶器种类不多，且制作较为粗糙，但其中带有的刻划符号所表现的狩猎、捕鱼、网鸟、种植、养蚕、编织等内容可以多方位地展示出当时的生活场景。

20世纪60年代，位于江淮东部的高邮龙虬庄，村民在开挖鱼塘时发现了大量动物骨骸、石制工具、古陶片，甚至还有少量完整陶器，后经调查确认是一处新石器时代遗址，并于20世纪90年代先后对其进行了四次大规模的考古发掘[②]。揭露居住遗址4处、房屋遗址1处、灰坑34个、墓葬402座，出土了一批陶器（图2-2-5）、玉器、石器、骨角器等各类文化遗物，因而这里被确认为一处距今7000年至5000年前规模较大的新石器时代聚落群遗址。依据文化层中出土的哺乳动物和水生动物残骸及炭化稻粒，可以判断出这一地区在当时是水网发达的河湖沼泽湿地型平原，水生植物茂盛。其气候温暖湿润，可能较今天稍冷。当地居民居住在河边湖滨的平地上，从事捕捞、狩猎及家畜饲养，他们已掌握了水稻种植技术，有了很大的发展。

在江淮东部地区发现的新石器时代遗址还有阜宁陆庄、海安青墩址、兴化南荡、高邮唐王墩以及周邶墩等，大多都出土了石器、玉器、骨器、陶器及大量动植物化石，有些遗址还有干阑式建筑的残迹以及炭化稻粒，显现出这一地区在当时的生产和生活状况，以及聚落的发展进程。古淮河入海的三角洲地区，即今涟水县及其周围发现的新石器早期遗址也有与青莲岗相似的文化遗存，但其后有很长一段文化间歇期。到商周时期，这里又呈现出北方海岱文化及南方太湖文化的影响。这一时期及之后的遗址主要以连云港朝阳遗址为代表，沭阳臧墩、铁架岭、赣榆苏青墩、青墩庙等都发现有同类的遗存。

二、新石器时期江苏的环境与先民的经济生活

冰期已经过去，大地开始回暖，万物渐渐复苏，相对较为稳定的暖湿气候也给人类发展带来契机，长江下游太湖地区的马家浜文化、江淮地区的青莲岗文化就在此时孕育并得到发展。当然气候变暖也会带来问题，海平面的升高会淹没大片土地，在之前的盛冰期海水退却，这一地区的岸线已外推到东海北段、黄海南部大陆架的边缘，而到7000年前，海面回升，使曾经的大地

---

① 郑笑梅．试论北辛文化及其与大汶口文化的关系［J］．史前研究，1986（Z1）．

② 龙虬庄遗址考古队．龙虬庄——江淮东部新石器时代遗址发掘报告［M］．北京：科学出版社，1999．

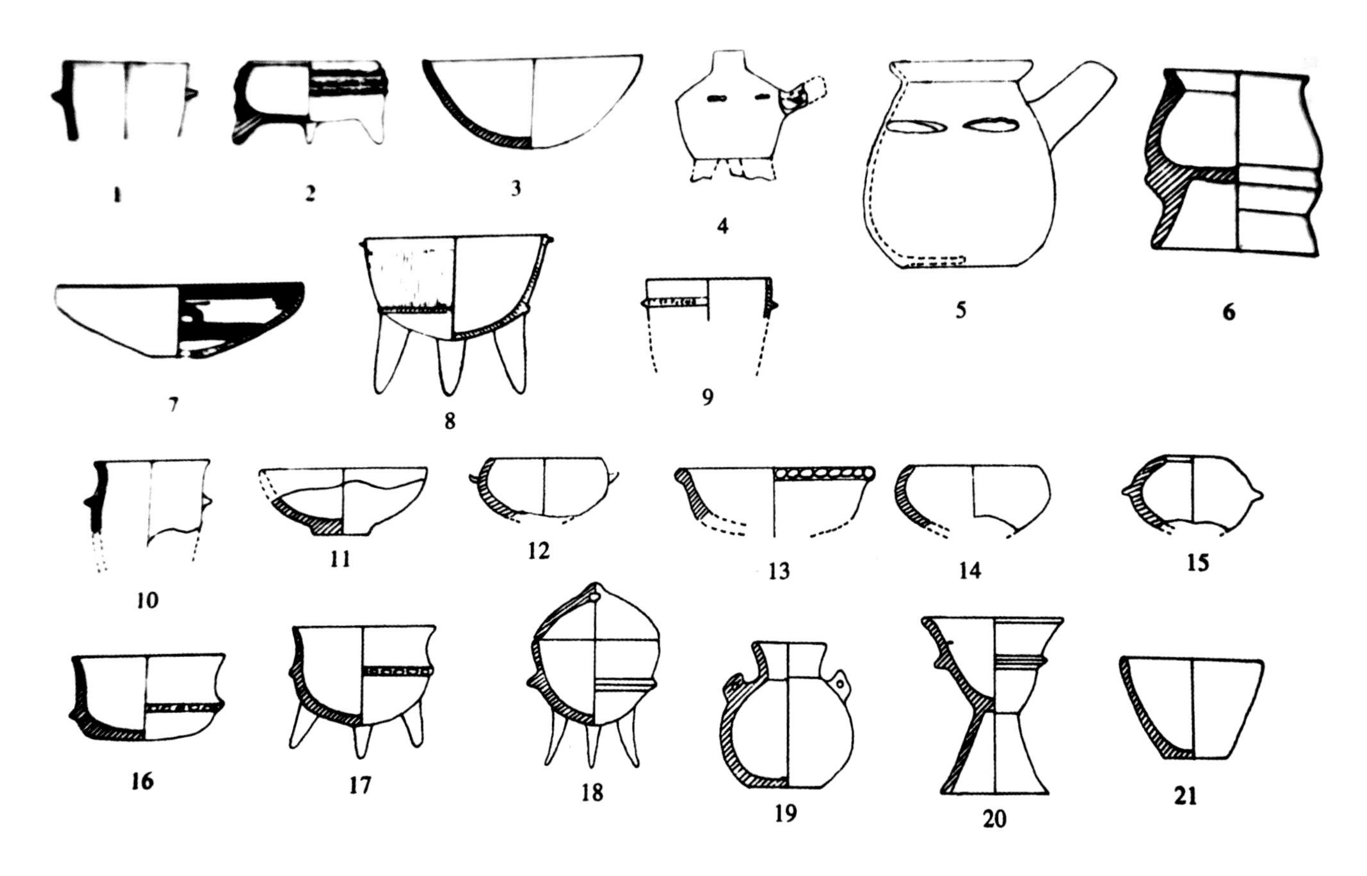

图2-2-5　青莲岗文化遗址中的陶器

变成了汪洋，人们只得退居到小块稍高的平原、高阜之上。而变暖的气候也促使植被更趋茂盛，人们可以采集充饥的根、茎、叶、果变得更为丰富，经过选择，种植活动也由此开始。

（一）长江南岸的古环境与原始经济

长江南岸随着气候的波动，海面也发生过多次变化，大约在8500年前，海水侵入杭嘉湖平原东南隅的海盐至乍浦一带以及平原西侧的谷地，这些谷地在之后也被继续上升的海面所淹没而成为低盐沼泽。在距今7000年前后海浸达到最高峰，形成了西起镇江，经江阴、张家港北、常熟北、太仓，南接淞南沙冈、金山东、王盘山、澉浦南，由大尖山至余杭，沿古钱塘江北支接入西太湖，再由西太湖沿天目山东麓至杭州湾入海[①]的古海岸。

在这一地区内，马家浜文化是目前发现的第一个新石器文化。因为常州、无锡、常熟、昆山和青浦一带是长江河口地区的基岩山地，地势相对较高，所以自全新世以来一直处于陆相环境。依据孢粉分析，当时这里的植被以草本为主，其中水生植物占有优势，近山地带应该是常绿阔叶和落叶阔叶的混交林。动物的骨骸也反映了类似的情况。马家浜文化时期的许多遗址大多可以看到像梅花鹿、四不像、野猪等林栖性动物的骨骸，这说明附近应该有面积很大的原始森林；

① 孙林等. 江南海岸线变迁的考古地理研究［J］. 东南文化，2006（4）.

水牛之类喜水的动物的出现，则与这里拥有大面积的湖沼、河流相关；而鱼、龟、蚌等的骨、壳则表明还有水塘和小河之类的小型水域。此外，各遗址出土的多种植物种子和果核，如稻谷、梅、菱、葫芦、核桃、橡子等，同样证实了当时是温暖潮湿多雨的中亚热带气候[①]。

马家浜文化期间的先民已经进入以水田稻作为主，兼有养殖的时代，同时采集、捕捞、狩猎也是他们生活的重要补充。草鞋山原始水田及其灌溉系统的发现，让世人对于当时的农耕有了直观的了解。这是一片颇具规模的水田，人们在水塘的周围布置田块，近塘的水田有水口直接与水塘沟通，并与稍远的田块相串联。水口可以控制进水水量，同时也能调节出水，非常适合近旁水体比较密集的地方。若远离水源且地势较高之处，则采用水井作为水源，将水井、水沟、水口、稻田相互联通，形成灌溉系统[②]。这两种灌溉方式沿用了相当长的时间，几乎贯穿整个古代社会（图2-2-6）。

承袭马家浜文化的崧泽文化时期，环境与之前基本相似，稻作农业也从耜耕农业向犁耕农业的过渡，制陶业有了较大的进步，玉器手工业亦逐渐成长起来[③]。

大约在5300年前兴起的良渚时代将太湖平原的新石器文化带上了巅峰。依据孢粉测定，此时当地木本植物中常绿阔叶树种比重下降，落叶阔叶树种增多；草本植物中水生植物的百分比含量降低，而陆生植物比重则大大上升。这反映出此时的气候逐渐由温湿向干凉发展，水域面积缩小，陆地面积扩大，原先崧泽文化的空白处也出现了良渚文化的遗址（即某些良渚文化遗址的下层并未发现崧泽文化的堆积）。

良渚文化时期的文明有了很大的提高，马家浜文化以来的农田灌溉系统继续被沿用，其中，水井灌溉方式使用更为普遍。石制犁桦、破土器及耘田器的大量出现标志农耕已进入人力犁耕阶段；蔬果残体及种子的出土表明此时已经有了园艺作物的栽培；而手工业，如丝麻纺织、漆木器、竹编、草编、制石、制陶业等已经较为发达，其中像玉器制作更是饰纹繁密细致、雕刻和谐工整而为后人称颂，其工艺已处于非常突出的地位（图2-2-7、图2-2-8）。

良渚文化末期，环境突然恶化，因为在良渚文化层的上部普遍发现有一层淤土或泥炭层，不禁令人想起史前大水的传说，良渚文化的突然中断或许也缘于这次时间漫长且难以抵御的灾变。在其之后太湖周围还发现了马桥文化遗存，其数量比良渚文化少，与良渚文化并无直接的传承关系，其中延续了很少一部分良渚因素，却有更多外来影响。

（二）长江北岸的古环境与原始经济

江淮之间的东部地区，气候的变化也在改变着当地居民的生产与生活。

青莲岗—马家浜时期，今天江苏省东部平原曾是海湾和滨海的滩涂、沼泽，海水的进退较为频繁。据测定，在大约6500年前的一次较大规模的海浸使这里完全被淹没，水退却后形成了潟湖环境。

距今7000年到6300年前，今天长江北岸江苏的海岸线大致是北起连云港东，经灌云、灌南、阜宁羊寨、盐城龙冈、大冈、东台西，南至海安沙冈，折而向西，经泰州、扬州一线[④]。此时的龙虬庄距海并不太远，这里河网密集，渔业在当时人们的生活中占据着重

① 吴建民. 长江三角洲史前遗址的分布与环境变迁［J］. 东南文化，1988（6）.

② 谷建祥等. 对草鞋山遗址马家浜时期稻作农业的初步认识［J］. 东南文化，1998（3）.

③ 王仁湘. 崧泽文化初论——兼论长江三角洲地区新石器文化相关问题. 第四纪冰川与第四纪地质论文集［M］. 北京：地质出版社，1988.

④ 吴建民. 苏北史前遗址的分布与海岸线变迁［J］. 东南文化，1990（5）.

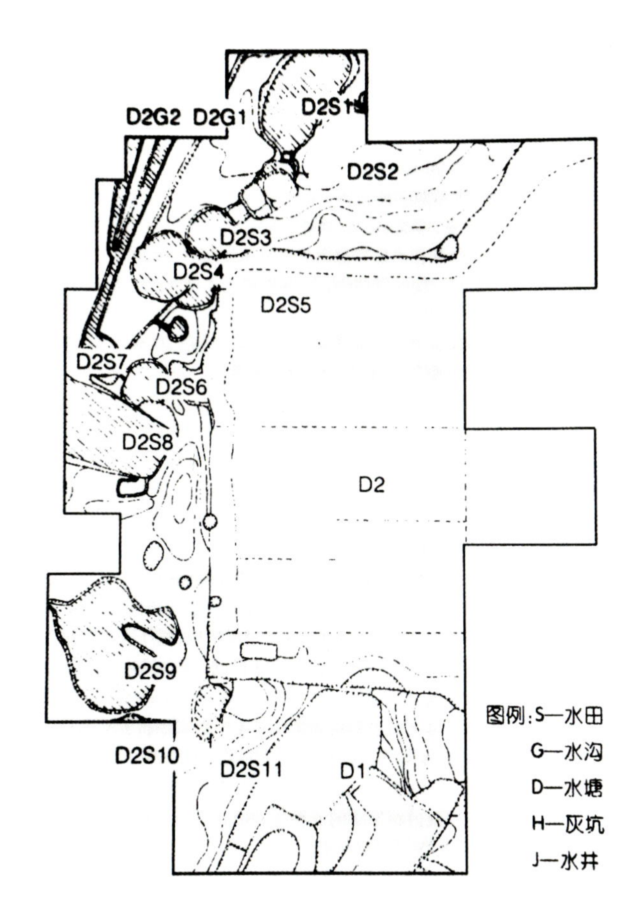

图2-2-6　草鞋山原始水田及其灌溉系统

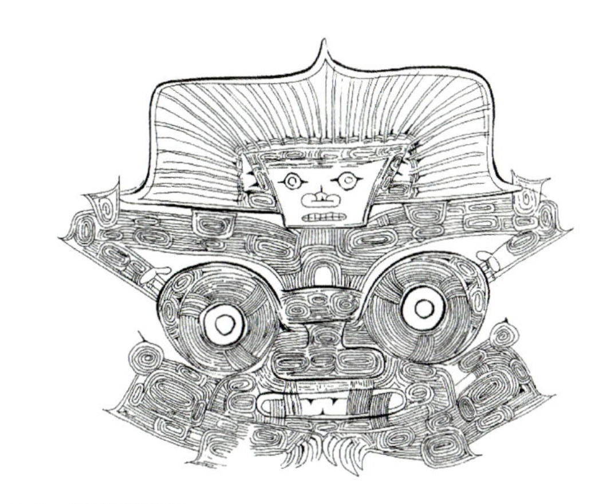

图2-2-7　良渚文化末期的玉器文化

图2-2-8　良渚玉琮纹饰

要的地位。从孢粉的测定又可以了解到，当时江淮东部曾拥有密集的林地和丰茂的草甸，所以狩猎也应该在他们的生活中占有相当的比重。然而，此时稻作也在这一地区悄然兴起，因龙虬庄遗址出土了炭化稻粒。我们知道稻米最初是自然生长在水边湿地中的野生禾本科植物，后经人工选育、栽培后慢慢演变成为籼稻类型，进一步演变方始成为粳稻。而龙虬庄出土的稻粒属于粳稻，也就是说，这些稻粒是经人工栽培的作物而不是原生于当地水边的野生植物，因此，显示农耕业已出现在了他们的生活之中。另外遗址中釜的出土，也反映出稻米已经成为他们重要的食物类型，因为这种圆底无足的陶器须安置在某些支撑物上方能煮物[①]。

大约在距今6500年开始海岸线逐渐东推，原本的滩涂、沼泽逐渐为人们开垦而成为宜居的聚落，因而今天在江苏里下河地区发现的这一阶段的新石器遗址数量有所增加，如海安的青墩、吉家墩遗址等。这些遗址的下层均发现有干阑式建筑的遗物，说明当时这里地势仍然低洼。这些遗址的文化堆积层中发现的大量蓝蚬、丽蚌等淡水贝壳，麋鹿、水牛、猪、狗等的骨角以及菱角、芡实等水生植物，都反映了渔猎、采集在人们生活中的作用。青墩遗址的下层墓葬中没有随葬的石器，却有骨角器，显示了稻作农业的比重较小，因为原始农业

① 刘军. 河姆渡稻谷的启示［J］. 农业考古，1991（4）.

需要用石锄翻地，用石镰收割，用石磨、石杵来加工谷物，当然也包括骨耜、蚌铲、角锄、叉（耒）等。到中层开始有了农耕用的石器，农用骨器也渐渐增多，此时的农耕经济比重有了提高。

还有一个较有趣的现象，青墩遗址下层墓葬中不见有陶杯；中层有简单的桶形杯、敛口瓦棱杯、花瓣足杯；到了上层，随葬品中发现了小型桶状杯、高圈足杯、带盖高圈足镂孔杯等。虽说陶杯主要被用于盛水，但也可能是盛酒的酒具，墓葬中陶杯的从无到有，且越来越精致，不仅说明生活品质的提高，是否也间接反映出因农耕的发展，当地居民有了多余的粮食被用于酿酒？遗址中还发现一个猪形陶罐（图2-2-9），它虽说反映了当时养殖业的普及，是否也可接受为，因为有了农产品的剩余物甚至剩余农产品使得养殖业也被带动了呢①？

图2-2-9　猪形陶罐

（三）宁镇及徐海地区的古环境与原始经济

新石器时代的海浸，使东海北部与黄海南部的岸线大幅内缩，最远时曾使长江的入海口退至今天的镇江附近，但这对于宁镇地区的影响并不明显。相对而言，这一时期气候的波动还是改变了当地居民的生产与生活。前面提到，旧石器晚期这里的气候较为干冷，形成了森林—草原型环境。进入全新世，气温持续上升，植被的群落结构有所改变，也引起了动物的繁衍生息变化，当地的先民则以改变自己的生产方式来适应当地的气候环境。大约在距今7000年前，这里的原始农业也陆续出现。在句容丁沙地、镇江左湖、高淳薛城、金坛三星村等遗址都有稻谷的发现，说明这一地区也已经开始了稻作生产②。

一方面是长期以来的狩猎、捕捞传统，另一方面可能因为当时稻作产量较低，所以渔猎活动仍在这些先民的生活中扮演着重要角色。只是与农耕之间的比重关系在之后的数千年中逐渐减弱。在距今5500～4000年间气候的稳定使这一地区的农业有了全面发展，距今4000～2500年时达到了远古农业的鼎盛时期。北阴阳营文化遗址发现的各种与农耕有关的石器、骨角器说明了其农业的发展③。

进入全新世之初的海面的升降，也曾造成连云港东部地区的海浸，但其对整个徐海地区的影响并不太大。在距今7300余年前，黄淮地区也已进入农耕时代。由于气候和地理环境的关系，北方的原始农业主要是种植粟、黍等旱作农业，受其影响，北辛文化类型中已见到炭化粟以及留在陶器底部的粟痕等实证材料。或许是由于气候变暖的原因，也可能是人口迁徙，在花厅时期的连云港二涧村遗址中，红烧土的表面发现的稻壳印痕，说明水稻的种植已经传播到了这一地区，从而使这里成为早期北方旱作农业与南方稻作农业交融的混作农业地区④。

---

① 郭雁冰．江淮东部地区新石器时代农业经济浅析［J］．中国农史，2000（1）．

② 南京市文化局等．江苏高淳县薛城新石器时代遗址发掘简报［J］．考古，2000（5）．

③ 沈志忠等．宁镇地区早期农业发展研究［J］．中国农史，2013（6）．

④ 栾丰实．海岱地区史前时期稻作农业的产生、发展和扩散［J］．文史哲，2005（6）．

三、新石器时期的史前聚落

考古界的学术成就让我们看到了数千年前的史前先民生产和生活遗迹，也让我们对当时的聚落有所了解，只是相对于当年无数的聚落，能为我们今天再度发现的毕竟只是极少的一部分，而且像草鞋山遗址探明的地下古文化面积约有4.4万平方米，而发掘面积仅为其中很小的一部分约1000平方米。同样，龙虬庄遗址的探明面积约有4.3万平方米，发掘面积仅为十分之一。而其他遗址情况也大致相似，被揭露的范围都远小于探明面积，所以对于当时聚落的了解未必能够全面，但终究聊胜于无。

（一）居住建筑

在长江南岸的马家浜文化前期，因气候湿热，海平面上升，地下水位较高，当时的居住建筑除地处高阜、山麓有少量地面建筑外，多为架空的干阑式建筑。用木柱、梁搭接组合的屋架已有了榫卯结构；柱间编扎芦苇，涂泥后成为墙垣；屋顶用芦苇、竹席和草束铺盖。后气候转凉，地下水位下降，地面建筑渐多。这一时期的房屋平面大多为矩形，也有少量圆形。出于防潮、平整等需要，居住地面都有相应的处理。吴江梅堰发现的一处残存建筑遗址，其室内地面施用蜃灰，以满足平整、光洁和防潮的要求。地面之上还见有草木灰层及排列整齐、纵横交织的芦苇层[①]。草鞋山遗址中一处近圆形的房基，直径约2.5米，其周围环绕排列十个柱洞，其中还残留有木柱，柱下发现垫有块石。散落在周围的烧土块印有芦苇痕迹，还零散着草绳以及用草绳捆扎的草束、芦席、篾席等。由此似可以联想到今天一些偏远地区仍在使用的“编篱夹泥墙”。

同时期的今属浙江的吴兴邱城遗址中，一处矩形建筑两侧排列着相距3.5米的方形柱洞，室内地面是用掺合了碎石、陶片、砂子、黏土以及少量淡水贝壳的混合物夯实而成，这与今天传统建筑中的“三合土”极为相似。其上铺细土，拍实后再用火烧烤，形成防水耐磨的地面。其柱洞底部也垫有厚板。室外四周还设有排水沟渠[②]。嘉兴马家浜遗址的一座长方形建筑，其南北长约7米，东西宽近3米。东、西两侧各有六个柱洞，南边中部有一柱洞，东侧南次间柱距较大，被推测为门间。房屋的北部，有延伸到室外的大片红烧土，全为不规则的大块，面较平整，上留有树枝或芦苇烧毁后的痕迹。在其南端，还有大量草灰。这或许是当时房屋遭烧毁，坍塌后残留的屋墙和房顶遗迹。

宁镇地区北阴阳营遗址的一建筑残迹，长约7米，宽为5米，颇为独特的是其中有一个椭圆形的大灶坑，且坑壁坚硬，显然是久经烧用。该建筑是否为居住建筑还有待研究。高淳的薛城遗址早期地层的一处房基，为浅坑式半穴居建筑，平面近圆形，居住面平整光洁，显然也作了相应的处理。

受环境、气候的影响，江淮地区的居住建筑略有差异。青莲岗遗址中房屋营建于地面，采用泥墙木柱结构，面积为20～30平方米。可以看出是居住面普遍经火焙烤，表面平整而坚硬。柱洞底一般垫置一块石础以支撑木柱，并以烧土屑予以填塞。墙壁是用植物茎秆编成的篱笆外面抹草拌泥后，经火烧烤而成。遗址发现的一堆草拌泥烧土块中得以反映[③]，这些土块一面平整，另一面有芦苇秆印痕，应该是“木骨泥墙”的残迹。江淮东部地区干阑式建筑较多，原因是地下水位较高，环境较为潮湿。

徐州新沂马陵山的花厅遗址中出土的两件陶屋更让

① 南京博物院．江苏吴县草鞋山遗址［J］．文物资料丛刊第3辑，1980．

② 浙江省文物管理委员会．浙江嘉兴马家浜新石器时代遗址的发掘［J］．考古，1961（2）．

③ 华东文物工作队．淮安县青莲岗新石器时代遗址调查报告［J］．考古学报，1955（1）．

我们对4500年前当地居民的居住形态有了一个直观的了解。第71号墓葬（M71）中出土了一件方形陶屋，施以四角攒尖顶，四周有出檐，前面设门，两侧开窗，后壁上部开孔。四壁及四坡屋面上均刻有狗的形象。第287号墓葬（M287）则出土一件圆形陶屋，上覆攒尖顶，设有五条垂脊。

（二）中心聚落，城市的雏形

农耕经济的发展，使人们的衣食有了基本的保证，因而人口逐渐繁衍。当人口数量的增长超过了原聚落承载力的时候，聚落中的一部分人会向那些尚未开发的地方迁移，从而形成聚落的扩散。由于人类与生俱来的亲情意识，以及久而久之形成的敬奉祖先习俗，致使某一最先形成的聚落地位日益提升；而早期人类的集体行为会让某个个人的能力或智慧得以显现，从而成为受到众人尊崇的首领，为了显示与众不同，他们所使用的包括房舍的大多数物品会被做得更为精美，至少会大于普通人使用的以示崇敬；至于面对日常生活中无法解释的梦境、灾变等现象，首领或某些智者常常扮演释疑者的角色，向祖先祈求佑护、向神灵表示敬畏，于是又出现了普通人日常生活并不需要的诸如祭台、庙宇之类的设施。渐渐地这样的聚落表现出其他聚落不具备的形象与内涵，而这样的聚落对于周边其他聚落表现出强大的内在凝聚力，因而被称之为中心聚落。

1. 长江南岸的中心聚落

位于江苏昆山张浦镇的赵陵山就是这样一处中心聚落，其近旁有少卿山、张陵山，稍远为草鞋山、绰墩山（图2-2-10），都曾有史前新石器遗址的出现。该遗址因20世纪80年代初周边村民取土，陆续有石器、陶器和玉器之类的物件出土而受到相关部门关注。1990年经国家文物局批准，开始田野考古，经持续三次发掘，探明遗址面积约1万平方米，开挖面积2000平方米，揭露文化堆积层厚达9米，大致可分为三层，上层为商周时代以后的遗存，中层为良渚文化遗存，下层为崧泽文化遗存。良渚文化层时间跨度为距今5400～4400年，其中有高等级的早期大墓，最重要的是发现了一处保存较完整的人工夯筑高台（图2-2-11），从崧泽文化

图2-2-10　绰墩山遗址

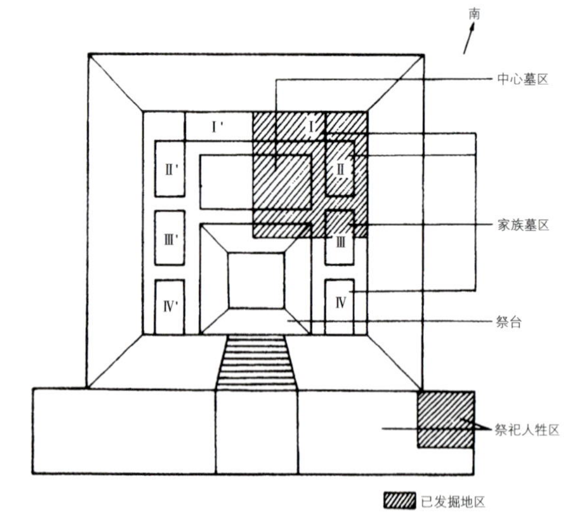

图2-2-11　赵陵山新石器墓葬遗址想象复原

晚期一直延续到良渚文化时期[①]。土台位于遗址中心，西、南分布着墓葬，周围有古河道环绕。土台东西长约60米，南北宽约50米，台体上可以看出不同时期补筑、改造的痕迹，最初较为低矮，之后逐步增高。土台顶部平面近方形，台南发现有面积达70～80平方米的两层各厚30～50厘米大土坯状的红烧土层。推测这一土台可能与原始宗教活动有关，因为台面东侧还以多重土色营建了一座可能用于祭祀的小台，而这里能与神灵对话的，必然是居于聚落群中心的领袖了。

在常州武进的寺墩遗址也是一处探明面积达90万平方米的大型新石器时代遗存，其中有一座直径约100米的近似圆形的土台，高约20米。其周围有一圈圆角方形的河道（似内围沟）环绕，河外四周为墓地，墓地外围较低平处似为居住区，居住区外还有一道环绕的河流（似聚落外围沟）。

类似的大型新石器时期聚落群在上海及浙江的杭嘉湖平原都有发现，其中最著名的要数杭州的莫角山遗址。

莫角山位于浙江杭州的余杭区，周围分布着瑶山、反山、汇观山等良渚文化遗址，著名的良渚村也距此不远。莫角山遗址探明面积达30余万平方米，文化堆积层厚达10余米。这也是人工堆筑的土墩，上面还有三个呈足鼎之势的土台，东北为大莫角山，西北是小莫角山，西南则称乌龟山。莫角山遗址的外围还发现了被认为是城墙的遗存，其底部垫有块石，上部堆筑黄色黏土，可以明显看出与当地耕作土呈灰黑色的区别，因而被认为实际已经是一个规模庞大的城池了。甚至还有认为莫角山遗址不仅规模庞大，而且在其周围拱卫的遗址都拥有规格很高的祭台（夯筑土台），完全有可能已经是太湖流域新石器时代方国——良渚国的首都了。

2. 江苏北部的中心聚落

依据已掌握的资料，我国在新石器时代晚期的龙山文化时期已陆续有城池出现，目前已发现的这一时期的城池有河南登封告城镇王城岗、淮阳平粮台、郾城郝家台、辉县孟庄，山东寿光边线王、章丘龙山镇城子崖、邹平丁公、临淄桐林田旺等城址，基本都分布于黄河下游地区，江苏连云港的藤花落古城也是这一时期的城址之一。

藤花落遗址位于连云港诸朝村南，是南、北云台山之间的谷地。1998年到2000年间进行了三次发掘，探明面积约14万平方米，发掘面积为4000平方米。发现奠基坑、房址、水稻田、石埠头等遗迹200多处。藤花落遗址由内外两道城垣组成（图2-2-12），外城平面呈圆角长方形，由城墙、城壕、城门等组成，南北长435米，东西宽325米；内城近似圆角方形，有城垣、道路、城门和哨所等，南北长207～209米，东西宽190～200米。外城为生产区，内城为生活居住区。内城之中有三处夯土台基、两条主要道路，发现的房址35座，有单开间、双开间、多开间等，也有圆形平面及不规则平面的建筑。单间房屋的面积一般较小，多间的分间并无一定规律，圆形房屋常带有中心柱。夯土台基上的建筑较大，大多超过30平方米，最大的一座平面呈“回”字形，外间面积可达100平方米以上，内间约31平方米，推测应是一座与宗教、祭祀或其他大型集会活动有关的建筑。内城西部还有作坊区，但未发现墓葬区。

尽管藤花落遗址已经具备了城垣、城壕以及城内的建筑、高台等要素，可以认为城市聚落业已诞生。但也有专家认为，原始文化发展到最后阶段，便出现了城，城的发展，形成了原始城，原始城市发展到了一定的阶段为国家的诞生准备了必要条件。原始人类的生存与繁衍在很大程度上依赖于有利的自然生态环境，一个氏族或部落都在一个相对稳定的空间长期发展，从而形

① 萧玟.《赵陵山:1990～1995年度发掘报告》简介［J］. 考古，2013（8）.

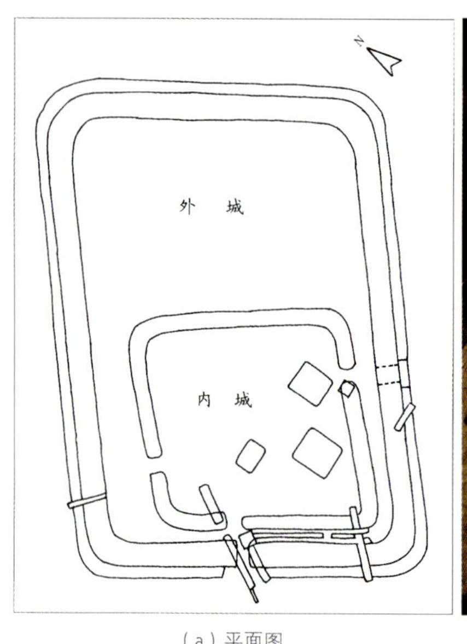

（a）平面图

（b）发掘现场模型

图2-2-12 藤花落遗址

成原始文化区域性的文化中心。在考古发掘中表现为许多遗址较为集中或称之为聚落群。这些史前文化区域中心的重要聚落群，大概都经历了古文化、古城、古国的发展过程[①]。而藤花落古城遗址与后世的城市还存在着性质上的差异，所以被认为仍然属于原始聚落的一种类型，或称“中心聚落”。

（三）新石器时代聚落的兴衰

数千年的新石器时代，让人类聚居的生活与生产场所——聚落得到了空前的发展，这在已发现的考古遗址中得到了证实。但这并不意味自从这些聚落形成，人们就始终在那里繁衍生息。尽管每一处古文化遗址都会有厚薄不等的文化层，最厚的可达10余米，时间可追溯到七八千年前，但其中却无不存在着分层与叠压现象。考古工作者主要依据文化层中容含遗物的异同与变化来分析过去的社会经济、生活状况等。那么，是否也能据以考察聚落的变迁呢?

所谓“文化层”，其实就是这片土地上的人们在生活中随意丢弃之物，经泥土自然掩埋而形成的地层。因为“随意”，故而真实；又因“自然掩埋”，所以能依据“老的在下，新的在上”的规律判断其年代的先后。那么不同文化层之间的分层叠压现象，应该就意味着某一时间段中这里没有被抛弃的物件，且延续相当的时间，或者说就是在这段空白的“文化间歇期”中，当地居民由于诸如自然灾害之类的原因而离开了这片土地，致使聚落荒废。待到再度有人返回，重新建设，已经完成了一次更迭轮替。如果荒废时间不长，返回的是原先的居民，不仅分层不会太过明显，上下层之间的遗物类型不会出现太大的差异。而分层明显，上下层出土遗物的类型发生较大改变，就说明聚落荒废日久，返回者与原先的居民并无联系。从考古研究中得知，无论是颇有影响的良渚文化、北阴阳营文化还是青莲岗文化，其间都会在那些遗址的文化层中找到前、中、后期的区分，由此反映出聚落的兴衰变迁。

① 苏秉琦．重建中国古史的远古时代——《中国通史》第二卷序言［J］．史学史研究，1991（6）．

江淮东部淮河三角洲地区新石器时代遗址的文化传承关系，最能说明聚落的更迭轮替。时代较早的大伊山、万北遗址显现的文化面貌与这一地区偏西的青莲岗文化具有相似的特征，但在青莲岗文化晚期之后，青莲岗的影响消失，这里许多遗址的文化层呈现出厚厚的淤泥，成为文化发展阶段上的间歇期，这被认为是当地经历了一次规模较大的、持续时间较长的海浸，致使这一地区聚落的消失。至海浸结束，海水退却，再度出现在这一地区的居民却是来自南方太湖地区及北面的海岱地区，因而像涟水的三里墩遗址出土的文物明显显示出与崧泽文化和良渚文化前期的相似性。而沭阳万北遗址三期中的遗物，则明显带有大汶口文化早期的印记。

同样，江南太湖平原的良渚文化在其发展的鼎盛时期，于距今大约4000年前后突然消失，叠压在其上的马桥文化，也就是后来在这片土地上生活的居民所使用的粗陋陶器杂件失去了之前良渚文化所表现的精致与优美，器形结构也呈现出明显的差异。考古工作者依据两个文化层之间存在一层0.5米左右的灰黑色淤泥层断定，这一时期当地经历了一次大规模的海浸，致使太湖平原的居民不得不离开故土，远走他乡[①]。而这次灾难持续达数百年之久，所以当大地再次露出海面，原先的良渚居民已经在此期间完全融入中原或其他文化之中，而来到这里的重新开拓者通常都是周边甚至远方的底层民众，所以他们的器物必然粗陋，而且还能明显看到来自浙西南山文化、山东岳石文化，甚至中原二里头文化的因素[②]。

第三节　文明时代的聚落变迁

文明时代是指人类社会和文化发展的一个新阶段，其物质生产持续发展，精神生活日益丰富，社会分工不断细化。由社会分工分化出了不同的阶层，进而形成阶级，强制性的公共权力——国家也随着产生。在我国，夏（约公元前2070年~前1600年）是史书中记载的第一个世袭制王朝，由于当时尚未使用文字，其事迹大多为后人追述。直到商（约公元前1600年~前1046年）方始形成有体系的且较严谨的文字——甲骨文。

早期的文字主要记录的是与王朝有关的“重大事件”，更何况当时的“国家”还仅仅是一些部族联盟，主要活动范围大致限定在今天的河南一带，四外与之联系不那么紧密的就被泛称为“四夷”[③]，今天江苏长江以北的地区被称作“东夷”或“淮夷”；太湖流域则被称之为“百越”。今江苏北部或许因为周初分封，已被纳入部族联盟（诸侯）之中，而地处太湖流域的句吴，直到春秋晚期才“始通于中国”[④]。之后，人们的视野日渐开阔，著述的史料也不断丰富，但人们更关心那些能够影响社会的“大事件”，所以即便到了文明时代，像考察聚落变迁之类的问题仍需要从许多其他资料及文献的只言片语之中去搜罗和探寻。

---

① 邹厚本. 江苏考古五十年［M］. 南京：南京出版社. 2000.
② 焦天龙. 论马桥文化的起源［J］. 南方文物，2010（3）.
③ 尚书・大禹谟：“无怠无荒，四夷来王”.
④ 汉・司马迁. 史记・吴泰伯世家［M］.

一、流徙，乡村聚落的盛衰

过去，时代的变迁对于普通人其实并不会带来太大的影响，因为普通人最为关心的是自己的生存，而各级统治者主要考虑的是完成税收和境内的安定，至于聚落形态，依然是使用身边最为熟悉的材料，利用手头经常使用的工具，借鉴周围既有的聚落样式予以构筑搭建。所以，当我们重温20世纪50、60年代老电影时就会感觉到，其中作为故事背景的村庄与考古发现的上古聚落依然十分相像[①]。当然，它们并非自远古留存至今，只是一次次的更迭重建所用的材料依然如故，营造方法也没有出现变化，所以其形象也就一直得以延续。然而在这漫长的岁月里，或因天灾、或因人祸居民会逃离自己的家园，田园也会因此而荒芜，村庄也会因此而圮毁。直到灾难过去，有人再度来此落脚定居，新的聚落重新形成，并延续至今。

（一）移民的影响

个别人为了生计而离乡背井，这是时刻都会发生的故事，它不会改变聚落，更不至于给社会带来任何影响。相反，当社会出现重大变革，往往会引起大规模的人口流动，这时就会有许多旧的聚落荒废、新的聚落产生。最早见诸史籍而对今天江苏产生影响的移民活动是商代末年的“泰伯奔吴”。据记载，原先生活在我国西北地区的周族在古公亶父的领导下东迁岐山之下，并迅速壮大。按当时周人首领“父死子继，兄终弟及”的传承制度，其百年之后的领导权理应该由其长子继承，但古公属意于三子季历之子昌（即后来的周文王姬昌），于是泰伯与其弟仲雍借口采药而离开周原。到了今天无锡一带[②]。当时的环境条件，从周原不远千里抵达江南实属艰难，而泰伯与弟仲雍还能在完全陌生的异族中快速获得统治地位更不是仅凭两人就能完成，故可推断这应该是一支相当规模的移民队伍，因而能在短期内使当地民众归附，建立了句吴[③]，并开始修建了城池[④]。

春秋时期攻伐渐多，战国开始战争更为惨烈，凡战端一启，必然会有大量人口逃离故土。历史上记载的最大一次移民发生在西晋永嘉初到南朝宋元嘉年间（公元307年~453年），在这历时达百余年的社会动荡中，无数北方士庶纷纷南下，其中一大部分是循淮河、进邗沟，然后渡江到江南，甚至更南的地方。今淮阴、扬州、镇江、常州一带是南迁士庶的集结地，他们建立聚落，聚族而居，甚至保持原有籍贯，形成一批与原籍同名的所谓“侨州”“侨郡”和“侨县”[⑤]。第一个侨县是设置在建康附近的怀德县（后归入江宁），而最为著名的是今常州新北区（原武进）的孟河镇万绥村。永嘉之乱后徙居至此的是原西晋淮阴令萧整及其族人，他们原籍为山东兰陵（今枣庄东南），后在此及附近世代定居。东晋元帝时宣布可置侨县，故公元318年也侨置兰陵郡、兰陵县于武进县境。萧氏在此生活了一百余年，成为武进的望族，并诞生了南朝齐、梁两代15位帝王，故被称作“万岁”村。梁武帝登基后曾将武进县更名兰陵县，以示不忘祖籍，因而，历史上将这里命名为“兰陵古墟”或“齐梁故里”。直到唐初因避讳改名“万绥”。绥，镇压之意也。太湖平原未见“侨州”“侨县”的记载，但并非意味着没有移民聚落，通过对《晋书地理志》及《宋书

① 那个年代还没有“影视城”的概念，外景往往会找真实的村庄、城镇进行拍摄，这对于我们了解20世纪60年代之前的聚落无疑是一类极好的形象资料。
② 汉・赵晔春秋. 吴越［M］.
③ 汉・司马迁. 史记・吴泰伯世家［M］.
④ 汉・赵晔. 春秋吴越［M］.
⑤ 宋书・州郡志［M］.

州郡志》等史料统计的人口数进行比较，就会发现，这里的人口有了成倍的增长，这必定是这次大规模的移民带来的结果①。到唐时，终于以“土断”的方式，撤并了侨州、侨县，解决了侨置问题。

唐代的强盛使社会经济空前繁荣，但封建经济的发展也加速了土地兼并，以至百姓多流亡迁徙。而在统治阶级内部各种矛盾也错综复杂、不断激化，终于演化成安史之乱。战争延续了八年多，虽然主要的战役都发生在今天的河北、河南、山东、山西及陕西等地，但整个黄河中下游在兵燹过后变得一片荒凉，原来的中原居民又开始南迁。因许远、张巡死守睢阳，淮南之地得以保全，逃难的民众就选择了经此南迁，其中一部分便在这里留居下来②。而润州（今镇江）、常州以及相去不远的濠州（今安徽滁州）刺史却因招抚流亡业绩显著而被视为理行第一。今苏州地区更是重要的移民聚居地，据《全唐文》所载梁肃的《吴县令厅壁记》中称，“自京口南被于浙河，望县十数，而吴为大。国家当上元之际，中夏多难，衣冠南避，寓于兹土，参编户之一”。可见移民人户已经达到了总人口的三分之一。

北宋末年，金兵南侵，黄河中下游地区几乎遍遭战祸，于是大规模难民南迁又一次出现。开始是金兵虏徽、钦二帝及宗室、大臣北上后，幸运遗下的元祐太后率六宫及卫士、家眷南下避难。继而康王赵构即位于危难之际，在陪都应天府南京（今河南商丘）组织政府。金人再度南侵，高宗赵构过淮河渡长江，一路南行，终于定都杭州并更名临安，而北方士庶也跟随皇室纷纷南下。在高宗尚未渡江之前，北方移民一度留居江淮之间，之后不仅北方民众又随高宗渡江南下，江淮之间的民众也为躲避战争而加入了南迁的行列，以至于人口锐减。到“绍兴和议”确定以淮河—大散关一线为宋金边界后，曾多次鼓励军民人等前往屯垦③。江南自晋室南渡后经济不断提升，到此时已成为经济最为发达的地区之一，加上南宋建都于临安（杭州），所以接受的移民更多于其他地方④。在今天苏州的东山、西山，若问当地居民的由来，大多会被告知，他们原居北方，南宋时才来此定居。如西山（今金庭）的东、西蔡村就是北宋秘书郎蔡源之子蔡维孟于绍兴年间奉母徙居归隐于此，后子孙繁衍遂成村落。

元末社会动荡，淮河两岸是重要的战场，人口流失严重。朱元璋在吴元年（1367年）攻克平江（今苏州），击溃张士诚。作为惩罚，就在此后不久，即徙苏州富民实濠州（今安徽凤阳）。之后出于屯田垦荒的需要，徙濠州的规模扩大，遍及江南五郡⑤，甚至还有山西的民众⑥。此外，对附近的泗州也有大批移民（泗州所辖包括今江苏的泗洪、盱眙一带）。其实元末动荡时期整个苏北地区的人口流失也十分严重，乡村地区“地旷衍，湖荡居多而村落少，巨室少，民无盖藏”⑦。因而明初移民，这一地区也是主要的目的地之一。据民国《续修盐城县志》载：“元末张士诚据有吴门，明主百计不能下，及士诚败，至身虏，明主积怨，驱逐苏民实淮、扬二郡。”这种说法流传极广，但事实上这完全可能是民间由“实凤阳”故事穿凿而来，因为在民国之前，当地的地方志并未见有这样的记载，而查阅尚存的民间史料更会发现，其实在这些移民中，与苏州相关的并不太

① 葛建雄等. 简明中国移民史［M］. 福州：福建人民出版社，1993.

② 唐·姚汝能. 安禄山事迹：“衣冠士庶，……家口亦多避地于江淮。”

③ 宋史·食货志［M］.

④ 宋·李心传. 建炎以来系年要录：“平江、常、润、湖、杭、明、越，号为士大夫渊薮，天下贤俊多避地于此。”

⑤ 明太祖实录：（洪武三年六月）上谕中书省臣曰：“苏、松、嘉、湖、杭五郡地狭民众，细民无田以耕，往往逐末利而食不给。临濠，朕故乡也，田多未辟，土有遗利，宜令五郡无田产者往临濠开种，就以所种田为己业”。……于是徙者四千余户。天启凤阳新书：（洪武七年）遂徙江南民十四万实中都。

⑥ 明太祖实录：（洪武三年）徙山西及真定民无产业者于凤阳屯田。

⑦ 民国. 盐城县志［M］.

多[1]。原因是此时移民的目的在于发展生产，已完全不同于战乱刚刚平息之际的惩罚性举措。

清代在今天江苏省域的战乱其实也并不罕见，甚至还有像清初"扬州十日"、晚清太平天国"天京战役"那样惨烈的战役，也有难民逃离的事件发生，只是移民规模则大大小于前代，所以常常为专述重大事件的史书所忽略。但如果能有足够的精力查阅地方志，仍可以看到无数对小区域产生影响的移民活动。如今天苏州吴江菀坪镇周围的乡村聚落，绝大多数形成于清末与民国初年的移民。这里曾是东太湖南岸的出水口，原为一片淤积的沼泽，清康熙年间（1662 ~1722年）有人开始在此垦殖。康熙五十二年知县徐祖望在县衙前立永禁占水碑，禁恳草埂，但围垦活动并未禁绝。清同治和光绪年间（1861~1908年）河南光山、罗山一带农民为避天灾兵祸，携家带口辗转于安徽广德，浙江长兴、安吉，江苏溧阳等地，最后选择了东太湖地区落脚谋生。最初只是帮工，生活并不安定。清光绪十七年（1891年）乡民沈庆余在太湖滩涂上围湖造田，建成聚落，名足字圩（今戗港村）。此后吸引各地的客民来此谋生，以来自河南、苏北为最多。到20世纪50年代前菀坪全境被开垦的大小圩垸多达70余处，他们在此安家落户、繁衍生息，直到如今这里居民的语言习惯还与吴江不同，仍包含原籍地的习惯，因而为人们戏称是吴方言中的一块"飞地"。

（二）垦殖与开拓

数千年来人们为了生存而在荒原开辟良田，芟荑榛莽建立村庄，然后在那里繁衍生息。当天灾人祸来临，他们又不得不抛弃家园而迁徙远方。因为农耕是借助环境与气候，利用某种植物特有的生长规律，为自己收获生存必需的食物；为抵御严寒酷暑，遮蔽风霜雨雪，他们需要建房盖屋，以此形成了拥有生产场所、生活场所的乡村聚落。当人们离开这片土地，荒芜随之而来。所谓"荒芜"，其实是指田地无人管理，农作物生长因所需的环境发生变化后就无法与那些生长势旺盛的杂草相竞争，于是，原始的植物群落关系渐渐恢复；而人们营建的房屋基于经济条件，以及以前历代政府为保护耕地而禁止民众烧制砖瓦的规定，所以大多采用土墙、草顶，在无人使用之后这些屋宇也会慢慢降解到自然之中。这样的进程一次又一次地往复更迭，就形成了乡村聚落的历史。

由于各种史书记载的往往是与国家、政治相关的重大事件，可以宏观地了解民众的迁徙与居留，至于具体如何开拓土地，往往很难找到直接的相应资料，当然也可以从一些间接材料中找寻开拓的痕迹，村落名称其实就是其中之一。因为地名并不仅仅是区分彼此的一种标识，其中还蕴含着这一地点的环境甚至历史，承载着丰富的文化信息。

在江苏沿长江、黄海的岸边，常常可以见到以"圩"作为地名的村庄，如张家港的日字圩、前小圩、西新圩，太仓的前后周家圩、壁字圩等，都是将长江南岸经围垦形成的村庄。因为张家港、太仓都是长江的凸岸，江河携带的泥沙会在这里淤积，成为滩涂。当近旁聚落人口增长或远方流民途径这里，开垦这些滩涂往往成为他们的选择。若再从地图进行分析，还可以发现像张家港的日字圩北距长江已有4~5公里之遥，而其北面的南长圩则相距不足1公里，这反映了两处聚落形成年代的先后。江南及江淮平原湖泊众多，湖岸滩涂也常被选作开垦的对象。前面提到的东太湖地区的菀坪周围的村庄过去都以"圩"作为村名，如银字圩、芜焰圩、胃字圩、无字圩、塘前圩等。常熟的阳澄湖、傀儡湖，江淮之间的洪泽湖、高邮湖等湖泊近旁，以及沿海地带

① 甘棠小志［M］.

也都有以“圩”作为地名的村庄，显而易见它们是为因移民围垦而形成的聚落。一些周围没有大型水体但仍以“圩”为村名的村庄也不少，如吴中的汤字圩、吴江的低田圩、常熟的旱头圩等，这并不意味它们与围垦无关，其实在它们形成之际，那些地方也曾是滨湖地带。

“埭”也是常被用作村庄之名，如张家港有申家埭、夏家埭、赵家埭、沙洲埭、小阴沙埭等，昆山有盛家埭、朝南埭，常熟有北埭，吴江有西村埭等。埭指土坝，与围垦也有密切的关系。因为滩涂地势低洼，需要在其外侧修筑堤坝，排除堤内积水方能转化成良田。而围垦者的居所亦需选择高敞之地，于是，建造在堤坝之上的村庄往往就以“埭”为名。而像沙洲埭、小阴沙埭等其实本是江中泥沙淤积的洲渚，原为江水环绕，人们筑堤使其改造为农田。而泥沙继续淤积，或周围不断被人围垦，于是这些称之为“埭”的聚落渐渐地不再为水体所隔，而与岸线连为一体。随着时间的流逝，这些聚落或许更会远离水体了。

此外，还有以“堰”为村庄之名的，如太仓的高家堰、苏州工业园区的金家堰、常熟的范家堰等。据辞书解释“堰”是一种较低的构筑物。有认为是为了提高上游水位，便利灌溉和航运。但像江苏地势低平地区，这样的含义似乎并不存在，它或许是聚落分界的土埂。旧有的聚落已经荒芜，新来的定居者人数众多，为避免在没有河港的地带也能形成区分彼此，人们就筑起了土埂作为边界。或者就是围堤，因为在江苏东部早期为防海潮修筑的海塘堤坝就以“堰”名。

村落地名中能够透露的历史文化信息其实远不止这些，即便像张村、李庄这样最为常见的地名，若结合姓氏源流的考察，不仅可以了解到他们来自何方，甚至何时来此也能知之一二。

（三）盐民的聚落

在江苏的东部，从苏鲁交界的绣针河口到长江口是一条长达近千公里的海岸线，自古以来就有人在此煮海为盐。春秋时管仲向齐桓公提出“官山海”策略，开始了我国食盐专卖制度。虽然西汉时推行黄老无为之治，曾一度有相当长的时间维持着较为宽松的政策，但依然有官方设置的食盐专卖管理机构，汉武帝元狩四年（公元前119年）设置的盐渎县（今盐城），其治所就是今江苏地区所知最早的盐务管理机构。唐代以后食盐专卖日趋严厉，在唐宝应年间（公元762～763年）设监院于涟水，太和五年（公元831年）增置如皋场。宋代则增到了5监25场，通州的丰利监有7场、泰州的海陵监为8场、楚州盐城监亦有7场、海州监2场以及涟水监1场。按照宋代的制度体系，地方最高管理盐务机构为监，其下设场，场下还有务；这些机构通常也与县城、镇、市治所相重叠。元明清时期基本承袭宋制，只是因环境的变化而使盐场的位置与数量发生相应变化[①]。

作为直接的食盐生产者，最初只是海边的农民，他们在农忙时种田，农闲后煮盐。随着专营制度的推行，沿海开始由官府设场制盐，从业者由官府招募，并提供器具、发给费用。其中不乏流民与犯人[②]。之后从业的盐民也逐渐专业化。如直接从事煮盐称作灶丁，通常他们并不是一个人来此谋生，往往拖家带口，因而就有了灶户之称、或被称为锅户[③]。唐宋以来甚至实行灶籍，凡身隶灶籍则世代以盐为业，户籍由盐运司管辖，不得脱籍，因而他们会持续在此生活。

最初，制盐采用煮海为盐的方法，规模较小。到隋唐，为了扩大生产，开始采用开辟亭场、晒灰淋卤，然后用盘铁、锅鐅煎煮，使卤水浓缩而获得食盐（图2-3-1）。

---

① 郭正忠等．中国盐业史［M］．北京：人民出版社，1997．

② 史记·吴王濞列传：“吴有豫章郡铜山，濞则招致天下亡命者铸钱，煮海水为盐，以故无赋，国用富饶。”

③《宋史·食货志》：“环海之湄，有亭户，有锅户，有正盐，有浮盐。正盐出於亭户，归之公上者也；浮盐出於锅户，鬻之商贩者也。”

（a）"筑垒围墙"

（b）"车接海潮"

图2-3-1 《四库全书》所载《熬波图》

（c）“担灰摊晒”

（d）“铸造铁盘”

图2-3-1 《四库全书》所载《熬波图》（续）

因此，一个能够将海水转变成食盐的完整作业还须有亭场（即晾晒海水的晒场）、灰坑、卤井、卤池、煎灶以及盘铁或锅鏾等设施和工具。甚至还要圈围附近滩涂杂草、芦苇丛生的草荡成为提供柴草的场所。生产的过程中仅盘铁煮盐就需四灶户拼凑合成方能轮流进行，即俗语所谓“团煮”。至于其他工序，更要多人协作，所以这已是一个完整的生产体系。好在过去家庭及家族的观念影响至深，所以制盐或数家灶户共同经营，或一个家族协同生产。于是也像农耕聚落一样，在盐田、草荡附近兴建屋宇，形成了盐民聚落。

仅由数盐灶构成的聚落，他们往往就以“灶”作为聚落之名，像南通的北灶、新灶、金灶、何家灶、南沈灶、袁家灶等村落就是当初的盐民聚落。宋时出于安全，开始实行带有军事管理的户籍管理制度，即“保甲制”，这也被用于盐民聚落，称“灶甲”，当然其目的主要是为了查缉私盐，因为当时熬煮食盐的器具有“盘铁”和“镬”（即锅鏾）两种，盘铁须由数人共同操作，其产品去向容易控制；而镬较小，且家家具备，虽说当时允许灶户将自产的食盐直接出售，但也是被指定的商家，不然就成了所谓的“私盐”。灶甲制以2灶至10灶为1甲，于是就有了至今仍可见到的三甲、五甲、九甲等聚落之名。此外，与盐民聚落有关的地名还有“团”“栅”等。按元代陈椿《熬波图》所述，宋元之际，华亭东部的下沙盐场以每2～3灶为1团，各团四面筑墙、挖壕，甚至有兵丁把守，其内有亭场、灶屋、仓舍等。华亭即今天的上海，如今在浦东还保留了大团、四团之名，由此可以看出当年与盐业生产的关系。团与栅其实含义相近，只是用篱笆替代了围墙。此外，像头总、五总、八总、梁垛、何垛等以“总”“垛”命名的村庄也与制盐业有关，因为“荡为草源，草为盐母”，各盐场把沿海草荡划分为与海岸线垂直的若干长条块，高价出租给灶户煎盐，时称长条块为“总”。而盐民熬盐烧火所用柴草，每逢秋冬就行收割，堆成一个个巨大的草垛，以备来年煮盐之用，于是一些草垛质佳量大的地方，就以“垛”而得名。

江苏的海岸线自春秋之后不断东移，当然气候的波动也会让岸线发生东西摆动，而时发性的大潮常常会淹没田地、盐田，冲毁庐舍、居民。因而在唐大历二年（公元767年），李承任淮南西道黜陟使时，从楚州的盐城（今盐城以北）到扬州的海陵（今泰州）修筑了一条长达140余里的捍海堰，乡民由此受益，故又名“常丰堰”。之后这条堤堰时有修筑，其中以宋天圣二年（1024年）范仲淹在此基础上主持修筑、延长的堤堰最为著名，后人称其为“范公堤”。南宋建炎二年（1128年），黄河夺淮，海岸线东移，范公堤以西盐场渐废，煎灶也随之东移。元代起新滩不断淤现，尤其是明清以来淤积更快，所以营盐场所也随之不断变化。原先的盐场渐渐为民众垦殖成为农田（图2-3-2），但这些“灶”“甲”之类的地名被遗留了下来。

二、战乱，都、城聚落的兴亡

在新石器时代末期，中心聚落已经陆续从普通聚落分离出来，具有了与普通聚落不同的形态与内涵。随着社会的发展，中心聚落的地位迅速提高，为有效

图2-3-2 江淮地区的乡村（来源：盐城档案馆老照片）

地对周边地区实行统治，许多地方开始“立城郭，设守备，实仓廪，治兵库”，形成一方的政治、文化、经济中心，后世“城市”的基本涵义逐渐被确立，原先或许只是主要用于抵御自然灾害，毒蛇猛兽的环壕、城垣也被用来防范外族的侵扰、国人的反抗的城市防御体系了，即所谓“筑城以卫君，造郭以守民”。到春秋时期，城市得到了飞速发展。从记载及考古发掘可以了解到，仅江南地区，如今已发现了淹城（图2-3-3）、胥城、留城、阖闾城、下菰城、固城、邗城、朱方城、平陵城、云阳城、吴大城、吴城、越城以及塘西城等一批城址。

与所有人为的聚落一样，城池即便被喻为“固若金汤”，也会在天灾与人祸面前不堪一击，消失在了历史的长河之中，也有一些因其地理位置的优越而延续了相当长的时间，但也会经历兴衰变化。那些号称历史多么久远的古城，其中能够看到的人工物质形态通常仅有数百年而已。

（一）南京城的变迁

尽管近年来有人将南京的历史往前追溯到6000年前，因为已发现的新石器时代北阴阳营遗址就在市中心鼓楼西侧不远的云南路；也有人甚至将南京直立人视为当地人的先祖，那其历史就更为遥远了。其实在今天南京地区最早出现的“城”字，当是春秋末期吴国在今天城内朝天宫一带设置的一处冶炼作坊，因其规模较大，故被称之为“冶城”，但这一名称是否当时就这样

图2-3-3 淹城

称呼还需要考证[①]。之后吴亡于越，越人在秦淮河畔修筑了“越城”。楚代越兴，楚威王筑城于石头山（今清凉山），置金陵邑。秦始皇二十四年（公元前223年）楚亡，改金陵邑为秣陵县。或许当地城市聚落的形成应该从秦开始，因为之前的冶城仅为一处作坊区，城周只有2里多的越城似乎也只是军事要塞，而所谓“金陵邑”是否为封赏给大夫的采邑呢？显然只有成为县治，才可视为城市聚落。

到了汉初，包括秣陵县治在内的大片土地相继封给了楚王韩信、吴王刘濞及其儿子刘缠，只是有关此时秣陵县治的位置、规模史料所载不仅简略，而且混乱[②]。时至东汉末，史料渐渐清晰。汉献帝建安二年（公元197年）孙策被封吴侯，建安十六年（公元211年）孙权始迁秣陵，次年修建石头城，并更名建业。西晋太康元年（公元280年）平吴，恢复秣陵旧称，之后分秣陵之地为秣陵、建邺和江宁，石头城似乎依然存在，因为之后的历史事件中还有出现。西晋建兴元年（公元313年）因避愍帝讳改建邺为建康。晋室南迁后据建康为都，其城址东移，之后为南朝宋、齐、梁、陈所沿用。

公元589年，隋灭陈，将建康彻底破坏，宫室城池被“荡为耕田”，将尚留存的石头城充作当地的治所，命名为蒋州。唐代初年，今南京附近的建制经常调整，金陵之名始见。德宗建中四年（公元783年）节度使韩滉筑石头城，修坞壁。宪宗元和二年（公元807年）李锜反，将石头城作为其据点。昭宗景福元年（公元892年）杨行密割据淮南，及以金陵之地，乾宁四年（公元897年）冬，击退朱全忠，遏止其南下，开启唐宋之交政治整合和经济文化中心南移的先河。杨行密去世后，杨吴的实权已落到徐温父子手中，徐温的养子徐知诰在留守升州（今南京，唐乾元元年改江宁郡为升州，不久即废，至唐僖宗光启三年复立）时，扩建了金陵城。公元937年杨吴政权转移到了徐知诰之手，是为南唐，建都金陵。其址近聚宝山，跨秦淮南北，周廻二十里。北宋改称江宁府，南宋为建康，元代更名集庆路。宋元旧城因杨吴所筑。

到了明太祖吴元年（1367年）攻占集庆，改为应天府。明洪武二年（1369年）九月始建南京城，到洪武六年（1373年）八月成其外城（图2-3-4）。周九十六里，门十三。建都城于宋元旧城之南。明清更迭，改应天府为江宁府，基本延续明代故城。1853年，太平天国攻克江宁（今南京）并改名天京，定为都城之后，到1864年天京失守的12年间，今南京城经历了“困守天京”“天京事变”“天京陷落”等事件，使城池遭受严重的破坏，聚落居民的生活也发生了改变。

号称“六朝古都”或“十朝都会”的南京，向来被视为历史悠久的古都，但在这两千多年的岁月中，建制四时迁移，使聚落不断变幻，一个时代有一个时代的特点。虽然彼此间皆有承前启后的关系，但绝不是简单的重复，更何况聚落位置也发生了改变。

（二）徐州城的变迁

提到徐州的城市聚落，许多人会以其古称彭城而将其起源追溯到唐尧时代[③]，甚至黄帝时代[④]。然而早在20世纪30年代，我国的史学家就对夏朝之前的传说作了考证，认为这些传说完全可能是“层累地造成的中国古

① 明·陈沂. 金陵古今图考［M］.
② 新修嘉庆江宁府志·沿革［M］.
③ 同治. 徐州府志·沿革［M］.
④ 南朝·顾野王. 舆地志［M］.

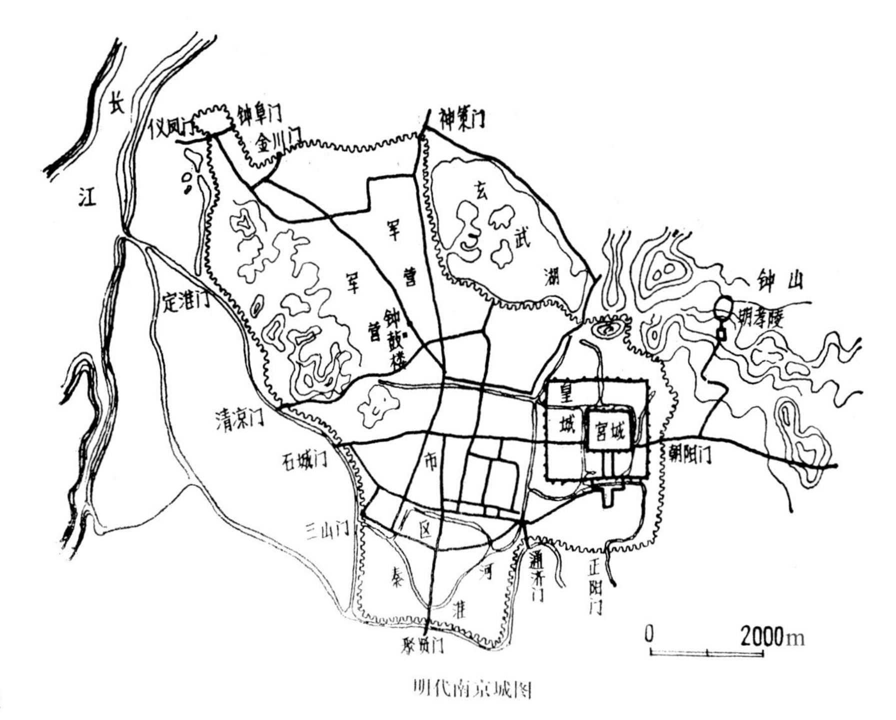

图2-3-4 明南京城

史"①，在没有考古成就作为支撑的情况下，不能作为学术研究的依据。也有人将《禹贡》分天下为九州，徐州即九州之一来说明徐州城的久远。其实20世纪30年代的学者提出了《禹贡》成书于战国时期，如果"九州"之说确实为夏代的行政区划，那么其中的"徐州"也属某区域之称而非一个城市聚落。因此，如果要较为全面地了解徐州城的聚落变迁，需要从古徐州治所及后世徐州城的前身两方面予以考察。

最早见诸记载的"徐州"城邑可能要数《竹书纪年》中所载，梁惠王三十一年（公元前339年）"邳迁于薛，改名徐州"②。而《后汉书·地理志》有"薛本国，六国时曰徐州"。古薛国在今山东省滕州市的南部。西汉武帝时置徐州刺史部，监察琅琊郡、东海郡、临淮郡和楚国、泗水国、广陵国，共三郡三国，治所在薛。新莽始建国元年（公元9年），王莽迁徐州治所于下邳。东汉建武五年（公元29年）刘秀克彭城、下邳，吴汉拔郯城，遂置徐州刺史部于郯。东汉初平四年（公元193年），曹操伐陶谦，破彭城，屠郯城，故之后徐州刺史部的治所由郯县迁至了下邳（今睢宁县古邳镇东北）。三国魏明帝时（公元226～239年）徐州刺史部自下邳迁至彭城，西晋元康（公元291～299年）末年又回迁下邳。东晋义熙七年（公元411年），以淮北为北徐州，治彭城；淮南为徐州，治京口（今江苏镇江市）。之后淮北为北魏所占，北徐州刺史治所迁到了钟离（今安徽凤阳）。南朝时有侨置郡州的举措，曾设东、西、南、北四个徐州。北魏获淮北之地后置徐州治所于彭城，隋改徐州为彭城郡，唐复为徐州。到元代彭城并入徐州，徐州之名取代了彭城，此后徐州的名称和治所再也

① 顾颉刚. 秦汉的方士与儒生［M］. 上海：上海世纪出版集团，2006.
② 范祥雍. 古本竹书纪年辑校订补［M］. 上海：上海人民出版社，1962.

没发生变化[①]。

在今天徐州周围是铜山区，稍远有萧县、沛县等，古代还有彭城县，20世纪90年代初撤销。在这一范围内能够见到的早期比较可信的史料中有关城池的记载为《春秋》，其中有鲁成公十八年（公元前573年），“宋鱼石复入于彭城”。而在《史记·韩世家》则有，文侯二年（公元前385年），“伐宋，到彭城执宋君”。当时彭城属宋。到了秦时置彭城县，属四川（也称泗水）郡。东晋时为北徐州治所，其下又有彭城郡、彭城县。隋朝降徐州为彭城郡，唐代恢复徐州，彭城仍为郡、州治所。之后行政建制或有变化，其治所就再未迁往他处。

自鲁成公之前的彭城开始，到今天的徐州市，虽说其城址位置大致就在该地段，但兵燹之灾或洪水之祸使这一城市聚落不断圮毁，又不断重建，形成了“城叠城”的景观。汉高帝二年（公元前205年）彭城之战是战国之后第一场大规模的战役，虽说是在城池之外展开，但对于彭城这座城市聚落必然也会造成无法承受的影响。南北朝时期陈太建十年（公元570年）大将吴明彻攻彭城，旷日未克，乃堰泗水灌城，致使城池被毁，直到唐贞观五年（公元632年）方始重建徐州城。元末脱脱伐徐州李二，以百炮轰城，城尽毁，后建城于奎山脚下，改名为武安州。至明洪武年间再次重建徐州城，迁回故址。这里由于战略地位重要，成为兵家必争之地，从史料粗略统计，发生在这里的大小战争达数百次之多，几乎平均每十年左右便会有战争降临，使城池遭到毁亡。

自然灾害也是给城市聚落带来重大影响的要素之一。据正史统计，魏晋南北朝的三百五十多年中（公元220～581年），彭城（徐州）地区遇到的水、旱及其他灾难也多达数十次，也几乎平均十年就会遇到重大的自然灾害。东晋安帝义熙十二年（公元416年），汴水暴涨，城崩塌。此时正值大将刘裕驻徐，于是重修城垣，“悉以砖垒，楼橹赫奕，南北所无”[②]。之后像明天启四年（1624年），“秋七月癸亥，河决徐州魁山东北堤，灌州城，城中水深一丈三”，“官廨民庐淹没，人溺死无算”。水退之后城内淤泥竟厚达1～5米，以至于一度迁城至南二十里铺。数年后方于原址重建。清康熙七年（1668年）郯城地震，波及徐州，全城遭毁，后历经了56年，城池、衙署、民居等方复建完成（图2-3-5）。

今天所能见到的徐州残存城墙遗址是清朝嘉庆年间沿袭明城墙城基重建的，之后还经历了咸丰年间太平军北伐和捻军攻打徐州等战争的破坏。

（三）扬州城的变迁

与徐州一样，古九州之中也有扬州，但它也与今扬州城所指并非一事。今天能在史料记载中找到的扬州城附近最早的城池可能要数邗城了，它是春秋晚期吴国开凿邗沟时所筑。之后，经历了吴越更迭、越地入楚的变迁，到秦汉，这里是为广陵县，秦时属九江郡，汉初归东阳郡，之后又时有变迁，到东汉初广陵升格为郡，基本奠定了作为一方政治中心的基础。到隋开皇九年（公元589年）置扬州，扬州之名正式出现。唐初将扬州治所从丹阳移到江北，至此，完成了历史上的扬州和今天扬州在名称区划、地理位置上的基本统一。

扬州早期的广陵城位于蜀岗之上，刘濞封吴王时在原址另筑新城。之后这一城址一直作为当地州、郡的治所使用。三国时郡治移到了淮阴，城池仍一直存在。其间也不断有人提议修葺或重建，但一直未有落实。东晋时桓温鉴于北伐的需要，作了大规模的修葺，刘宋时加以扩建。隋唐则再度扩建，使之形成南北十五里二百一十步，东西七里三十步的规模，由宫城、东城和

① 同治·徐州府志［M］.

② 北魏·郦道元. 水经注［M］.

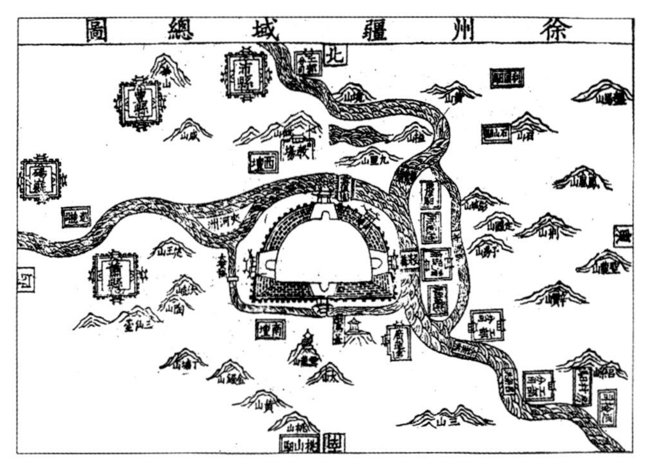

（a）疆域

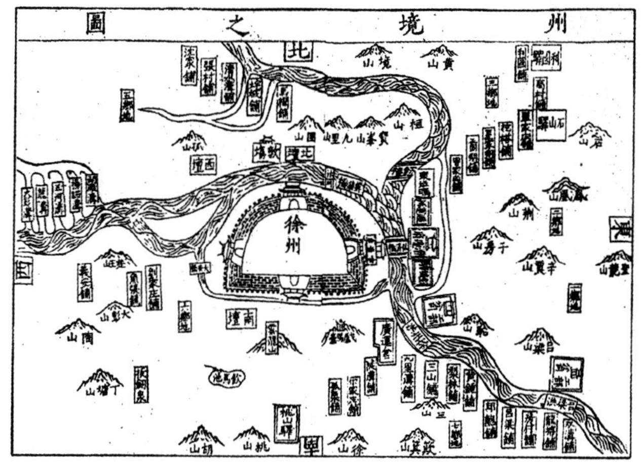

（b）州境

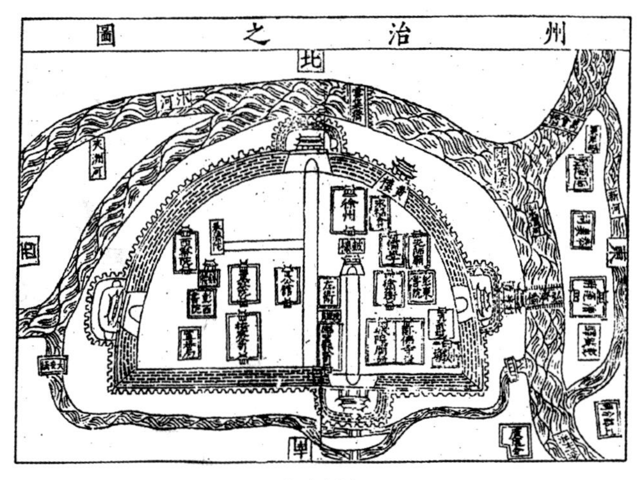

（c）州治

图2-3-5　明代徐州

罗城三部分组成。宫城和东城位于蜀岗之上，为扬州子城，蜀岗之下是罗城（图2-3-6）。“安史之乱”后，大量北人南迁，受人口剧增的巨大压力，沿运河自然形成了一些热闹的商住区，造成后来城外设坊管理的特例。传统的坊市制度在发达商品经济的冲击下逐渐瓦解，唐扬州城开了先例。

五代时杨吴将此作为东都，虽时有增改，但基本维持原有规模。后周显德六年（公元959年）始作新城，即史书所谓“小城”，却在不久后的宋初毁于李重进据守之时。宋金战争使隋唐扬州城遭受破坏，南宋乾道二年（1166年）在蜀岗之南重新修筑城池，即宋大城，周2280丈。后又有增筑夹城，与小城相联系，形成了扬州三城的格局。元代城池未有太大的改变，直到元末，因战乱迭起，出于防守需要，放弃了宋大城的大半，仅将西南一角，重点修复，砌筑墙垣，形成城周1775丈5尺的城池（元明扬州老城），到明嘉靖年间，倭寇为患，为加强防御，于嘉靖三十四年（1555年）将原宋大城的东南隅围入城中，是为新城①（图2-3-7）。

在明清更迭，清兵南下时，史可法曾据守扬州，破城后曾遭屠城之祸，城市受到严重破坏，但不久得到了恢复，并在乾隆年间达到鼎盛。

（四）苏州城的变迁

因为有《史记》及《吴越春秋》等史料的记载，苏州城市发展的脉络似较为清晰。据《越春秋》载，为“安君治民，兴霸成王”，即位不久的阖闾采纳了伍子胥“立城郭、设守备、实仓廪、治兵库”的建议，决定建造都城。于是伍子胥“相土尝水”“象天法地”，在今苏州城址开始督造城池。阖闾十一年（公元前508年）大城建成。其规模为周四十七里，设陆门八座，以象天之八风；有水门八座，以法地之八聪。其内筑有小

① 雍正·扬州府志［M］.

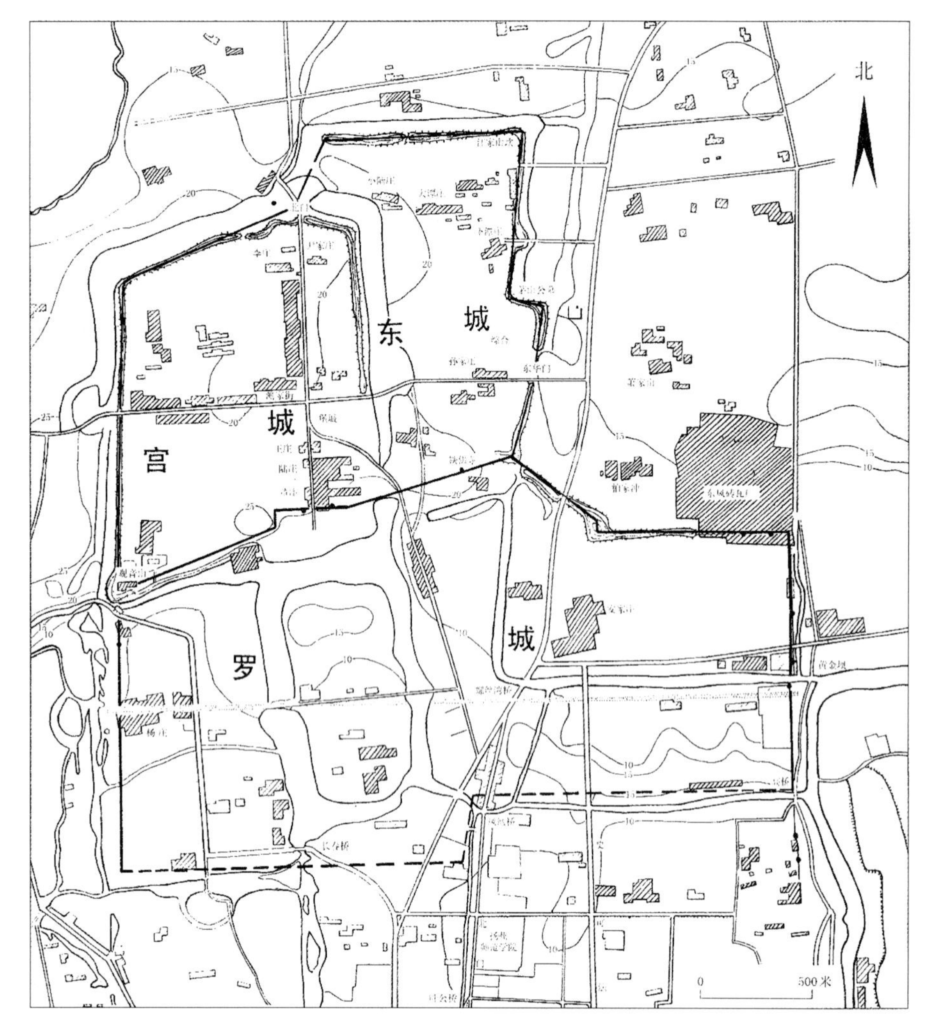

图2-3-6　隋江都城

城，周十里，置南、北、西三门。此外，推测可能还有外郭，因为按当时诸侯国都城的规制，一般有三道城垣，而一些相关的史料中也透露出吴大城具有外郭的讯息。城内有宫殿、苑囿、集市、民居，设有大道与小巷，还有众多的河道，因而呈现出“水道陆衢”“车船并入”的景象。据宋代朱长文的《吴郡图经续记》称，这一城市格局“自吴亡至今仅二千载，更历秦、汉、隋、唐之间，其城洫、门名，循而不变”。更有人对照南宋所刻《平江图碑》，认为与当年吴大城几无差异，故被看作是我国唯一经历两千五百多年一直延续，连位置都没有改变的古城。

然而翻阅史料，却发现，自句吴亡国后的记载十分疏略，仅秦始皇二十五年（公元前222年），在江南置会稽郡，过去的阖闾大城就成了会稽郡治所，至于越、楚、秦时期这一城池有何变化均未见更多的记载。甚至像汉初刘濞封于吴，其治所在何处都会引起诸多联想。如有人以为像徐州周围已发现多座汉王陵墓，且司马迁的《史记·吴王濞列传》中也有“乃立濞於沛为吴王，王三郡五十三城”，故其治所应在今徐州的周围；也有人认为，因《史记》中有“孝景帝三年（公元前159年）正月甲子，初起兵於广陵”，那么其治所必然是在今扬州；更有人因枚乘进谏刘濞时

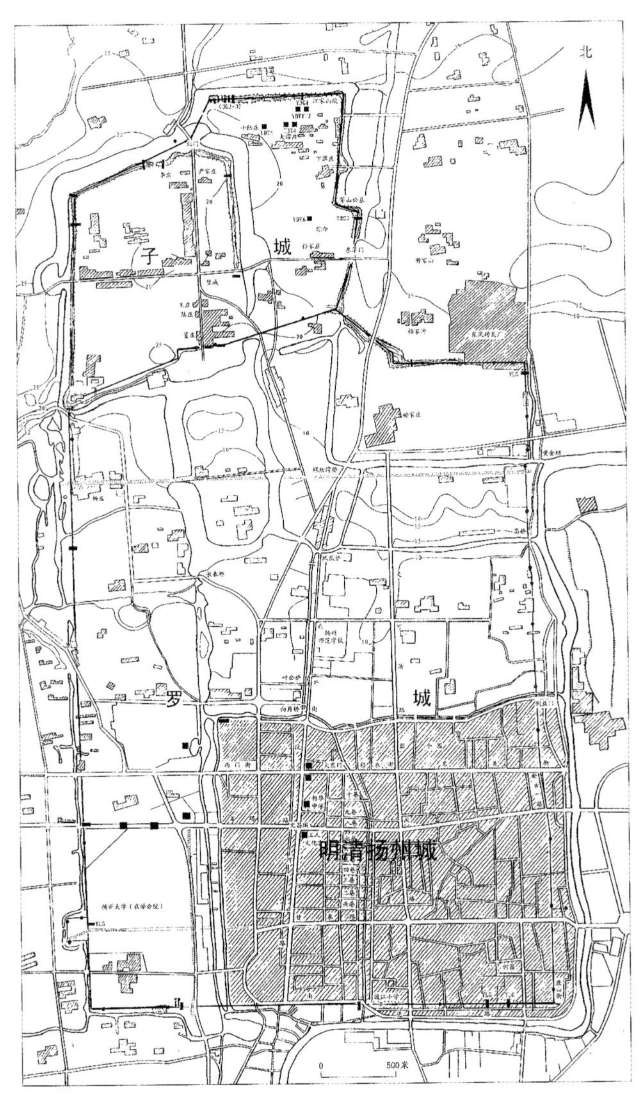

图2-3-7　唐代及明清扬州城

曾说："修治丘陵，杂以离宫，积聚玩好，圈守禽兽，不如长洲之苑；游曲台，临上谷，不如朝夕之池，"[①]以及左思也称"带朝夕之浚池，佩长洲之茂苑"[②]，认为吴王刘濞的治所应该距长洲苑不远，而清代之前苏州府辖包括长洲在内三县，长洲县名就源于境内的古长洲苑，那么其治所似乎应在苏州附近才能说通。

直到东汉之后，史料逐渐清晰。东汉永建四年（公元129年）吴、会分治，这里（今苏州城）成为吴郡治所。晋武帝太康元年（公元280年）平吴后将吴郡与丹阳（今南京）、吴兴（今浙江湖州）同称三吴。南朝陈祯明元年（公元587年）析扬州置吴州，城池改名为吴州、吴郡。隋文帝开皇九年（公元589年），南朝陈为隋所灭，吴郡也降级为州。因苏州城西有姑苏山，由是更名苏州，苏州之名从此开始。两年后又将州的治所迁到了横山之东，直到隋炀帝大业（公元605～618年）初再度被迁回。虽说治所的迁移并非城市的搬迁，但其迁移也并非十分容易，因为迁入之地必须有与迁出地规模相当甚至更大的城市，但苏州的横山之东并不见有相关的史料。再有为何要搬迁？又为何在4～5年之后又被迁回？这也查不到相关的记载。但如果不是史书记载有误，作为苏州这一城市聚落在这一时期发生了重大变化却是事实。

唐代今苏州为江南道治所（首府）。五代十国时期，属吴越国，后唐同光二年（公元924年）置中吴军，北宋开宝八年（公元975年）改名平江军，政和三年（1113年）属浙西路。南宋建炎四年（1130年）金兵南侵时，平江府曾遭巨大的破坏，直到绍定二年（1229年）方始恢复（图2-3-8）。德祐元年（1275年）元军南下平江再遭劫难，城墙也全部被平毁，仅留胥门一座孤立的城门，直到元末各地义军蜂拥，官府为抵抗义军，方重修城墙。明太祖朱元璋平灭张士诚，平江城也遭到了较大的毁坏，不久又将城中富户迁徙凤阳，致使城市萧条。之后改名苏州府，之后苏州之名被一直沿用至今。

时至清代，虽然苏州作为城市聚落仍在延续，但战乱动荡却也没有停歇。改朝换代时节必然会有战争的发生，而其中最为惨烈的当属太平天国之役。清咸丰十年前后（1860～1861年），清军与太平军在苏州展开了激烈的争战，城池内外半为焦土，居民为之流离失所。

① 汉书・枚乘传［M］.

② 晋・左思. 吴都赋［M］.

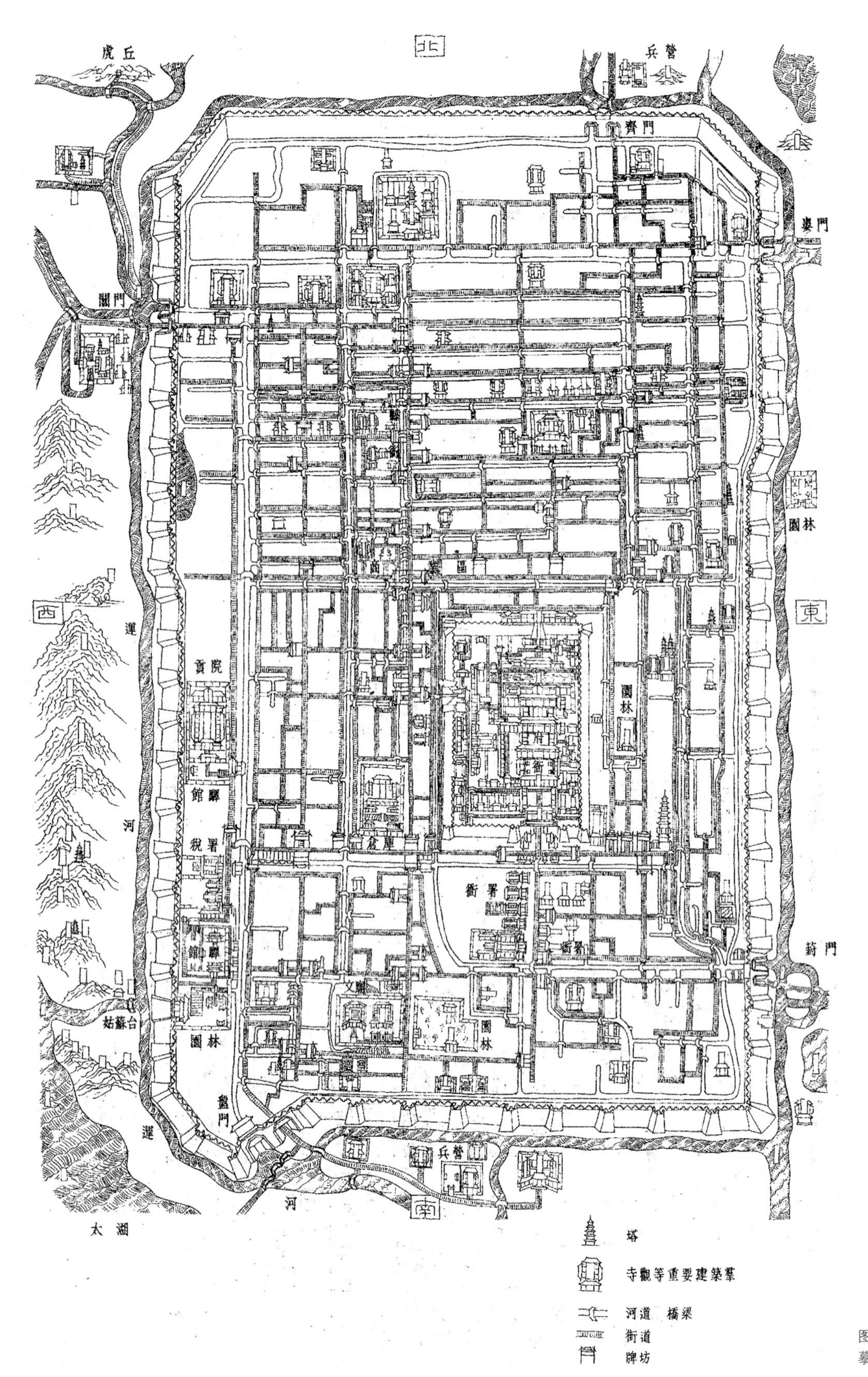

图2-3-8　宋《平江图》碑（来源：摹自刘敦桢《中国古代建筑史》）

三、商贸，市、镇聚落的繁荣

市，原为商品交易的场所，在漫长的古代社会中，市作为一种独立的以商品经济为特征的聚落形态，形成的时间相对较为短暂，但在城市聚落中，作为其重要的组成要素，“市”的存在却非常久远。战国时期的都邑几乎都会有“朝满夕虚”的市，至于是否为更为遥远年代的“包牺氏”或“神农氏”所创，或许只是传说，但农耕时代，社会因社会分工的逐渐细化，为满足生活的需求而进行物物交换却十分肯定。

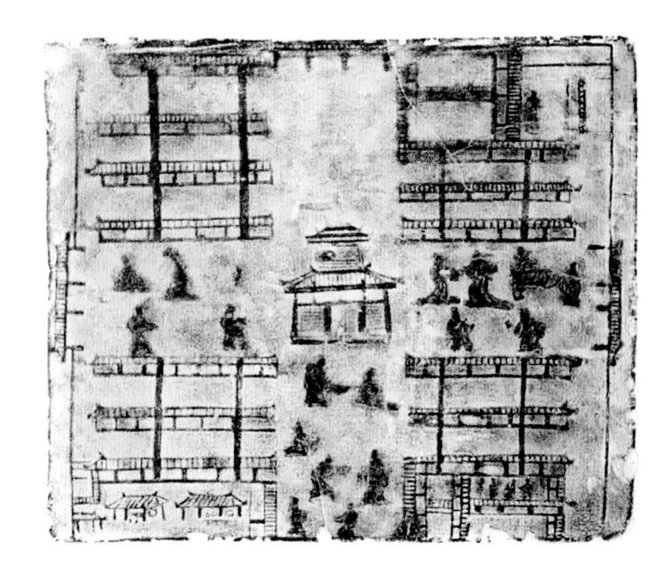

图2-3-9　画像砖中的“市”

（一）市与草市

最初，人们在离周围数个聚落相距路程差不多，且便利前往的路旁或河道边聚集，进行物物交换[①]。人们赶早携自家出产的货品前往，售完返回，于是就有了“朝则满，夕则虚”的集市景象。如果仅仅服务于周边乡村聚落，交易量也十分有限，因而以“十天两市”或“十天三市”也就能够满足基本的需求。随着商品生产的发展，交易量也会增长，于是，隔日的市就会转变成每天都会有交易活动的常市。

商品交易未必等价，其中还涉及供需关系，于是就有了以此牟利的商人，也会引发官府的注意，因此官府希望将市置于城中（图2-3-9），并规定“诸非州县之所，不得置市”[②]，但是一方面因为州县的治所无力将其辖区内所有的市都能够纳入到城内；另一方面城中之市的集散被限定了时间[③]，所以不仅在广大“非州县”的乡村仍长期散布着大量的市，即便在城门之外也会自发形成交易的市，官府只得以派驻税收官吏的方法来达到收税要求。为了区别州、县城中之市，那些非州县之所的就被称之为“草市”。魏晋时期，草市已有大量存在。如《隋史·食货志》所载“淮水北有大市百余，小市十余所”。

草市的兴旺使牟利的商人需要以更长的时间来收集更多的商品，于是，越来越多的商人需要在此开设商行、店铺，甚至营建住宅，于是，行商陆续转化成了坐商，繁荣且富庶的聚落渐次形成。这已经不再与“朝满夕虚”的交易场所同日而语了。甚至草市的财富引起了贼寇的觊觎。晚唐杜牧那篇《上李太尉论江贼书》所谈论的“江贼掳掠草市”，就是在元和十五年（公元820年）前后，今天江苏省江淮地区曾经常发生的盗贼劫掠事件，由此就可以看出草市的发展。

（二）镇、市建置

五代时期，江淮之间属杨吴的割据范围，之后又为

---

①《管子·乘马第五》：“方六里命之曰暴，五暴命之曰部，五部命之曰聚。聚者有市，无市则民乏。五聚命之曰某乡，四乡命之曰方，官制也。官成而立邑：五家而伍，十家而连，五连而暴，五暴而长，命之曰某乡，四乡命之曰都，邑制也。邑成而制事：四聚为一离，五离为一制，五制为一田，二田为一夫，三夫为一家，事制也。”

② 唐会要［M］.

③《唐会要》：“其市当以午时鼓二百下，而众人大会，日入前七刻，击钲三百下散。”

南唐所有；江南则是吴越的地盘。这几个政权主要采取的是保境安民的政策，使得这一地区在五代乱世中保持了稳定并得到发展，这也促使草市进一步增加。有鉴于这类以商品交易为特征的聚落在社会中，尤其是沟通州县与乡村的经济作用，在宋初镇、市被正式确立为介于县城与广大乡村之间的一级行政建制。

镇，在《说文古本考》中的解释为“重，有压义”，也就是用重物压在上面。予以引申就有了“压制”“威服”“镇守”之类的含义。军事上占重要地位的地方也就被称作“军事重镇”。唐朝中后期的藩镇、明代长城沿线的九镇即为这样的军镇。由于过去的军事重镇并非仅仅驻有军队，还有家属，更何况早在西汉时期已经出现的军屯制，也就是战争时期驻扎在那里的军人理所当然要承担保卫国家的职责，而和平年代则由政府划给每一兵士以一定数量的土地，让他们自耕自种。此举不仅可免去转运粮饷的困难，也能减轻百姓的负担，而在平时又呈现出普通聚落的景象。

北宋统一中原后，为改变唐末、五代“君弱臣强”的局面，一方面收军权于中央，同时将地方行政机构分路而治，形成路—府、州、军、监—县四级政区建制。县与广大乡村之间则以设置镇、市，以强化经济管理，所以此时除边关地区之外的镇已经没有了原先的军事意味，增添了“统辖管理”含义，并在其中设置监镇官，“掌警逻盗及烟火之禁，兼征税榷酤”[①]，于是从北宋初年起，已有一大批草市升格成了镇市。

从结构与功能而言，镇与市同为州县与广大乡村之间的商业中心，它们不同于州县，也不同于乡村，是因经济发展而形成的聚落。若从人文地理的层面看，镇市较草市规模略大，层次稍高。在今江苏各地，“镇”的称呼除由盐场演变而来的有些依然称“场”外，似并无不同，而“市”的名称各地却有较大的差异，有市、集、步、行、店、墟等。南宋景定《建康志》在镇市条目下就载有镇、市、步。明嘉靖《宿州志》所载，有二镇十四集。行，在苏松地区常常见到，如上海奉贤的庄行、嘉定（今宝山）的殷行等。店，北方以店为地名的较为普遍，今江苏南部也偶能见到，如嘉定（今宝山）的罗店、嘉兴的王店等。通常在江苏南部大多称“市”，如唐市（常熟）、吴市（苏州）、梅李市（常熟）、望亭市（吴中）等；江苏北部地区一般称作“集”，如王集（睢宁）、张集（铜山）、八集（邳州）、苗集（丰县）等。这反映出镇、市聚落出现是这一时期社会经济发展的结果，而且是全国性的普遍现象。

（三）镇、市网络

明清时期今江苏地区的镇市聚落又有更快的发展，其原因有许多方面。

首先当属这一地区气候、环境的优越。除了徐海地区为温带季风气候，气候相对凉爽外，江淮及以南地区均已属于湿润的亚热带季风气候地区，而江南还受到海洋性季风的影响，所以四季分明、气候温和、雨量充沛是这一地区基本的气候特征，这能给农耕生产创造良好的条件；从江淮到江南广大的区域为长江、淮河以及古黄河长期冲积造成的广袤三角洲地区，其水系发达、土地肥沃的环境特征，也是农业发展的基础。其次有历史与社会因素。东汉末年以来，中原的动荡使人口大量南迁，而江南及江淮地区相对安定，让许多人就此定居，因而改变了我国古代早期这一地区地广人稀的状况。自魏晋南北朝以后，今江苏中南部地区，尤其是江南的经济持续上升，终于在宋代其经济超越了北方，成为全国最为富庶的地区。当时政府的财政仰仗于这一

① 宋会要辑稿［M］.

地区，粮食产量居全国之首，出现所谓“苏湖熟，天下足”[①]的民谚。

随着经济水平的提高，加上社会安定，这一地区的人口不断增长。其中有因食物充足带来的自然繁衍，还有因相对安定而吸引的大量外来移民。面对人口压力，有采用开垦滩涂以增加土地的，但这样的方法能够获得的土地是有限的；也有以精耕细作以提高作物产量的，但植物有其生长的规律，在过去的技术条件下，以此能够带来的效果也不显著。所以这一地区的居民一方面调整种植的内容，也就是改种经济价值更高的棉、麻，同时在农闲时将初级农产品进行再加工，如种植的棉麻织成布匹，养殖的桑蚕织成绢绫等。由此提升了农业的附加值，所以在明代尽管“苏湖熟，天下足”渐渐转变成“湖广熟，天下足”[②]，也就是江南已经不再是全国最主要的产粮地区，但依然是全国首屈一指的税赋重地。

因为农业以及家庭手工业在数量与品质上的提高，并形成商品，促使了商业迅速发展。为了便于这些商品的集散，镇、市数量也在急剧上升。仅明清苏州府统计，明正德《姑苏志》所载各县的镇市为74处，到清乾隆年间，以当地的相应志书统计，在同一地区不到200年的时间里镇市数量达到了139处，几乎增长了一倍。虽然有关乾隆时期各志书的统计未必精准，却也能够说明镇市的增长趋势，并显示出明清时期商品经济的发展[③]。在宁镇的南直隶、镇江府，江淮地区的扬州、淮安府以及徐海地区的徐州府等地，虽然镇市增长没有能达到江南地区那样的程度，但也较宋代有了长足的发展。

---

① 宋・范成大. 吴郡志［M］.

② 明・李釜源. 地图综要・内卷［M］.

③ 樊树志. 明清江南市镇探微［M］. 上海：复旦大学出版社，1990.

第三章

聚落构成

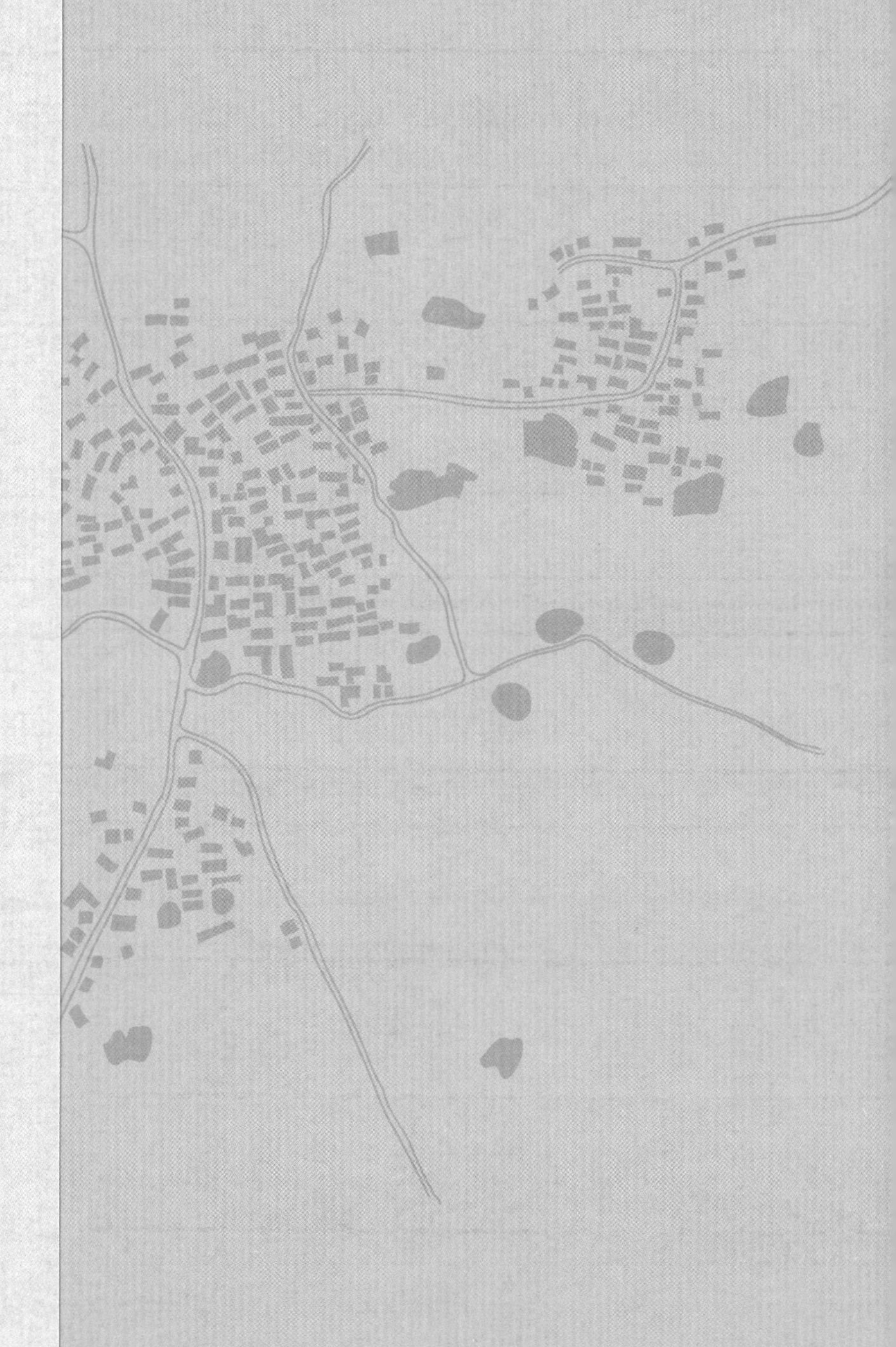

聚落都是在一定的人文历史时期形成的，并受到地理环境的制约，所以聚落形态是人文、历史及自然、地理等诸多因素综合作用的结果。正是这种错综复杂、千变万化的影响因素，构成了聚落丰富多彩、各具特色的形象。不同的外在环境条件固然会造成各异的聚落风貌，但农耕时代相对简单的生产与生活方式又会让许多聚落产生不少共同特征；相近的地域其环境、气候条件会使当地居民在生产和生活趋向于相似，而经济、文化的差异也会给聚落带来诸多个性。应当看到，许多聚落，尤其是乡村聚落其形成过程多少带有偶发性，导致它们的发展也会呈现出多样、多变、偶发和不稳定性，这就意味着要对它们作出“科学”且严格的分类，其实有着相当的难度。不同地区、不同地形、不同性质和不同规模的聚落毕竟还有它们各自的特点，笼统而不加区别地来论述它们的布局形式和景观特点，势必会造成似是而非的错觉。

第一节　影响因素

聚落形成于自然环境之中，地形、地貌会对其外在形态产生影响；同样它们又在特定的人文历史背景下出现，又随时代发展而变化，人文、历史也就会反映在其内在特征之中。正是地理、气候、社会、经济、文化等

图3-1-1　江苏广袤的冲积平原

诸多因素错综复杂的交织，决定了聚落丰富多彩的形式和风格，所以，探讨聚落的形态构成也必须涉及自然环境、气候条件以及人文历史的影响。

一、自然环境

江苏的地形以冲积平原为主（图3-1-1），自南向北由长江三角洲平原、江淮平原、黄淮平原、苏北平原及滨海平原组成，在103229.17平方公里的陆地面积中，平原占比86.89%，面积达89706.03平方公里。从宏观上看，这是大片广袤的平原，但若具体分析各个平原的环境特征就会发现其间环境的巨大差异。如江南太湖平原，其北部海拔稍高，5～8米，中部降为3～5米，东南湖荡地带则仅有2～3米；北部的徐淮黄泛平原，西端丰沛平原的南缘海拔约为35米，到睢宁、宿迁、泗阳一带渐降至25米，再到淮阴，其海拔只有10米左右；在滨海平原，自赣榆到吕四港，南北长约400公里，东西宽35～40公里的地带，海拔仅为2～5米。由于高程的不同，其间分布的水体形态与密度也就有了相应的变化。河流较为稀疏或地势相对高敞的地方容易形成规模稍大的聚集型聚落（图3-1-2）；河港密布、地势低洼的地方小型带状聚落相对较多（图3-1-3）。

在太湖平原，散布着低山丘陵；宁镇地区是一条横亘于江苏中部的低山山系；北部还有沂沭低山丘陵等。这些低山丘陵占江苏省总面积的14.3%。由于这些低山丘陵大多为原始堆积地面经侵蚀、切割后形成的岗、塝、冲类地形，山麓平缓，山间还存有小盆地，山体高度只有海拔50～400米左右，连云港云台山玉女峰为江苏省最高峰，海拔也仅625米。虽然在这些地区并未采用与平原不同的山地建筑，但也会因地形使聚落形态发

图3-1-2　规模稍大的聚集型聚落

图3-1-3　小型带状聚落

生变化。如在山体围合的山坞之中的聚落基本为团状布置（图3-1-4），在冲沟地带会沿溪流走向布置成带状（图3-1-5）。

二、气候条件

如果说自然的地形地貌形成了聚落布局与规模的差异，那么气候条件就会带来建筑形态的变化，甚至在乡村聚落中还会影响到农耕作物的选择与生产方式的不同，进而造成整个地区经济结构的区别。

从宏观上看，江苏地区的地理环境在季风环流形势之下，形成了冬季寒冷干燥、夏季炎热多雨、春季冷暖多变、秋季天高气爽的气候特征。四季分明、雨量充沛，正是植物生长的有利条件，这也是饱受天灾人祸之苦的游民落脚谋生的首选之地。但如果确切地描述，江苏处于北亚热带向暖温带过渡地带。淮河以北属暖温带季风气候区；淮河以南为北亚热带温和亚带季风气候区；长江沿江带及苏南地区则为北亚热带温暖亚带季风气候区。如果仔细观察，也可以明显感受到沿海雨量丰沛，从东向西呈现出递减的形势。

温度、湿度、降雨、日照等渐变式的变化虽然并不直接在当地建筑之上得到体现，如果仔细考察江苏地区的传统民居就会发现，江苏北部的建筑因当地冬、夏季较长，夏季高温多雨时间短暂，冬季时有寒潮来袭，所以建筑后墙封闭就有利于保温，而庭院宽敞可获取更多的阳光。江苏南部，由于气候炎热、空气潮湿，因而通风、防潮常常被视为民居营造首先要考虑的事项。在前后檐墙上均开设半窗，设置东西向狭长的天井以帮助拔风，将居处的卧室置于楼层等处理，都会有助于通风和防潮。江苏各地民居建筑上的种种变化或许并非完全是由气候条件所引起，但为适应当地自然形成的处理却并不在少数，而正是各种实用要求，使建筑形貌出现变化，造就了地方特色。

三、经济状况

聚落形成之初，其经济必然十分窘迫，其实即便是战乱中携有余资的士大夫也不能侵占已有的他人聚落，所以聚落形成之际必然要经历筚路蓝缕的艰辛，从榛莽荒原中予以垦殖。如今有不少人认为，过去聚落的形成首先会考察环境、选择符合风水之说的地形，然后使聚落得以扩大和发展。这其实只是一种想象，因为如果稍稍了解一下古代移民活动及其变迁即会发现，我国古代移民的大致趋向是中原汉族向南方迁徙，最初定居于生存条件较为有利的平原荒地。当这些地区已无无主隙地时，才会考虑生产与生活都不甚方便的山区[①]，故而所谓山林有“生发气的凝聚点”，有“负阴抱阳、刚柔相济”的地形，最终成为聚落的理想基址的说法纯属臆断。

在聚落形成之后，由于首先是该地区自然环境优越有利于农耕活动；其次因较长时间没有出现气候的不利波动，使人们的生产获连年丰收，且无兵燹降临，令其有了相应的积累（图3-1-6）；再则是该聚落所处的位置交通便利（图3-1-7），能让其农产品及手工制品可以输送外地（图3-1-8），从而获得持续发展，其经济水平也就有了相应的提升。我国人民自古以来对于置地、建房有着异乎寻常的执着，原因在于这都是生存的基础，在他们的经济条件有所改善时，往往会想到翻建自己的住房。今天我们能够看到的那些拥有建筑质量较高的聚落，通常经历了较长时期的积累，当年经济状况相对较好，而许多普通聚落则是经济比较一般。所以，经济富足与经济窘迫的聚落，呈现出的聚落形貌也就会大不相同。

此外，聚落经济结构的差异也会带来形态的差异，如农耕型、渔业型以及盐业型的乡村聚落都会显现出各自的特色；而以粮食业集散为主的镇市与以棉布业集散为主的镇市、丝绸业集散为主的镇市以及其他专门化的镇市所显现的风貌也一定会不一样。

四、文化特色

文化通常被认为属于形而上的范畴，是某种游离于物质之外的意识形态，但当它一经形成，便会渗透到人们的生活之中，支配着人们的思想和行为。聚落作为人们日常生活、生产的物质空间属于形而下的范畴，一方面它要适应人们对它提出的物质功能要求，另一方面也会满足人们的精神和心灵的需求，所以聚落的物质形态之中又无处不凝结着民族的传统文化，以至于刻画上深深的印记。

如苏州地区的民居中，为协调有关“庶民庐舍不过三间五架”[②]的规定与实际使用要求突破之间的矛盾，会将屋宇正脊两侧断开、天井加砌塞口墙的方法处理，以便让人留下“并非突破规制，只是在规定的三开间的基础上两侧各添加一间附房而已”的印象。不少地方的大型府第中常将窗棂雕出繁复的图案，甚至于故事人物，而苏地窗棂通常只用直线、圆弧木条拼接而成，其精美体现在造型的简练、看面的饱满、线脚的流畅之上。甚至像一些致仕高官的居宅，也降低允许使用

① 葛建雄等. 简明中国移民史［M］. 福州：福建人民出版社，1993.
② 明会典［M］.

图3-1-4 山坞之中的聚落

图3-1-5　冲沟地带的聚落

图3-1-6 农业

的规制，将其形同普通民居。这并不能简单地归结为这些人行事低调，其实反映的是当地文化传统。

在扬州地区，大型民居以建筑宏敞、装修精美而著称，有认为是当地的官员、商贾为迎奉清帝南巡，刻意模仿皇家建筑的结果，其实情况正好相反。清人钱泳在其《履园丛话》称，不仅“造屋之工，当以扬州为第一，……此苏、杭工匠断断不能也”，当地的门窗装修、家具器玩等制作，自明末已十分出名，称作“周制”（图3-1-9），以至于清初为皇家造办处所承袭，可见当地的建筑、装修有着自己的传统和特色。如果放在地域文化之中予以考察就会发现，其原因就在于明代这里地近陪都南京，有许多闲散官员聚集；当地既是国家垄断商品食盐的重要集散地，又聚集了大量富可敌国的盐商。盐商生活的奢靡以及与官员交往时的铺张都被凝聚到了屋宇及装修、陈设之中，与苏州以文人为主流的含蓄形成了鲜明的对比（图3-1-10）。

虽然上述例子所指是一些高端的情况，但即便在乡村聚落之中也会受到当地文化、习俗的影响，在自己居宅以及装饰细节中有所体现，使之成为当地人文精神的表征。

图3-1-7　交通运输

图3-1-8 手工制品

图3-1-9 扬州的窗棂装饰

图3-1-10 苏州的窗棂装饰

第二节 构成要素

聚落作为人类生活与生产的场所，似可以将它们分解成生产设施（或场所）与生活场所两大部分。在农耕时代，乡村居民的生活集中于村庄，其主体当然就是他们的居所，还有祠堂等。村民的生产场所就是周边的农田、山林与水体，种植是他们主要的生产形式。狩猎与捕捞也是生产形式，但早已退居至农闲季节的补充性生产，而且这些生产大多处于自然环境之中，并无特定的设施。明清时期乡村手工业有了很大的发展，而这种生产大多置于居宅之中，并未形成专门的生产场所。镇、市聚落的范围仅限于四栅之内，之外已属乡村。其居民的生活场所当然是各类居宅，也有祠堂之类。镇、市之中还有许多商店与作坊，但或许因过去的传统建筑观念，这些商业、服务业大多以底层作为店铺、作坊，楼层用于店主的居宅，或前面开设店面、后面为居所的形式，其实并未形成专门的建筑形式。府、州、县治所为一方的政治、经济乃至军事中心，所以较镇、市多了防卫的城墙与城壕，其他方面除了规模更大、地位更高，与镇、市的形态元素其实相差并不太多，各类衙署也是这些聚落必不可少的。当然，在聚落内外，还有各种学校和满足精神寄托的各类庙宇。

一、民居

传统聚落之中，民居是其第一要素。一处聚落可以没有其他要素，如较为偏僻的“三家村”，唯有几户民居，尚无其他要素也能成为聚落。但若没有民居，如某些山中庙宇，即便拥有规模巨大的建筑组群，也不符合聚落的定义。在过去，民居一方面满足了聚落居民生活及部分生产的功能要求，另一方面则因为各地民居的形态不一，使不同的聚落能在直观上区分出彼此。

作为一种极为古老的建筑类型，民居最初只是人们利用自己熟悉的自然材料、运用已经掌握的简单工具，为自己营造、搭建一处遮风避雨的容身之所。因为环境、气候的差异，以及所用材料、工具以及方法的不同，就会形成相异的形态，如前面已经提及，在新石器时代今江苏境内的建筑有起于地面的平房，有下沉式的半穴居，还有下部架空的干阑建筑等。随着长期的使用，一些功能不甚健全、结构不太合理的逐渐被淘汰，留下的开始为更多的人所模仿，于是所谓“地域风格”的雏形也由此生成。

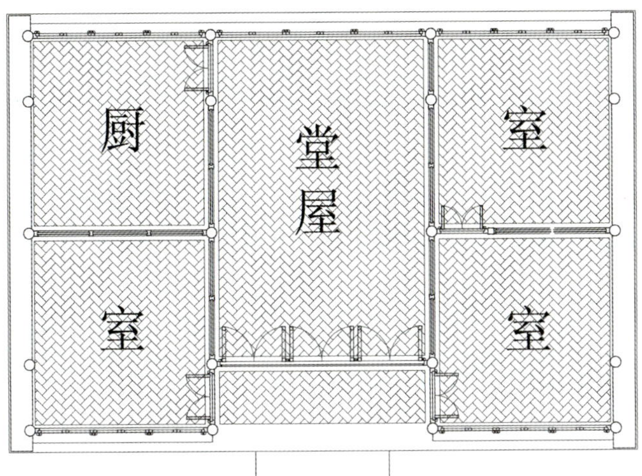

图3-2-1 单幢的传统民居平面

社会的发展会促使建筑技术不断提高，也会令建筑形态逐步变化，但这并不意味那些古老甚至被认为是简陋的建筑形制就会退出人们的视野，因为在过去的时代，每个人的社会地位、经济状况存在着巨大的差别，严厉的封建礼仪制度下，居宅规模通常受到严格限制，致使不同阶级的民居在能够允许的范围内趋向于同一。而有些如泥墙草顶的民居，因取材容易、建造简单，还可以满足生活的基本要求，因为被广泛采用，使之成为一种最为普遍的乡村建筑形象。

各类聚落之中，一般最普通的住宅为面阔三间，因为历代对于住宅建筑的规定，普通百姓允许建造的住宅不能超过面阔三间，而三开间的建筑已经具备了住宅最基本的功能要求。明间居中，用作堂屋，两旁次间作卧室。炉灶通常被置于堂屋的后部，或居室的后部（图3-2-1）。在相当长的历史时期中，广大农村地区的平民阶层普遍以泥墙草顶构筑（图3-2-2）。当经济稍微宽裕时，则改为砖墙瓦房，堂、室的分隔基本近似。此类民居在用地宽裕的乡村常常前临街路或辟有一定面积的空场，其后紧靠河道或设置菜地。泥墙草顶的民居如今已较难看到，而乡村或城市边缘一些未被改造的地段还有与之相似的砖木建筑的身影（图3-2-3）。

图3-2-2 已经很难见到的草房

图3-2-3 江南乡村的传统砖房

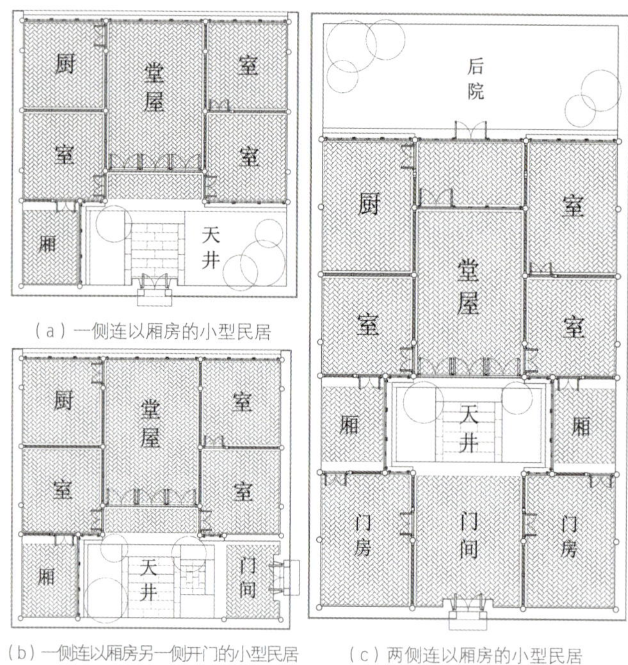

图3-2-4 带天井的小型民居平面（江南地区）

若单幢三开间的居宅不够用度，则会用建筑或墙垣围合成院，由于自然环境、气候条件以及传统习俗的原因，江苏北部与南部的院落格局具有一定的差异。江南地区常常在主体建筑前连以厢房，有仅建于一侧的单厢，也有两边都设有厢房的，并用墙垣围合成前院。三开间的正房以及两侧的厢房或为单层的平房，或为两层的楼房，农村地区也有在正房之后连以猪圈、禽舍的，也以围墙围合，使之成为后院。城市中一些旁临南北向街巷的建筑也有布置横向三合院的形式，前后作两进，一侧连以厢房，另一侧砌筑围墙并开门，使之成为全宅的出入口（图3-2-4）。江苏北部的民居院落则正房与厢房分离，所以院落更为开阔（图3-2-5）。与许多地方的民居相似，院落中的房屋布置较为随意，有单侧置厢房的，也有两边对称布置的，通常小型民居都为

图3-2-5 江苏北部的传统民居小院

单层建筑。如果将合院厢房侧面的院墙改作门间，就成了两进四合式的院落（图3-2-6）。

家境稍富裕的小康之家，住宅规模不仅更大，其受传统礼仪的影响也愈加明显。

江苏南部最典型的住宅通常是沿轴线布置墙门间（门厅）、圆堂及堂楼（楼厅）三进建筑，从而基本构成“前堂后寝”“内外有别”的格局（图3-2-7）。过去江南地区经济发达，居民甚或水平普遍较高，这样的“小康之家”几乎遍布城乡各处，如今保留下来的也为数不少。当然，因建筑所处位置的不同，可能有些住宅在布置上略有变化。

江淮之间的中型住宅稍异于江南，在平面布置上有强调轴线的，但其大门往往偏于东南。或许是相对于江南比较干燥，内宅多用单层的平房。而在前堂两侧普遍置游廊，有些则将游廊加深，形成两庑（图3-2-8）。

宁镇地区的东北紧邻扬州，所以中型住宅的形制与江淮地区相近，而在其西南，与徽州地区接壤，当地民居显现出其相互的影响。比如南京市的高淳地区常能见到类似于徽州“四水归堂”式的住宅。这样的民居通常为高墙围合的两到三进的楼房（图3-2-9）。

江苏北部的黄淮地区，住宅的形制已接近山东，建筑平面布置成三进两院（图3-2-10）。

大户人家经济实力丰厚，邸宅中屋宇更多。因建筑等级的限制，也出于使用方便的考虑，若按轴线布置，中轴线上的建筑一般不超过七进，也有加上后部的附房达到八、九进的，但为数不多。为满足使用要求，则在中轴线左右增添次轴线。在江南称主轴线为“正落”，其间依次布置为门厅、轿厅、大厅和楼厅；次轴线称为“边落”，用于书房、花厅、次要住房、厨厕、库房及杂屋等。正落与边落间用夹道相连，这种上有屋顶的夹道叫作“备弄”（图3-2-11）。在江苏北部，中轴两侧的建筑称之为“东、西跨院”，其间的用途也与江南相似。

图3-2-6　两进四合式院落（江南地区）

图3-2-7　江南中型民居

图3-2-8　界首的中型住宅

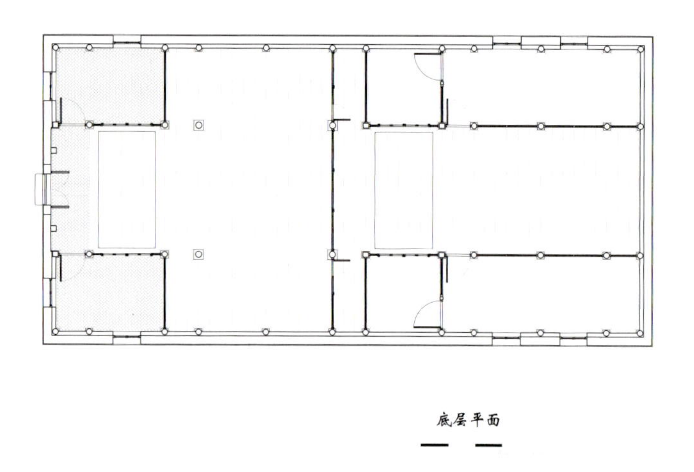

图3-2-9　高淳的中型住宅

图3-2-10　北望的三进两院住宅

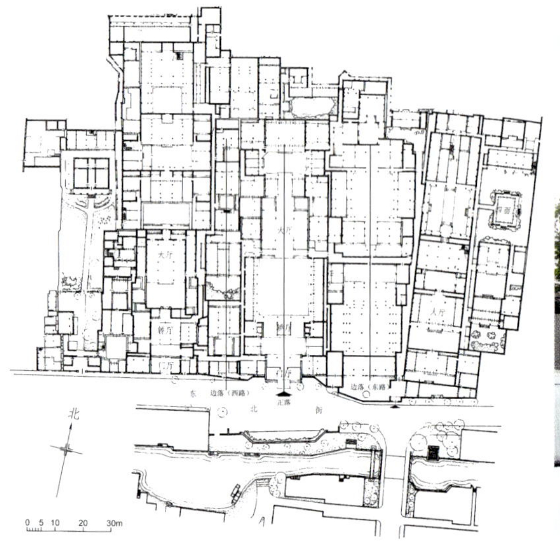

（a）苏州忠王府平面（来源：摹自刘敦桢《苏州古典园林》）

（b）无锡某宅大门

图3-2-11　大型住宅

二、祠堂

祠堂是祭祀先人的场所，出于对祖先的崇敬，过去人们常常会在自己生活的聚落中修建祠堂，这一传统由来已久。在我国古代，对于祭祖有着较为严格的规定，如《礼记·王制》所载，“天子七庙，三昭三穆，与太祖之庙而七。诸侯五庙，二昭二穆，与太祖之庙而五。大夫三庙，一昭一穆，与太祖之庙而三。士一庙，庶人祭于寝”，也就是唯有天子、诸侯、大夫有专门祭祀祖先场所，即“庙”，而且其规模还须因地位而有所区别，普通百姓不能设“庙”，祭祖只能在居宅的“寝”，也就是内堂进行。然而“上事天，下事地，尊先祖而隆君师，是礼之三本也”，普通人也有祖先祭祀的要求[①]，所以在宋代，朱熹根据当时的社会习俗，按照以往的礼

① 司马迁. 史记·礼书［M］.

仪规定，在其阐释士大夫行为规范的《家礼》中就对读书人的祭祖制度作了相应的论述，并特此命名其建筑为“祠堂”[①]。但限于社会等级制度，社会地位更低的百姓仍未被允许。直到明嘉靖（1522~1566年）初的“大礼议之争”，皇帝朱厚熜为了破例追封其亡父，引发了礼制变革，时任礼部尚书的夏言上《请定功臣配享及令臣民得祭始祖立家庙疏》，建议在宗庙祭祖方面“推恩”于天下官民，后被皇帝应允。自此民间的祠堂营建渐渐普及。

朱熹的《家礼》中，有关祠堂规定非常简单，称“君子将营宫室，先立祠堂于正寝之东”，其形制是：正堂三间，其前为中门，门外设东西两阶，阶下是“令可容家众叙立”的天井，并“随地广狭以屋覆之”。在其外围“以周垣别为外门”。明代晚期之后，因匠人结合各地的建筑造型，形成了与当地聚落十分和谐的构成要素（图3-2-12）。

江南地区的祠堂通常都是沿轴线布置前后三进建筑，分祠门、前堂和后堂（图3-2-13）。前堂是合族进行祭祀的场所，后堂则是存放先祖灵位、祭器的地方。两堂面阔相同，均为三间，但前堂为满足多人活动的需要，进深较大，而后堂容纳人数不多，所以进深稍小。按朱氏《家礼》所载，这里的后堂即“正寝”，是祠堂的主体，而这里的前堂则是“令可容家众叙立”之所。在前堂前面的祠门亦为面阔三间，开间或与前堂相同，或略小于前堂，以便门侧设八字照墙。规模较小的祠堂仅将前后三进建筑的山墙延伸接通，形成院墙、天井；稍大的则在两侧院墙内侧设置走廊。江苏北方地区的祠堂也是沿轴线布置祠门、前堂和后堂三进建筑（图3-2-14），但一般都会在前、后堂之间增设配房，祠堂外墙也由祠门向两侧伸展，再折而向后，在前堂、后堂、配房的外侧兜通。尽管不同地区的祠堂，其建筑结构、造型都采用了当地民居建筑的处理方法，但

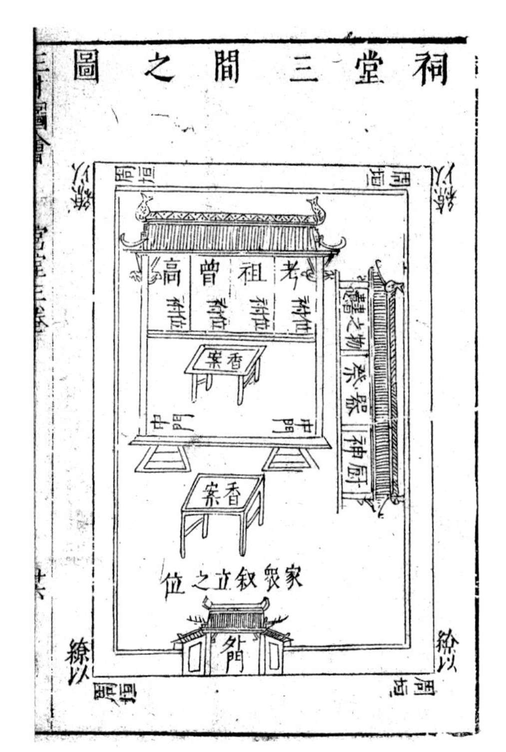

（a）三间的大祠

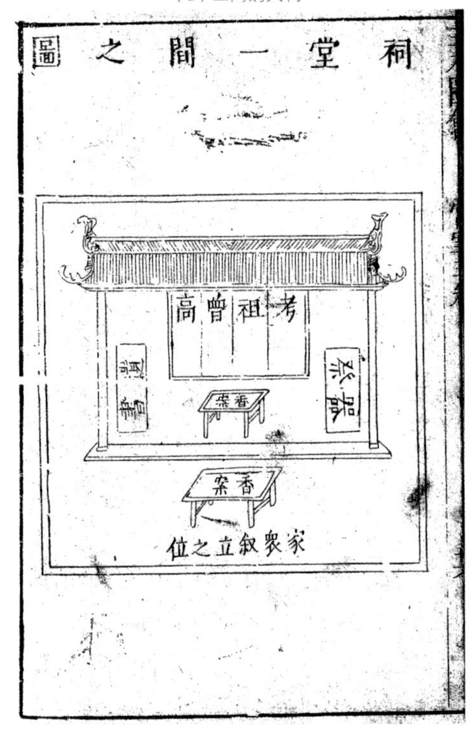

（b）一间的小祠

图3-2-12　明《三才图会》所载的祠堂

① 朱熹《家礼》：“古之庙制不见於经，且今士庶人之贱，亦有所不得为者，故特以祠堂名之，而其制度亦多用俗礼云。”

图3-2-13　苏州地区的祠堂

图3-2-14　盐城地区的祠堂

在整体上还是基本符合朱氏《家礼》所述的规制。

这样的祠堂，过去不仅在乡村聚落中普遍使用，镇市聚落中也有不少，其中以数量众多而著称的可能要数无锡的惠山镇了（图3-2-15）。在府、州、县治所当然也有很多这样的祠堂，但城市聚落中还能见到祭祀在当地先贤圣哲，如苏州天平山麓的范仲淹祠、石湖的范成大祠、盐城的陆公祠、淮安的关天培祠等；也有曾为当地作出贡献的著名人物，如靖江的岳飞生祠、苏州沧浪亭的五百名贤祠等。这样的贤祠形制与家祠或宗祠相差不多，只是尺度规模稍大，建筑等级更高而已。

三、学校

我国古代，读书并非少数读书人所专属，明代张岱所说“后生小子，无不读书，及至二十无成，然后习为手艺”①，其实这种现象并非其家乡八越余姚的风气，许多地方，尤其是经济发达地区都是如此。溯其渊源则自很早起就已有之。《史记·儒林列传》曰：“闻三代之道，乡里有教，夏曰校，殷曰序，周曰庠。其劝善也，显之朝廷；其惩恶也，加之刑罚。故教化之行也，建首善自京师始，由内及外”，而此说其实孟子在更早的时候也已经说过②。

过去大户人家因经济条件较好，会延请老师在家中教导弟子，设课堂于大门之旁，边路的屋宇之内，故称之为“私塾”。明代后期民间祠堂普及之后，那些聚族而居的聚落，即便经济条件一般，也会合族筹集费用，聘请教师为族中子弟启蒙，其教习之所通常会设在祠堂之中。所以，乡村聚落的学校，通常是由住宅或祠堂中的某幢屋宇充当，镇、市之中情况也相类似。

只是到了州、县及以上的城市聚落之中，方始有专门的学校。据记载，在北宋景祐元年（1034年），范仲淹出任苏州知州时，当地缙绅请求创办学校，遂奏请修建府学（图3-2-16）。次年诏苏州立学，遂在城南修建了一座东为孔庙，西为府学的新型学宫③。此后各地府（州）县纷纷效仿，故被认为“天下有学自吴郡始”。

通常，府（州）县学分作左、中、右三路。中路是

① 明·张岱. 夜航船·序［M］.
②《孟子·滕文公上》：“夏曰校，殷曰序，周曰庠，学则三代共之，皆所以明人伦也。”
③ 同治·苏州府志［M］.

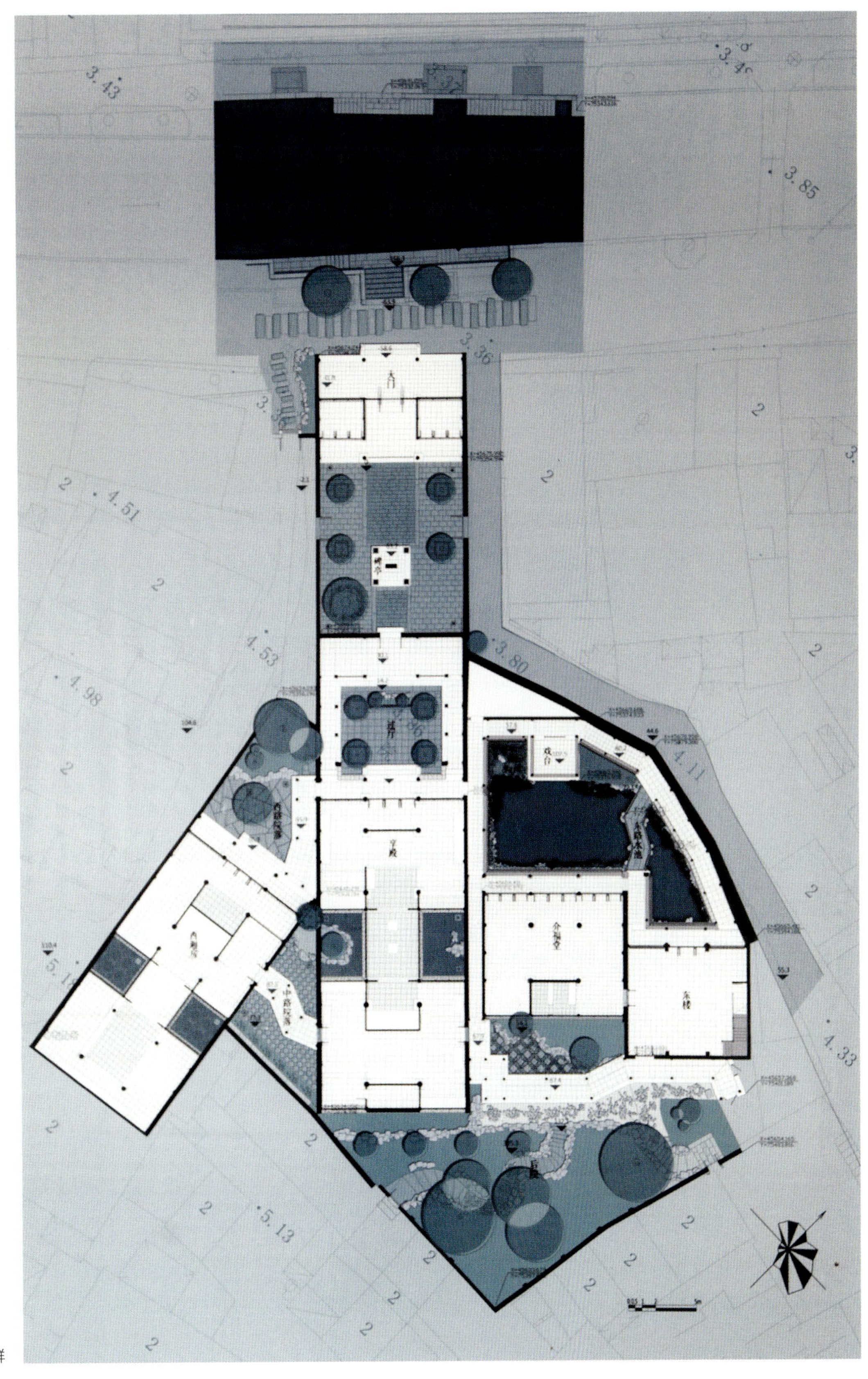

图3-2-15　无锡惠山的祠堂群

图3-2-16 苏州文庙

以大成殿为中心的祠祀建筑组群，由前至后分别为棂星门、大成门、戟门、大成殿和尊经阁，大成殿前设两庑，与戟门相连，庑后设整治祭品的六所；东路有举旗掌号亭、报鼓亭、射埔、燕寝、启圣宫门和启圣宫等建筑；西路沿轴线设进贤楼、仪门、明伦堂，进贤楼前左有金鼓亭、右为掌号亭，明伦堂前左有中军厅、右为旗鼓厅，在前是左右学舍。学宫之前一般还设有半圆形池塘，称之为泮池（图3-2-17）。

与其他许多建筑一样，府（州）县学虽然在书本上被确定了应有的规制，但现实之中往往会因地制宜地予以变通，以至于即便是一地的府学与县学都会有较大的不同（图3-2-18），不同城市的府学、县学，它们的差异就会更大（图3-2-19）。

四、庙宇

按照《说文》的解释，“庙，尊先祖皃也”，所以庙也被认为最初是供奉和祭祀先祖神位的场所。然而在远古时代，面对着诸多不能掌控、无法解释的事物，人类往往采取祀奉、祈求的方法，以期让它们朝着自己希望的方向发展，因而会有自然崇拜、图腾崇拜、神灵崇拜等出现，祭祀的场所有许多，至少我们知道新石器时代那些中心聚落中会设置与神灵对话的夯土台。之后随社会的发展，事物也会发生变化，于是词汇就被赋予了新的含义，那些供奉神佛的场所、供奉祭祀历史上名人的处所等都被称之为庙宇了（图3-2-20、图3-2-21）。

过去这类庙宇极多，如果说唐代陆龟蒙所作的《野庙碑》记称“瓯越间好事鬼，山椒水滨多淫祀”，所指未必与江苏有关，那么清人李奉翰编撰的《南工庙祠祀典》则是在其河东河道总督任上，汇集了江南河道总督衙门驻扎地清江浦（当时在淮安府城的西北，今为淮安清江浦区）周围与河务有关的庙祠20余处[①]，当然其中也还有“崇儒重道”的文庙及一些道观等。

从《南工庙祠祀典》所记载的庙祠之制，大多为正殿三间，左右配房各三间，前设庙、祠门三间，基本就是北方四合院式小庙的形制。若要显示其地位的隆重，则会在庙门两侧添置东西角门各一间。或再在对面设照墙一座。由于某些庙宇还有酬神的要求，所以还会按照活动的仪式在庙门内面对正殿或庙门外面向庙宇设置戏台。这就是北方常见的小型庙祠的布局形式，也与镇市的社会地位十分符合。

府、州、县治所之中也有不少类此小型庙宇，也有规模更大的庙宇。大型佛寺一般会依据“伽蓝七堂”制度安排各种殿宇，虽然布置未必都完全遵循“伽蓝七堂”制度，但自山门、天王殿、大雄宝殿一条轴线及其两侧的钟鼓楼、东西配殿大都会完备。大型的道观没有见到有关形制的规定，但沿中轴线布置主要殿宇，由正殿与配殿构成四合院式的殿宇组群。

过去的乡村聚落的居民也有敬奉神灵的精神需求，但由于僧道的行为往往会干扰普通居民的生活，

① 《南工庙祠祀典·凡例》：“南工黄运湖河庙祀水神者不啻千百，是编以河督驻劄清江浦为准，示所统也。群祀以禹王庙为首，知所本也，其不涉河务者概不阑入。”

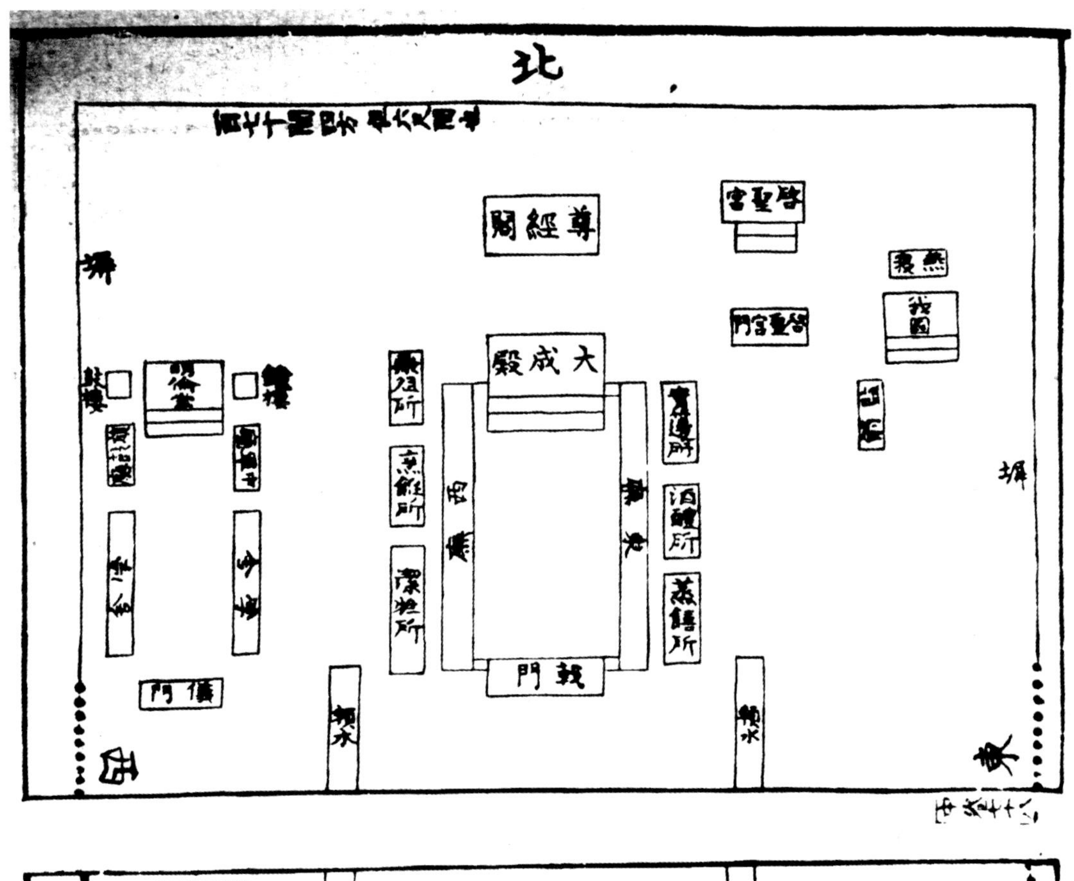

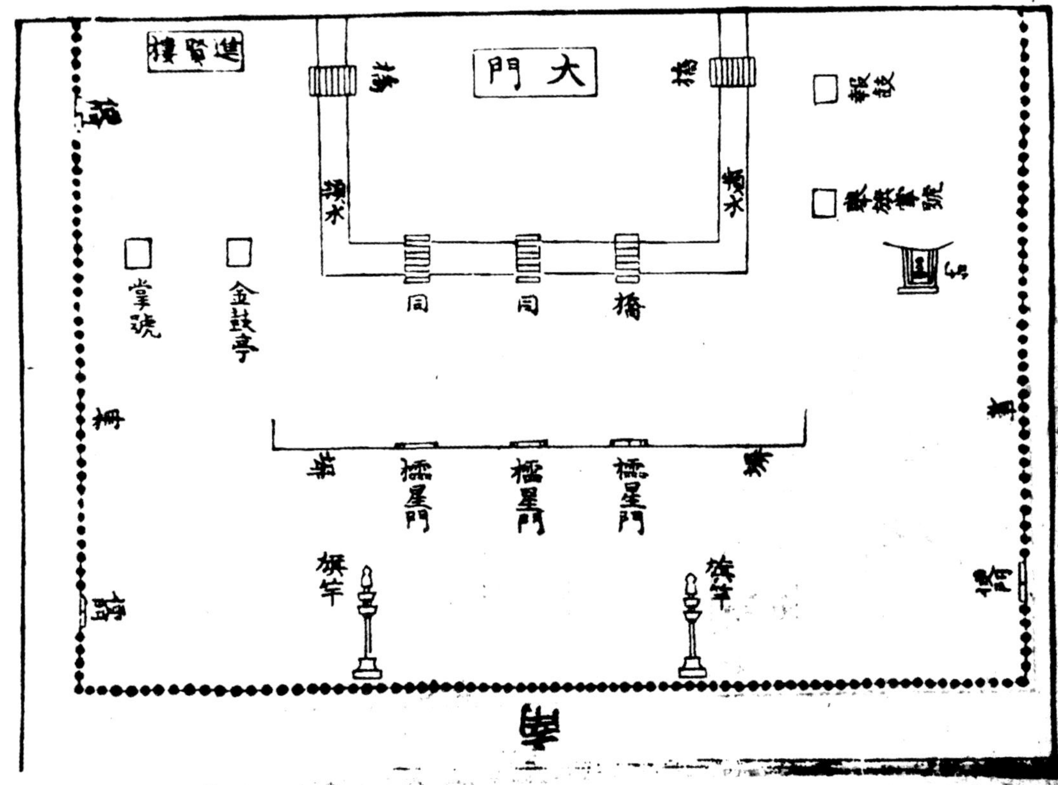

图3-2-17　明《朱氏舜水谈绮》所载的江南文庙

图3-2-18　吴江文庙

图3-2-19　泰州文庙

（a）庙门

（b）正殿

图3-2-20　乡村旁的小庙

（a）庙门门额

（b）已被改造的大殿

图3-2-21　城市中的小庙

因而其庙宇通常被安置在村庄之外，至少江南地区是这样[①]。一般村民若有一定的经济实力，会在自己的居宅中设置“家堂”，而普通人家则仅在庙宇中请回一尊神像，在自己的堂屋中设置一神龛，以备时时供奉。

五、聚落入口标识

今天，许多人对于牌坊似乎具有异乎寻常的兴趣，在许多地方尤其是不少乡村聚落的入口都会树一牌坊以作为标识。然而，牌坊在过去并非随意可以设立的，因为牌坊是过去官府为表彰科第、德政、功勋或忠孝节义所立的构筑物。有认为牌坊源于最初的衡门，即一种由两颗柱子上架一根横梁构成的简单门形框架。随着装饰要求的增强，逐渐发展成为乌头门、棂星门，最后发展成“冲天牌坊”及“牌楼”等多种形式，所以若还原其原始功能，就可用于主要街道的起讫点、交叉口等处，起到景观效果，何况过去的一些城市也有在街巷口设立。但实际上作为街巷标识的依然只是“衡门”或“乌头门”（图3-2-22），与牌坊不仅在性质上完全不同，即便在造型上也要简单得多，而且它们也并非所有聚落都会拥有，所以只是一种特殊的要素。

其实在过去，基于乡村的社会地位和经济条件，大多不会设有入口标识或村庄大门之类的东西，能够让人感觉到前面似有村庄，主要是浓密的丛树，因为在田地之中主要是生产粮食，唯有村庄的房前屋后会种植蔬果、竹园，故一座村庄若远望能郁郁葱葱，就显示了村庄的生气。当村中居住了缙绅大户，出于安全，会在通往外界的路口设置巷门。较为简单的做法是仅将村边路口相对的建筑山墙相互连通，墙上开设券门（图3-2-23）。有些在券门内加盖阁楼，以方便更夫守夜时在其中休息与瞭望（图3-2-24）。稍稍讲究的则在

（a）《营造法式》中的乌头门

（b）老照片中的街巷标识

图3-2-22　乌头门

① 费孝通. 江村经济［M］. 上海：上海人民出版社，2007.

图3-2-23　村口券门

图3-2-24　阁楼巷门

街巷口设置亭构状巷门（图3-2-25）。然而，如今这样的聚落入口已所见不多了。

镇市聚落因经济较为发达，故有安全的要求，但按照古代的规定，镇市一般不允许设置城墙，因此其入口通常也采用与乡村聚落巷门相似的形制，称“栅门”（图3-2-26）。即街口两侧砌筑高墙，连通的屋宇山墙，只是尺度更大。在栅门内一般还建有更夫守夜的楼阁。随着岁月的流逝，这样的楼阁几乎不存，有些地方仅余栅门。

过去的府、州、县城都会修筑城墙。高大的城墙与雄伟的城楼以及各具特色的瓮城就成为其入口的标识。一些有河道出入城池的还会修建水城门，但如今，因城市发展，绝大多数都已拆除，南京、苏州的城墙与城门是江苏仅存的实例（图3-2-27）。

六、聚落的街巷河道

每一处聚落都会有街道与巷弄，有些城镇还会拥有一两处广场，而水乡地区的镇市、州县常有市河贯穿，于是街巷、广场及河道常被视为与聚落中各类建筑同样的要素加以讨论。然而，街巷、河道、广场之类其实只是某种空间形态，与属于实体要素的各种建筑

图3-2-25　亭构巷门

图3-2-26　镇市的栅门

（a）南京中华门

（b）苏州盘门

图3-2-27　城门

图3-2-28　传统城镇中某些小巷为便利行人而将墙角作切角处理

物、构筑物等并不能同归于一个层面，将它们放在一起分析，其结论就很成问题了。更何况聚落的起源大多是出于生存的需要，并综合了无数的因素，并非有事先的规划，所以街巷、广场形成于住宅、商铺的陆续兴建。许多人所说的“沿街巷布置商铺、住宅”其实是颠倒了因果关系，改为“商铺、住宅的兴建形成了聚落街巷与广场”可能更符合事实（图3-2-28），而今天所见的某些市镇的广场更是当代拆除了某些建筑，或者只填塞了某段河道而成。

一般认为，成书于战国时期齐国的《考工记》“匠人营国”是当时关于天子、诸侯城池规模、形制的一种理想，因为当代考古发掘向世人展示的春秋、战国诸侯城几乎没有一座与书中描述的相吻合。虽然在其后的都城建设中至少是在观念上会强调与《考工记》的联系，但同样也会存在这样或那样的区别，原因是绝大多数的都城都不是在一片空旷之地建设起来的，其中原本存在的民居无法被全部“动迁”，那些都城也只能将宫殿进行重建，其余地段最多只是拓宽道路而已，较为典型的就是北宋东京汴梁。明代的南京其实也是如此。即便像隋大兴城（唐长安）完全是在一片开阔空地上建设起的一座严整的城池，也会因东南角的地形，被布置成士庶游赏之地，同时“市”“朝”的位置也并不与《考工记》所述相符，所以贺业钜先生认为“随着社会演进，在实践中，这个传统也在不断发展……历代运用营国制度传统经验，都是从当时实际出发，……他们是批判地继承传统，而非盲目地因袭传统”[①]。都城已然无法完全“套用”《考工记》，那么在城镇街区乃至乡村说是“大都在《考工记》这样的建城体制思想和观念指引下建设”，就让人无法想象了。

当然，我们今天能够见到的传统村庄、市镇的街巷还是让人感到“有序”，其实这样的“秩序”源于生活要求，居宅须坐北朝南在我们所处的北半球属于常识，而非规划要求，但在环境不允许时也会作出调整，其前提是使其对居住者生活的影响降至最低。此外还有道德法则，就像民间流传的“六尺巷”故事所说的，而非出于某种规划的设置。这两个原因其实可以推导到整个聚落街巷的空间格局。

在聚落空间分析时，河港与街巷有着相近的属性，可以放在一起予以讨论，而在聚落构成中，却属先于聚落存在的环境影响因素，它或被设为聚落的边界，或被用作聚落的通道。

① 贺业钜．考工记营国制度研究［M］．北京：中国建筑工业出版社，1985.

七、聚落空间

在传统聚落中，街巷、河道空间变化丰富，加上两侧建筑尺度、比例宜人，故在探讨聚落时往往也会作空间问题的专门讨论。那么，空间是什么呢？在哲学中“空间”被理解为一种物质存在的形式；而建筑界所讨论的“空间”则是由各种不同的材质围合起的，构成了能够供人们活动的场所，确切地说应该称之为“围合空间”。

尽管聚落中各类建筑属于物质存在，而街巷、河港是由建筑为边界的围合空间，但它们都会随时间的推移而不断变化。因为社会的发展会引起人的生活要求出现变化，自然力的作用也会令许多物质的存在发生改变，所以聚落中的空间也会随时间的推移而发生改变（图3-2-29），尤其是传统聚落在最初并没有今天常用的规划，空间也未曾有某种心理预期，其演变就会具有更多的偶发性，因而探讨聚落空间就必须区分出历时空间还是即时空间。

探寻聚落形成、发展的研究，会对聚落的历时空间更感兴趣，因为可以揭示聚落发展进程中的空间变化规律，然而，由于极难找到所需的相关历史资料，以至于这样的工作在今天几乎不可能展开。对于即时空间，今天已有可以获取其精确数据的技术手段，其结论完全可以为当今的规划提供借鉴，但这只是聚落历史进程中最晚的一个片段，未必能反映聚落的整体空间特征，甚至是过去某一历史时期，如形成之初，或全盛时期的空间形态。因此，将即时空间形态理解为就是传统聚落的历时空间则会难免流于主观臆断，至少是以偏概全。

图3-2-29　历史上临街建筑的更迭造成了街面的内收与外凸

第三节　聚落格局

聚落的构成是各种要素依据生产与生活的要求，在大地之上的排列与组合。虽然聚落的形成并无今天常常使用的规划，但聚落要素却受到诸种影响因素的限定，从而形成特定的形态，可以认为聚落构成依然是理性的产物。

一、聚落选址

大凡今天谈论村庄、市镇时，都会先辟出一定的篇幅叙述选址问题，但是若能翻阅一下史书，就会发现，其实这是一个并不存在的话题。我们知道，所谓“选择”，是面前拥有多个选项时的一种行为，若没有，选择就会成为难以成立的空话。

在我国，广大汉族地区很早就进入了农耕时代，因为其生产方式，渐渐形成了“安土重迁”的信念，甚至还衍生出像“父母在，不远游”之类的谚语，可见迁徙实在是一种无奈情况下的行为。当人们迫于原居住地的生存压力或遭受天灾人祸之际，不得已而开始走上迁徙之路，其实并无明确的目的地，凡能够令迁徙者感觉到或有生存希望的地方，都可以成为他们的落脚之地。然而，那些地势平坦、环境适宜人们生产、生活的土地或已成了当地土著的家园，或为先期已到的移民所占据，后到者只能无奈向着更远的南方或尚且人烟稀少的山岭进发。这种“先来后到”的现象在葛建雄等主编的《简明中国移民史》等著作中已多有论述，并用大量史料告诉我们，数千年的移民变迁，其目的地有着自北向南以及从平原到山区的迁徙变化趋向。如果说是因为山地环境好、风水好而成为落脚定居的场所的首选，这样的说法显然存在问题。

当然，市集、州县聚落或有选址，但选择的重点在于与周边乡村的距离以及交通状况，以便在经济乃至政治上的沟通与控制。从正史的《地理志》中可以看到，绝大多数的州县治所都曾有过变迁，而其原因基本都属政治或经济方面。

可能有人也会提出，在一些方志、家谱之类的史料中，不是常常见到有关当地“形胜”的描述，这是否能证明聚落在选址方面有所考虑呢？的确，方志、家谱属于不可多得的第一手资料，但这些史料的成书年代却往往较聚落的形成晚得多。一方面，经历了数十年乃至一两百年聚落居民的辛勤努力，聚落已有发展或家族业已兴盛，其环境理所当然也得到相应的改善；另一方面，后人难免在追忆之中融入了情感，所以若不将这样的因素予以思考分析，难免会背离真实。

当然，迁徙的人们决定在某片荒地落脚之时，也会对房屋建造在哪里作一定的考虑，但只是微观的、常识性的选择，如建房于高敞的场所可以避免潮湿；房屋坐北朝南能够享受更多的阳光；在地势平坦之地形成村落是为了生活的便利；周边尚有可资开垦的荒地就有可能获得较为长远的繁衍生息等。然而，地理环境的形成并非由人们的希冀所决定，它们因循的是自己的规律，所以在某些地方未必都能像具备诸如上面列举的条件，于是就会出现因地制宜的变通，最大限度地在既有的环境下满足生存的要求，所以聚落形态就呈现出了千变万化的差异。

二、乡村聚落的构成

农耕时代，村庄会因地形而有团状或带状的形态，但作为聚落基本呈现出团状的形态，此时的生产场所是自然的土地，任何人都不愿在劳作过程中将有限的时间耗费在往返途中，所以团状最为合理。或许也正是人们在生产与生活中的这一经验，先秦时期就有人构想将一方土地划分为九块，当中用于居民的居住生活，四周成为他们劳作的场所，以道路或水渠作为边界，即所谓“井田”的理想模式[①]，因为在这样的格局中，居民们外出劳动的距离大致相等。而其他形状，如带状等或许就会因两端距离稍远而疏于管理（图3-3-1）。现实中由于自然地形以及土地所属关系，其划分未必如此规整方正，但大致也会以村庄居中最为合理。在江苏水网密集的地方，聚落周边拥有河港，人们往往以此作为边界。丘陵地区的山梁、山脊也有良好的标识性，而且不易移动，所以邻近的聚落也会将其作为边界。当然也有

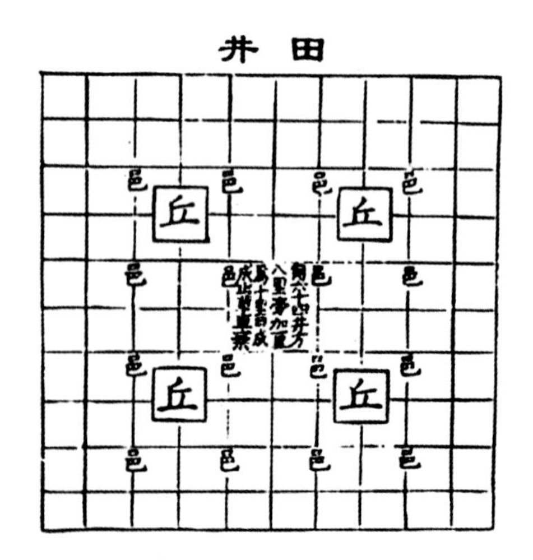

图3-3-1 理想的“井田”模式

① 《谷梁传·宣公十五年》：“古者三百步为里，名曰井田”，“井田者，九百亩，公田居一。”

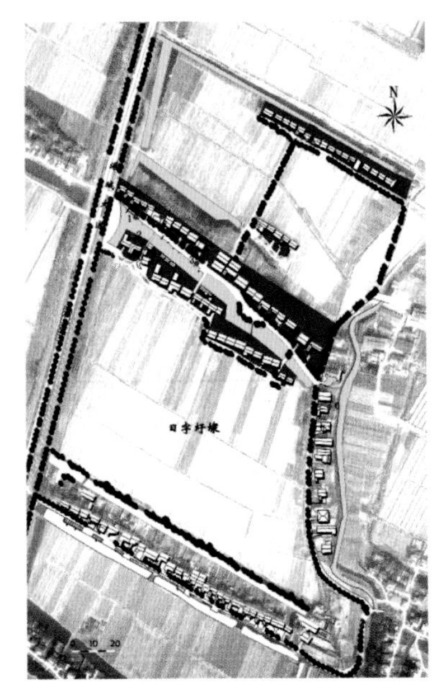

图3-3-2　带状的村庄

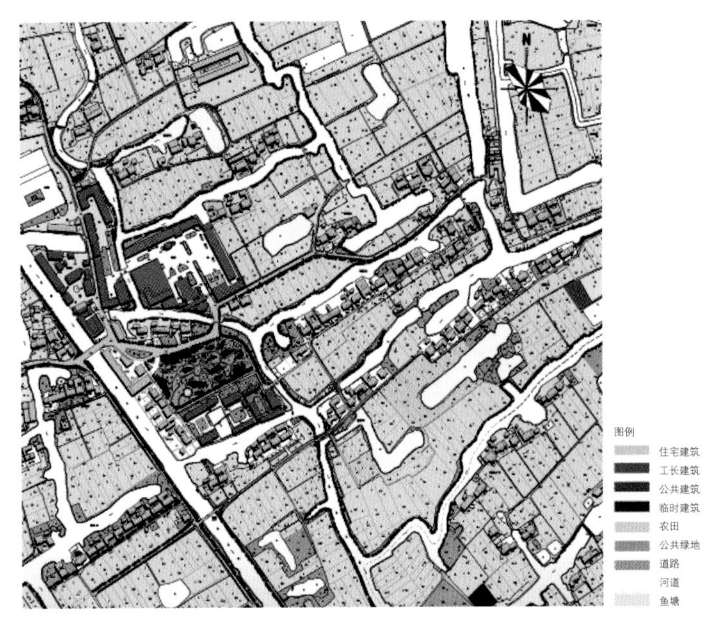

图3-3-3　水网密集地带的小型村庄

村庄偏于聚落一侧的，就像那些由围垦形成的聚落。为将滩涂辟为良田，需要在其外围修筑堤坝以防江、湖、海水的倒灌，而堤坝高于原地面，能使居住点地势高敞，于是村庄就会建造在偏于聚落一侧的堤坝上。

村庄是村民生活的聚居地，也是聚落的核心，其形态在很大程度上也受制于自然地形。陆地面积较大的平原固然可以将其布置成团状；在山岭沟壑地带则会沿山谷两侧形成带状布置；滩涂围垦地带也因带状的堤坝而形成带状的村庄（图3-3-2）。当然，像江苏东部海岸的不断东移，之前明显高于地面的堤坝在人力与自然力的共同作用下，渐渐与两侧地面的高差减小，村庄也会因发展而向原堤坝两侧扩展，于是也就趋向于团状。

村庄除了满足村民的生活之外，还有出行、运输的需求。村庄之外的道路体系在很早之前已经形成，如《周礼》中就已出现了“途”“道”“径”“畛”等文字，其实这些名称就是不同位置、不同宽度的道路，由此组成了路网系统。这样的道路十分普遍，且随社会变迁、相近聚落的更迭又不时发生改变，所以并不为人们所记忆，以至于今人除秦直道、褒斜道、茶马古道等少数著名道路之外，已经不知道古代还曾有其他道路。江苏这样水网发达的地区，河道也是重要的通行孔道，被称之为“沟”“洫”“遂”“浍”等。它们不仅是灌溉体系，也是可以作为交通、运输的路网，像春秋吴国开凿的邗沟就是一条宽阔的、最初用以运兵的运河。在现代交通工具尚未出现之前，河港对于交通的重要性甚至大于陆地道路。

如今的村庄基本上都是大道通往聚落，再由小路进入村庄，这就是所谓由对外交通向内部交通的转换。村庄的内部道路常见的大致有“一”字形、“丁”字形或“十”字形三种，由此形成了大、小不同形状的村庄。

小型村庄，仅一二十户人家，居民的房屋通常一字排开，背靠河道，门前设路，其原因是我国传统民居通常将辅助用房布置在整座居住建筑的后部，而河道运输粮食、柴草等货物的能力远大于道路。门前道路往往会宽于通行要求，因为通常还会兼作晒场。收获季节会有平整场地这项工作，已备将其作为尚未完全干燥粮食的晾晒之处。所以，过去的村庄之中基本不存在“广场”那样的设施。同样，民居的后门外就是河埠，也就无需公共井台进行日常取水和洗涮了（图3-3-3）。

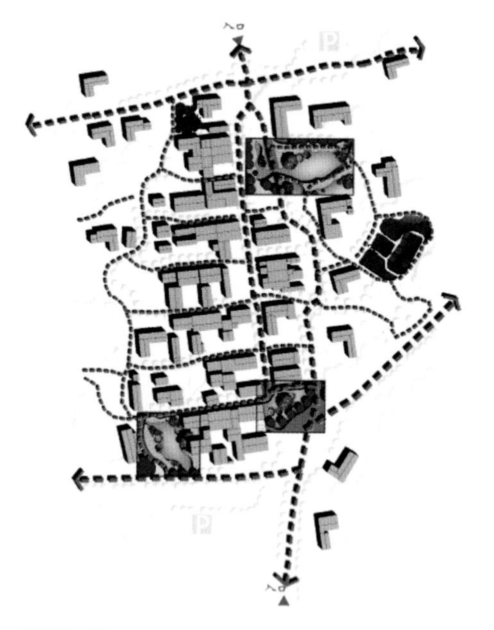

图3-3-4 团状的村落

随着人口的增长，村庄就会逐步扩大。除了丘陵山谷地带的乡村聚落受地形的限制、围垦形成的聚落有地势高差的原因而继续将带状的村庄向长度两端延伸之外，一般都会渐渐变为团状，因为团状的村落可以使居民的交往更为便利（图3-3-4）。在过去，普通民居都采用泥墙草顶构造，建筑之间会留出间隔，形成小巷，而这些小巷就会向团状村庄的深处延伸，有些甚至通向劳作的田地，成为往返劳作的通道。在江苏广大的水乡平原地带，密集的河港将土地切割成碎片，乡村聚落规模无法过度扩张，所以乡村聚落通常不会超过百余户人家，人口过多会造成土地承载力不足的问题，其中一部分就会向外寻找生存的机会，或者在邻近地段的荒地开辟新的聚落。

村庄的主要构成要素是民居，因为允许民间营建祠堂开始于明末，所以能够见到的乡村祠堂大多建于清代。而祠堂的营建通常又缘于居住在此的族人经济水平提高，或者族中有人开始发迹，于是才会有修建祠堂、编撰族谱之举，因此很难将其安排在村庄的中心，今天还能见到的江苏村庄祠堂基本不在村庄的中心位置。至于庙宇，由于农耕生产，或许会有小小的土地庙，而佛寺、道观基本不会出现在村庄之中。如果熟悉明清小说，就会知道，僧道常常干扰居民的正常生活，有的居民为免遭打扰，会在大门口贴上“僧道无缘”的字条，所以若有庙宇一般也被设置在村庄之外。

三、城市聚落的构成

城市是一方的政治、文化与经济中心，为了显现出与其他聚落不同的地位，人们从很早起就考虑如何用聚落规模、平面布置、道路形象以及建筑、空间的特征来彰显其威严。先秦时期面世的《考工记》中，有关的“匠人营国制度”就是这种思考的概括。与建筑一样，城市聚落也会呈现出实用与形象两方面的意义，《考工记》营国制度所阐释的布局方正、路网整饬，极具秩序感和等级意义，但在结合各地不同环境地形时，就需要进行相应的调整和变通了。所以，不仅在春秋战国时期并无一个诸侯国都是完全按照其进行规划建设的，到了后世也基本找不到完全一致的布置。

由于过去除了个别都城是在平地之上经规划后新建起来之外，大多是依托既有聚落而形成的。也就是说，所谓府、州、县“治所”其实只是在旧有聚落中增设一些衙署而已，如吴江县治常被称为松陵镇，其原因是松陵镇先于县治的设置已经存在，若查一下地图及其史料，就会发现这一类情况非常普遍。而县治以上的城市更是如此，府、州往往与县同城，也就是出于政治、军事或经济的考虑，选择某一县城将府、州治所设于其内，于是该城就成了府城或州城，原有的县城反被称作了“附郭县”。这种“府县同城”在过去十分普遍，如清代的江宁府城包括了江宁县和上元县；苏州府城同样也是吴县、长洲与元和县城；常州府城中有武进县、阳湖县的治所；扬州府则为甘泉县治和江都县治所共有。

这样的处理方法显示了它的优点，因为这些治所城

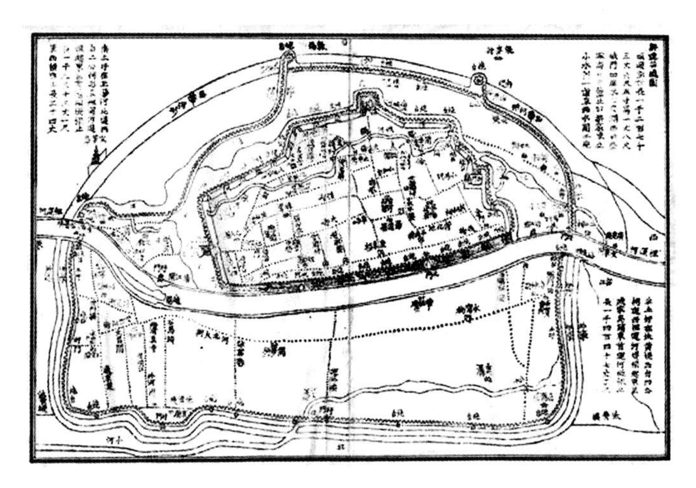

图3-3-5　清中叶的清江浦

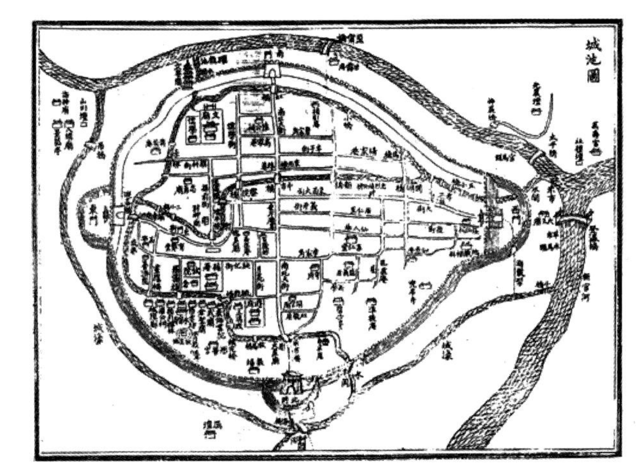

图3-3-6　清光绪《盐城县志》中的城池图

市与下一级的城、镇只是一种依托关系，无须进行大规模建设也能保证府、州、县治所的繁荣，即便因自然灾害或社会动荡造成治所城池衰败，只要另择一地安置衙署，依然能保证其治所兴盛。像江苏北部的淮安，其治所经历了设于淮阴、楚州、山阳、清江浦等城的变迁，就是由于原治所的衰落导致了迁移。其最后的治所清江浦在明初方始成镇，自明永乐年间开凿新漕渠“清江浦”，于此建闸设仓后，遂成重镇，清初将南河总督移驻于此而日益繁华。清乾隆二十六年（1761年）因相邻的“清河县治屡圮于水”，故接受江苏巡抚陈宏谋的建议，将清河“移治山阳之清江浦”，于是升格为新县治[1]（图3-3-5）。之后清江浦因河务、漕运而更趋繁荣，到清末，清江浦已经成了淮安府城中的附郭县。到1912年，民国政府废府设道，裁撤了原来的淮安府，设淮扬道于清江浦，于是清江浦完全遂取代了原山阳，成为淮安地区的政治中心。

正因如此，城池基本就是由于行政升格，遂将人口稠密地段用城墙予以包围而已，没有形成规则平面的可能。像苏州城那样大致接近矩形的也可以发现城垣与城壕在许多地段都出现自然的曲折，这反映出城市营建过程中顺应地形、地势的一些变化。至于南京城则完全是依据地形将城垣屈曲环绕而成为一座完全不规则的城池。从地方志所附城池图中，还可以看到像接近于圆形的城池（图3-3-6）、半月形的城池、甚至还有近似菱形的城池（图3-3-7）等。

如果将聚落定义为“人们聚居的生活与生产场所”，那么传统城市聚落的范围就非常广大，相当于今天的“市域”或“县域”的概念，也就是包含其行政管辖的全部范围。因为过去的“治所”并无直接的生产能力，维持其运转的生活资料完全需要依靠四乡的农业与手工业生产方能供给，所以过去将这样的“治所”定义为“消费城市”。当然也可以作狭义的定义，即将城墙环绕之内的区域称之为“城市聚落”，近似于今天“建成区”的概念。

以狭义的“城市聚落”概念看，府、州、县城皆以城垣、城壕为其边界，其外属四乡。城垣与城壕虽然在冷兵器时代对防御有着十分重要的作用，也有壮观的形体，却不能看作是一个能独立存在的要素。由于战时的防御和平日沟通内外，城墙上需要开设城门，还有瓮城等一系列的设施。城门数量会依据城池规模而

---

① 光绪·清河县志［M］.

图3-3-7　清同治《无锡县志》中的城池图

定，小型县城通常开四门，联系四方官道和城内交通，大型的城池会增加城门数量，像南京城多达十三门。城门之内由纵横大街将各门沟通，且因战时有调兵的需要，故大街不仅要保证宽度，而且还必须抵直、通长。大街两侧则分布着众多小巷向城内深处延伸。

过去的城池通常因其中的治所确定其行政地位，因此，将衙署视为城池的主体应该没有问题。然而如上所述，将一座城池确定为府、州或县城通常不是事先确定的，而是因其繁荣，原有治所业已衰败，方有迁治之举，而治所修建可以在旧有治所位置改造、翻建，却不能在居住区要求居民搬迁，因而衙署位置未必能保证位于城池的中心。好在过去的城市中仍有不少闲地，像明清时期苏州那些修造花园的，大都是寻找一片闲地，所以找到一片靠近城市中心的位置来营建衙署也并不困难。因为府、州、县城是地方的政治中心，决定了会有许多行政机构，这就是衙署。江苏的南京曾为明初国都，拥有众多的衙署也理所当然，而在淮安清江浦还处在镇的建制时却也由于黄淮修治、漕运及盐运等需要设置了十多处的衙署就令人感慨了。它们大多散布在城市中心附近，且靠近大街，以方便前往。

地方上科举昌盛常常也被视为官员的政绩之一，所以自范仲淹创立苏州学宫之后各地效仿，纷纷在州、县治所设置学宫、文庙。因为像府、州之中大多拥有附郭县，所以学宫或文庙就会拥有数座。如今天的苏州古城之内还保留有府学与县学。而在淮安清江浦，直至清初尚未升为县城，但因这里衙署林立，人口渐多，街市繁荣，故在清康熙三十七年（1698年）将兴建于明嘉靖年间的清江书舍改建成了学宫，这在过去也十分少见。

明清时期，今江苏地区是全国经济最为发达的地区，当地府、州、县城都因商业与手工业的发达而都拥有繁华的商业区。商品经济的发展，除了服务于城内居民之外，更大规模的是集散、转运，需要与交通相结合，临河地段就是商业最易发展的地点（图3-3-8）。像如今南京城南的秦淮河两岸，自六朝起就因交通便利而成为商贾云集之地，之后又有大族聚居，人文荟萃，进一步促进了这里的繁华，所以在明初修筑南京都城时明显地将城垣向南突出一块，用以将这商业区域围入城中，并设置东、西水关以保持航道继续通畅。明代前期的扬州城池（老城）与运河尚有一定的距离，入明之后的商业发展使城东运河与城池之间迅速繁荣，渐渐超越老城成为商业中心。出于安全的需要，在明嘉靖三十四年（1555年）将城东直至运河一片已是店肆林立、百技杂陈的商业闹市用城垣环绕，成为当时扬州的新城。苏州阊门之外的上塘河是通往运河的重要孔道，明清时期上塘河两岸因运输的便利，也曾是店铺林立，行人如织的商业区，其繁华并不亚于七里山塘。或许是范围太广，与山塘街一样，并未被围入城池。太平天国之役后，“蠹之阛城溢郭、尘合而云连者”，已成

（a）南京秦淮河

（b）扬州东关街

（c）苏州山塘街

（d）无锡清名桥

图3-3-8　商业市街

了“崩榛塞路，荒葛罥途”[①]。

城市聚落中占比最大的当属各式民居，随着人口的增长，不同规模的住宅会散布到城市的各个角落。虽然古时的城市聚落尚未出现如当下意义上的规划，却也有着某些约定俗成的制约。如过去商业市街的民居（包括前店后宅、下店上宅之类的商住建筑）通常规模较小，而大型邸宅大多处在僻静小巷之中。其最主要的原因在于商业市街地价较高，购置一幢小楼或小片土地，其花费或许还不至于太大，若希望在此获得能营建一所大宅所需的土地，除了巨大投资之外，可能还需要与多个业

① 俞樾. 留园记［J］.

主进行交涉，精力上的消耗更难承受，所以大型住宅多处于僻静地段，就不仅仅是宅主厌烦闹市的喧嚣那么简单了。临街屋宇的翻建，若超出原建筑的檐口范围，必然会因影响他人而引发争讼，像檐高、屋脊的高度等都会在约定俗成的制约下得到控制，甚至在小巷拐角处的房基为了不影响挑担行人或小车的通行，会将屋角进行抹角处理。所以，传统城市聚落的居民区能够呈现出统一、和谐风貌，而各不相同的居住和使用要求又使这些建筑在统一之中形成变化。

四、市镇聚落的构成

市、镇作为县城与乡村之间的一级行政建制，正式确立是在北宋初年，其前身草市却远早于此存在，而且唐代中后期的草市已具一定规模，由此反映出市、镇聚落其实已经历了漫长的形成过程，并于晚唐基本定型。由于市、镇是沟通州、县治所与乡村之间的商品集散中心，其位置需要保证与之发生关系的四乡村民往返方便，且能够当天来回，所以市、镇通常需要选择在距离适宜的交通便利之地。在水系不太发达的江苏北方，市、镇聚落常常会依傍官道，而水网密集的江淮地区及江南地区则分布于河道两岸。正是与交通要道的这种联系，构成了市、镇聚落的特有形态。

沿交通量多的主要道路两侧摆摊是乡村常见的交易行为，时至今日也还能看到。这样的摊点逐渐固定，并随交易的扩大而转化成店面，其集市的最初形态也由此产生。像泰州的黄桥镇、安丰镇（图3-3-9）等都是由一条市街逐渐发展起来的。水网密布的地区，稍宽的河道会成为繁忙的交通线，这在现代交通工具出现之前会较官道更为重要，所以市、镇也经常在河道的沿岸形成市街，前不久尚能见到的苏州金墅就是由临河百十家店面与民居构成的小市。随着市镇规模的扩大就会出现一河两街的布置。为沟通两岸，河上加起了桥梁。从水乡市镇普遍使用的拱桥及高平桥就反映出河道繁忙的通行要求。如今天盐城龙冈镇中心地段的坊桥路，在改革开放初期还是镇上的市河，两岸为街道店肆。在江南地区，类似的市镇更为普遍。河道纵横的水乡，还常有两条河流丁字相交或十字相交的场所，那样的地段更容易形成繁忙的船行路口，更容易被选为构成市镇的理想地点，河港相交处就会成为闹市所在，也就是市镇的中心。常熟的梅李“街如十字，分为四条，东西通官路，南北通冈身，中贯以河，东西为梅李塘、浒浦，南北为盐铁塘”[①]。江苏北部也有以“十”字形市街构成镇市中心的，如邳州土山镇，只是这里河道稀疏，故镇中没有市河而已。

人们选择交通要道作为交易的场所，并不像今天那样由相关部门划出一片场地让四乡村民进场交易，或者由相关部门组织招商吸引外来商户入驻开店。因为初期的定期市阶段，交易活动是在十天之内确定的某一天或某几天进行，人们依托既有的乡村聚落中的村庄街道设摊交易，散市后就不会像今天的有些集市那样，因四乡村民完成交易陆续返回而只留下一片空阔的场地，而是恢复为村庄的常态。当然，参与交易及相关活动者绝大多数也并非当地村庄中游离出来的农业人口，所以这样的村庄也只是一种依托，并非村庄发展的更高阶段。

市、集在它们形成之初主要傍官路或河道，所以其聚落形态通常也是带状，即百十户人家沿交通线排列（图3-3-10）。随着规模的扩大，会沿道路或河流向外伸展，但过度伸展会造成使用不便，所以当带状的市镇达到一定长度之后就会向纵深拓展。像吴江的盛泽，在明嘉靖年间仅为人家百余户的小市，其中市街也只有一条，到了清初迅速发展成拥有“居民万余家”的巨镇，除了沿市河两岸的南、北市街外，又增添了新街、花园

① 黄岡［辑］. 新续梅李小志（抄本）.

图3-3-9 安丰镇过去的市街

图3-3-10 苏州的金墅小镇旧貌

街、十字街等十来条街道[①]，其间再由小巷相互交织，于是渐渐成了团状聚落。

通常，一般市集的人口规模大约为100～300户，商户十数家而已，因为在生产力十分低下的时代，四乡农户不会有更多的出产转化为商品，甚至不足以支撑市集更多居民的消费，而当地包括市集及与之相联系的四乡居民也无力消化更多的外来商品。但随着四乡农户生产力的提高，如原先耕作方法改进之后使产量增加；或生产结构的改变，像引进了棉花，不仅使原本种粮产量无法提高的盐碱地变成了适合棉花种植的高产地，而且其产品价值也更高于粮食。于是促使市集规模的扩大，像江南地区那些千户以上的市镇无不都是由此形成。前面提到的由百十户居民商家在百余年间一跃成为“居民万余家”的巨镇盛泽，主要就是依托了周围乡村的地理优势和经济发展，“以绫绸为业”，以至于“四方大贾辇金至者无虚日”[②]，其规模与繁华程度甚至已经超过了一些偏远地区的州、县治所。

小型市、集聚落的构成较为简单，仅仅是一条市街两侧排列着店铺、作坊、民居而已，限于经济实力，除了历史上曾经拥有寺庙、道观外，基本不会有聚落形成之后新建的庙宇。大型镇、市虽说“纵横不过一二里”，但在这十分紧凑的空间内“工贾艺术杂处”[③]，街巷纵横交织。除了大量的民居之外，还有各种手工业作坊、有各类牙行、庙宇等，人口构成就会有本地居民、外来的客商与商帮；有作坊主、工匠；有牙侩、行霸、脚夫、市井流氓等。镇、市之中繁华的街市形象大致相近，狭窄街道的两侧开设着各色店铺，交易时间街旁出现了各种摊点，往来的人流摩肩接踵。但是过去的四乡的种植生产并非完全相同，这也就导致了镇市在形态上的区别，如同样是一河两街型，粮棉产区的市镇，市街在临河一侧不会建造店铺，主要是方便大宗货物上下货船，其他市镇就不会有这样的要求。今天许多古镇建设中为设计者喜用的廊棚，其实也只是以粮棉集散为主的市镇才会出现，主要用于过磅、验收和进出仓栈。甚至像江南的黎里，因“岸上多士夫之家，崇尚学术，入夜诵读之声不绝”[④]，这也可视为其特色之一。

① 光绪·盛湖志［M］.
② 嘉靖·吴江县志［M］.
③ 乾隆·盛湖志［M］.
④ 嘉庆·黎里志［M］.

第四章

江南地区的传统聚落

江南可以泛指整个长江以南的广大地区，但在我国历史上则通常特指长江下游太湖东南的大片冲积平原地带，也就是明清时代的杭、嘉、湖、苏、松、常六府所辖之地。如今因行政区划的调整，已将原松江府及嘉兴府、苏州府的一部分归属于上海市，原苏州府的大部分地区及常州府归属于江苏省，其余为浙江省的一部分。所以本书将讨论的仅限于今天常州、无锡、苏州所辖的地区。

在整个太湖冲积平原地区，由于气候温和、湿润，土地平坦、肥沃，自远古时代起就有先民在此定居，孕育了灿烂的史前文明。尽管在之后的数千年中，当地与周边乃至整个中华大地都有密切的交往，但当地的自然环境、气候条件造就了特殊的生产方式和生活方式，长期积淀之后，形成了既包含着与中华文化价值取向相通的观念，又有其特殊生活和处世的行为方式，即区域亚文化。这种区域特质最明显的是反映在方言之中，因而江南也常被称作“吴方言”区。同样，江南的民居也因与其他地区社会因素、经济因素以及群体文化性的差异而显现出自己的特色，进而影响到聚落形态。当然，即便在这一文化区域之中，各地的经济、文化的发展同样也并不均衡，其中以苏州、杭州最为发达，故民间有着“上有天堂，下有苏杭”之说，而进入近代社会之前的上海（松江）相对较弱，这在当时的民居、聚落，尤其是乡村聚落中可以得到清晰显现。

虽然江南之地也相当辽阔，但若放在更为广大的地理环境中看，却会显得十分渺小。这片土地上散布着的大小不等的水体、高低起伏的低山丘陵以及气候在经纬度上的差异等几乎被忽略不计，以至于人们以“江南水乡”来概括。在以地形地貌限定聚落的边界、以气候条件决定人们的生活与生产方式，乃至建筑形态的时代，聚落的空间形态往往相近，并不像有些人想象的那样，在山岭地区的聚落或江湖地带就必然会有特殊形态。当然，这并不意味着它们会完全一致，让人们明显感受到差异的主要在于建筑上的变化。

江南普通的传统乡村民居，主要为砖木结构。其布置大致相近，常在坐南朝北的主体建筑其前联以厢房，有仅建于一侧的单厢，也有两边都设有厢房，再用墙垣围合成前院。然而，苏州地区民居的墙体较厚，山墙仅室内柱子露明；相邻的上海墙体较薄，山墙及檐墙的外面都有柱子露出。苏州民居的硬山山墙有坡形、跌落式和观音兜三种；对照上海，其观音兜较为瘦削，而跌落式较为少见（图4-0-1）；无锡、常州未见有观音兜，而常常在坡形山墙的屋脊处砌筑一片突出略高的墙体，称太平山（图4-0-2）。这些明

（a）苏州的“观音兜”曲线流畅

（b）上海的“观音兜”相对瘦削

图4-0-1 苏州与相邻的上海“观音兜”山墙的差异

（a）苏州的“跌落式”山墙

（b）无锡的“太平山”

图4-0-2　苏州与相邻的无锡“跌落式”山墙的区别

显的变化往往形成聚落特征的标识而为人们所熟悉。相对而言，聚落规模及街巷、河道的宽窄却是即时的现象，若从稍长的历史时期考察就会发现，因聚落的兴衰，其规模随时会有变化，街巷也会因其旁的建筑更新而出现收放，从而形成某一路段突然变宽或收窄的现象，甚至史料中可以见到诸如“前朝镇中河路甚阔，且多纤曲小浜，地势灵动。今为两岸民居填塞狭隘，大非古昔”的记载[①]。

第一节　西山明月湾

明月湾是太湖西山岛上的一座历史悠久的古村，位于西山岛南端。古村南濒太湖，背倚青山，地形宛如一弯明月，故称明月湾。

一、历史变迁

在太湖诸岛中，洞庭西山是面积最大的一座岛屿，约70.25平方公里。这里气候温湿，植被丰富，因此很早以前就有了人类活动的踪迹。在此向南5公里左右的三山岛上已经发现的距今约万余年的旧石器晚期的人类遗址，就是这一地区无数先民生活、生产的聚居点之一。

相传在春秋晚期，吴王就曾在西山岛上营建避暑的宫殿。有传说明月湾为夫差与美女西施在此赏月而得名，《苏州府志》载“明月湾，吴王玩月于此”。

① 清·杨树本. 濮川琐志［M］.

迟至春秋末年，这里逐渐转变为当地居民的聚居地，到唐代已基本奠定了今天我们还能看到的村落格局。自当地居民的祖先选择此地作为栖身之地，他们在山上种植花果、茶叶；到湖中捕捞、养殖，颇有世外桃源的意境。清代诗人凌如焕赞美此地“水抱青山山抱花，花光深处有人家”。北宋南渡之后，许多退隐官员、文人到此定居，据称如今村中邓、秦、黄、吴四姓就是他们的后裔。千余年来虽然村中形态不断更新，但如今所见的村庄格局基本形成于清初。据《明月湾修治街埠碑记》中载，村中留存的长1140米的石板街以及通向太湖的古码头为清乾隆三十五年（1770年）所建。之后随当地居民经营获利，村上的居住建筑质量也不断提高，保留至今的礼和堂、瞻禄堂、瞻瑞堂、汉三房、金家厅等规格较高的传统民宅，以及邓家祠堂、吴家祠堂、黄家祠堂、秦家祠堂等祠堂，都为清初前后所建，至今已有三百年左右的历史。

二、聚落形态

太湖西山岛的南端，山脉由西北向东南蜿蜒而来，到太湖边分为数座小岗折而西行，形成了一个个三面环抱的山坞。古村明月湾就坐落于西山岛最南端的山坞之中。这里由三面不高的青山环绕，西南开口面向太湖，成为一个背山临湖的理想内聚空间（图4-1-1）。明月湾的村口西向，西南侧建码头伸向太湖（图4-1-2）。过去这里是村中居民入湖打鱼和对外交通的重要孔道，因此在码头以东开凿了相当面积的池塘（图4-1-3），沟通太湖，使之既成为可以停舟泊船的避风港湾，同时也形成汇聚山水的水口。塘边一株千年的香樟巍然挺立，向人们叙述着古村的历史。

村落占地面积约9公顷，有常住居民一百余户，近四百人。村内由南北两条东西走向的街道构成主体道路骨架，其间有多条小巷，纵横交错，形成棋盘状格局。街巷路面与当地许多地方的城镇一样，均以条石铺筑，下为排水沟渠，这反映出过去当地的经济实力较强，同时也给古村带来了整洁与卫生。古村规模不大，但总体形态紧凑，街巷、民居组织结构清晰，因而给人以井然有序的感觉。街巷两侧散布着斑驳的古老建筑，房前屋后栽植着四季花果，常令人想起清代沈德潜“人烟鸡犬花林中”，以及凌如焕“水抱青山山抱花，花光深处有人家”的诗句。

在过去漫长的岁月中，古村发展缓慢，长期以来形成的边界相对明确。近年来随着全岛建设的加快，环岛公路的建成，当地民居的建造也逐渐突破原来的村落范围，向周边扩张，但因地形和公路的走向，外扩以南面为主，西向稍次，东面和北面的边界相对变化不是太大。

三、聚落构成

作为当地居民聚居的村庄，明月湾中的建筑以民居为主（图4-1-4）。由于村庄的历史悠久，村民的亲缘关系较近，加之受近代发展的影响较少，所以村中还留存有一些家祠，如黄家祠堂（图4-1-5）、吴家祠堂、邓家祠堂（图4-1-6）。当年村民虽然也有宗教信仰，建有小型寺观以满足精神需求，如今尚余明月寺一座，坐落在距村数百米的小岗东侧（图4-1-7）。

（一）民居

1. 敦伦堂

在当地居民的传说中，敦伦堂是西山岛上最为古老的建筑之一，依据对建筑材料、构筑方式的考察，也证明了该建筑的建造年代更早于周围其他民居（图4-1-8）。

敦伦堂原有规模不详，如今保留前后两进。第一进为面阔三间的平房，深六界。东西各连一面阔一间、深四界的厢房。东厢辟为门屋，与西厢房间前用墙垣围合成前天井。第二进为面阔三间的楼房，底层进深了六界，楼层进深五界。之前两侧都应该连面阔一间、深四界的厢楼，但如今西厢楼已不存在。

建筑中所用的磉石是一种被当地人称作“磨石”的砂岩，质地较粗，与苏州常见的黄石或金山石均不同。而柱础用“蘑菇磴”，即櫍形柱础。构架中的大梁形体饱满、构造简练。墙体大多采用露棱侧砌等。由此可以推断，该建筑的建造年代不会晚于明代晚期（图4-1-9）。

2. 瞻瑞堂与瞻禄堂

瞻瑞堂和瞻禄堂是明月湾一处保留较为完整的清代建筑群（图4-1-10），当初由兄弟两人共同建筑，故两宅形制基本相同，且左右相连。

建筑的大门设于中路的东南，进门为墙门间，其上置楼，门后有备弄。入门西折是厅堂的前院，院东是一座精致的砖细门楼。大厅是面阔三间的楼房，进深底层九界，内四界前添翻轩，设前廊，后用双步承重。楼层八界步柱前后均用双步。其后为后堂楼。边路南端设有花园，园后两进楼房。前楼的底层被当作花厅，总体格局古朴典雅。

3. 其他传统民居

在明月湾保存较好的还有礼和堂等，其基本格局与瞻瑞堂、瞻禄堂相差并不太多。局部保留的有礼和堂

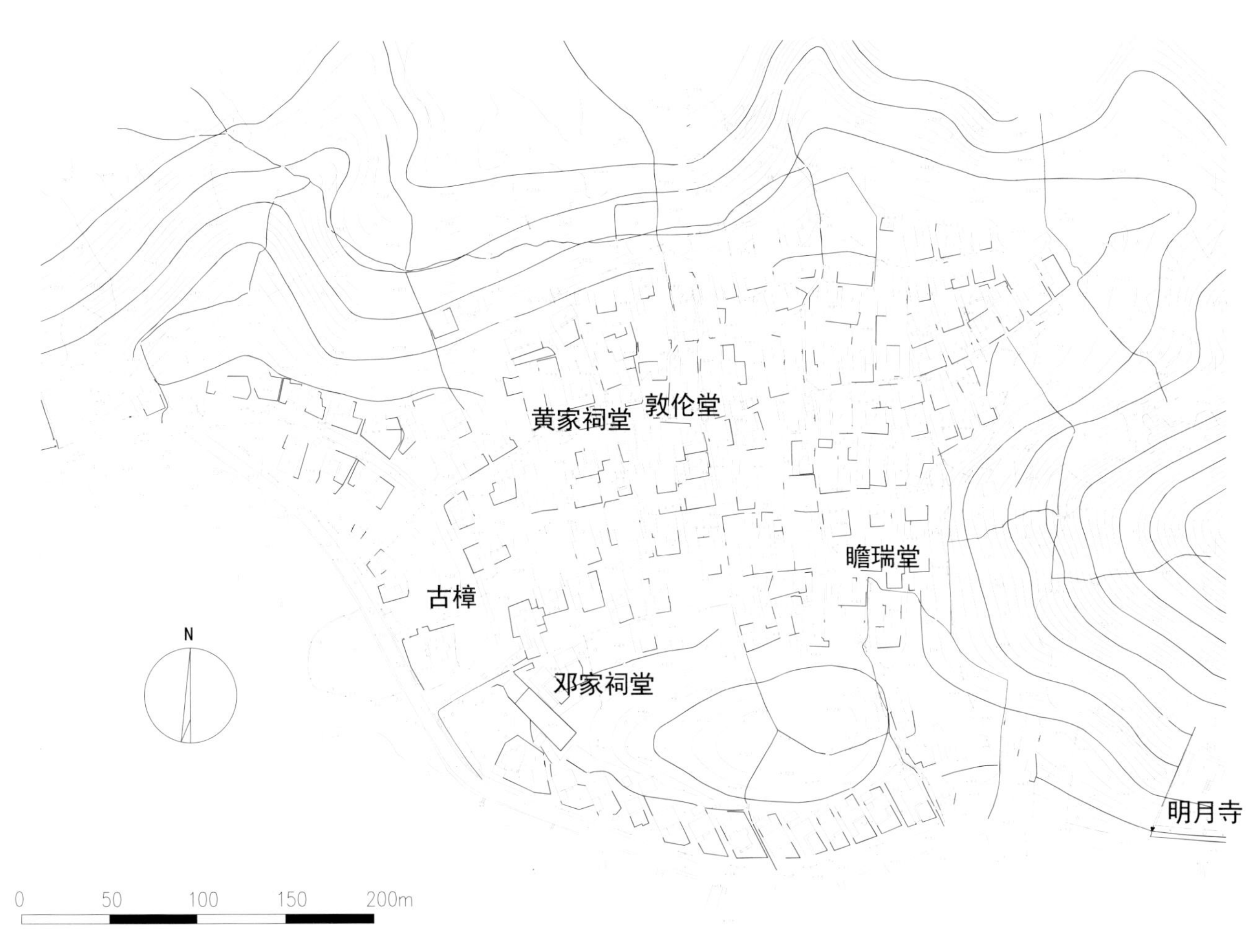

（a）平面图

图4-1-1 明月湾

（b）航拍

图4-1-1　明月湾（续）

图4-1-2　村外古码头

图4-1-3　村口池塘

（a）普通平房

（b）整修后的堂楼

（c）过度使用的堂楼

图4-1-4　民居

图4-1-5　黄家祠堂

图4-1-6　邓家祠堂

图4-1-7　明月寺

（图4-1-11）、礼耕堂（图4-1-12）、汉三房、金家厅等。

一般都南向辟门，大门置于中轴线的东南隅。墙门间（门厅）为面阔一间，高两层的楼房，深四到六界（步架）。底层前檐砌墙，大门安于檐墙之中，门宕之上用砖瓦构成门楣，给大门带来画龙点睛的装饰效果，门宕下部用矩形的门枕（作用类似于抱鼓石）予以点缀。室内后步柱之间装屏风门，形成虽小但规整雅洁的门厅空间。屏风门后，为天井、备弄，可以通向内宅或东路的其他建筑，而循轴线进入中路各厅堂则是经由开设于墙门间西山墙的砖细门楼。墙门间的楼层前后都开设楼窗，大多供奉祖宗牌位，因此称“家堂楼”。

中路的第一进，前辟天井，建筑多为三开间，深六到八界，或为单层或为两层。规模较大的住宅以单层为多，用作茶厅，过去供停轿及下人休息之用。其后第二进楼房设为正厅。在规模不大的民居中，多用楼房为正厅，即下层正间用作正厅，楼层用于居室。

茶厅进深通常为六界，构架较为简洁，基本不用雕饰。前檐正间不设门窗，次间抑或开敞，抑或砌墙。

正厅则进深较大，前面一般都用翻轩，深两界。有的还设前廊，并与前天井两侧的游廊兜通。翻轩内是内四界，再后为后双步。前檐的底层，正（明）间多做六扇落地长窗，两边次间做雕花半窗和木栏杆。楼层为楼窗，两层之间设腰檐。后檐的底层有的迳用檐墙，正间的当中辟库门、门楼；有的则在正间用穿廊与后墙相连再辟库门、门楼，两边次间设半窗，从而在后檐穿廊的两侧形成具有采光、通风和排水作用的蟹眼天井。后檐的楼层都使用楼窗，以保证室内空气流通。室内在后步柱之间安装屏风门，正间的屏风门通常不开启，用以遮挡视线。因为正厅是整个住宅的中心，供家人举行庆典礼仪或接待宾客之用，因此，大厅的梁架大都施用雕饰，有的人家在山墙下部还用水磨方砖做墙裙，使整个厅堂更显典雅、美观。

正厅之后的堂楼为内宅，是宅主生活起居之所，亦称为内楼。建筑通常为进深七界，为增加居处面积，堂楼前天井的两侧都有厢楼，并与前、后楼房兜通。正立面上，上下楼层间往往用软挑头承托腰檐，形成所谓的“雀宿檐”。堂楼内部梁架较正厅简洁，极少施用或不用雕饰。其意义在于不会因装饰过多而使心境烦躁。

边路的建筑较为随意，若家庭人丁较多，则添加堂楼，也有设为花厅。不同用途，其造型、结构都会有所区别。

（二）祠堂

原先村中有四座祠堂，村民在邓家祠堂设有私塾，到20世纪中叶，才将秦家祠堂改建成小学。如今小学已搬离村庄，秦家祠堂被改造成了财神庙。

黄家祠堂目前尚存两进，即门厅和大厅。其东西山墙侧有门洞，故原先应该还有东、西路建筑（图4-1-13）。

祠堂门厅面阔三间。前廊用扁作轩，四界中柱落地，与后廊均为圆作，通进深七界。构架为苏地传统形式，前檐下用风头昂。门扇安于正间中柱之间，其上用斗六升栱。门前有砷石，大门作将军门式。步柱两次间为砖砌隔墙。门内正贴下用木板壁分隔，背立面正间通敞，次间用长窗。

大厅依山势而建，前面用数级台阶，使建筑似立于

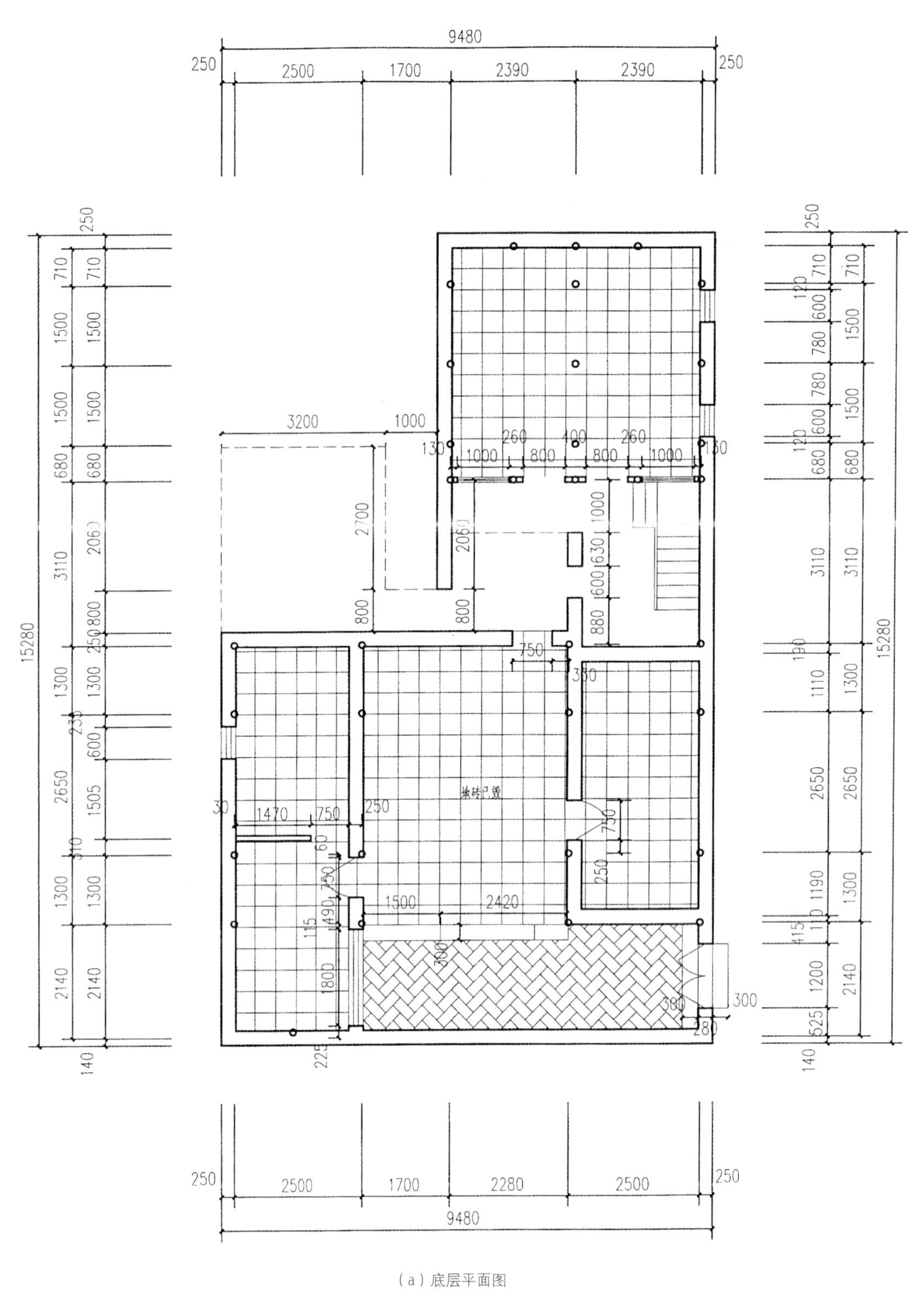

（a）底层平面图

图4-1-8 敦伦堂

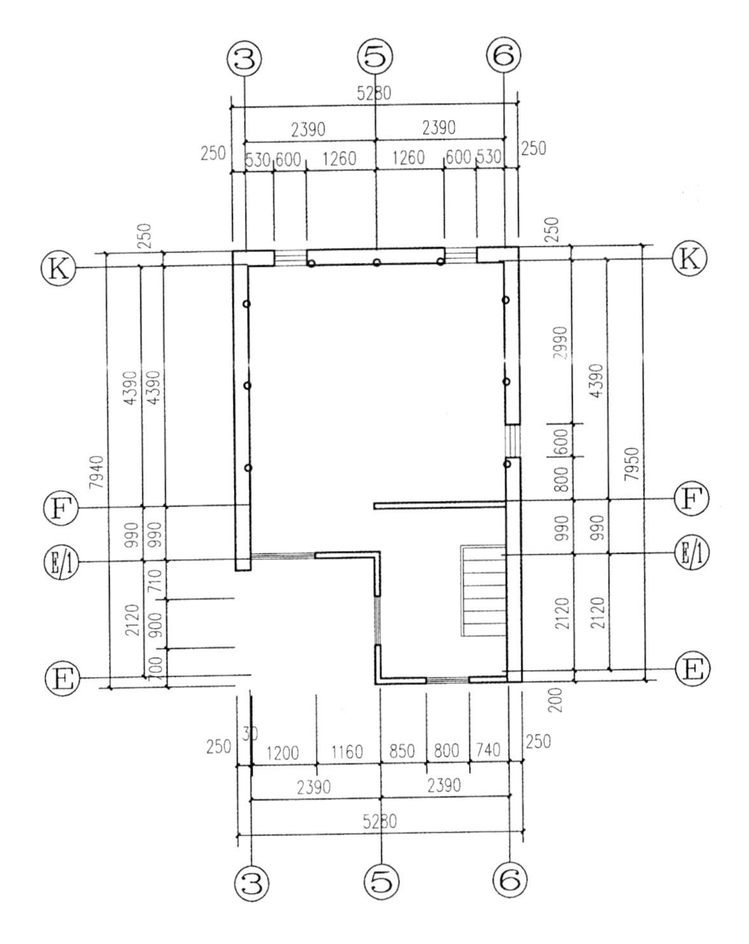

（b）二层平面图

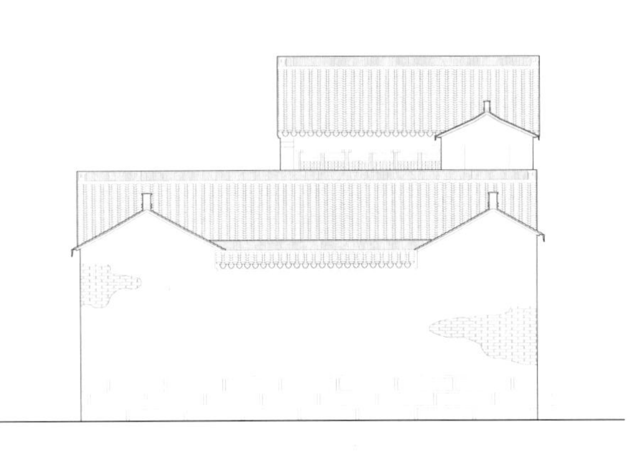

（d）南立面图

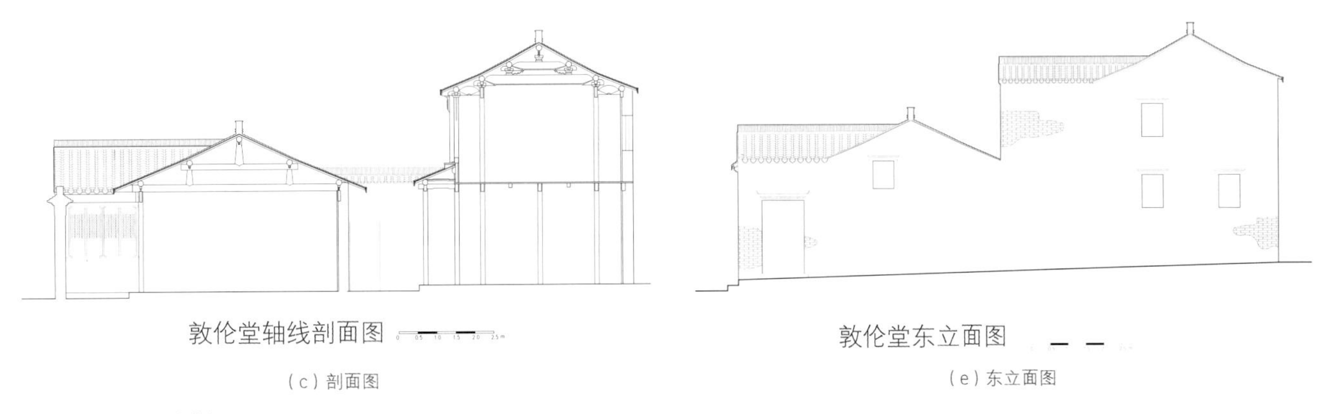

（c）剖面图

（e）东立面图

图4-1-8 敦伦堂（续）

图4-1-9　前天井

图4-1-10　瞻瑞堂

图4-1-11　礼和堂

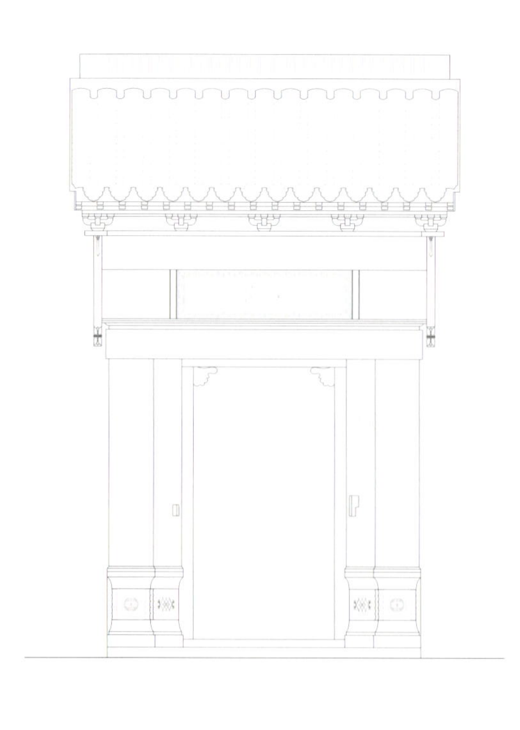

图4-1-12　礼耕堂砖细门楼

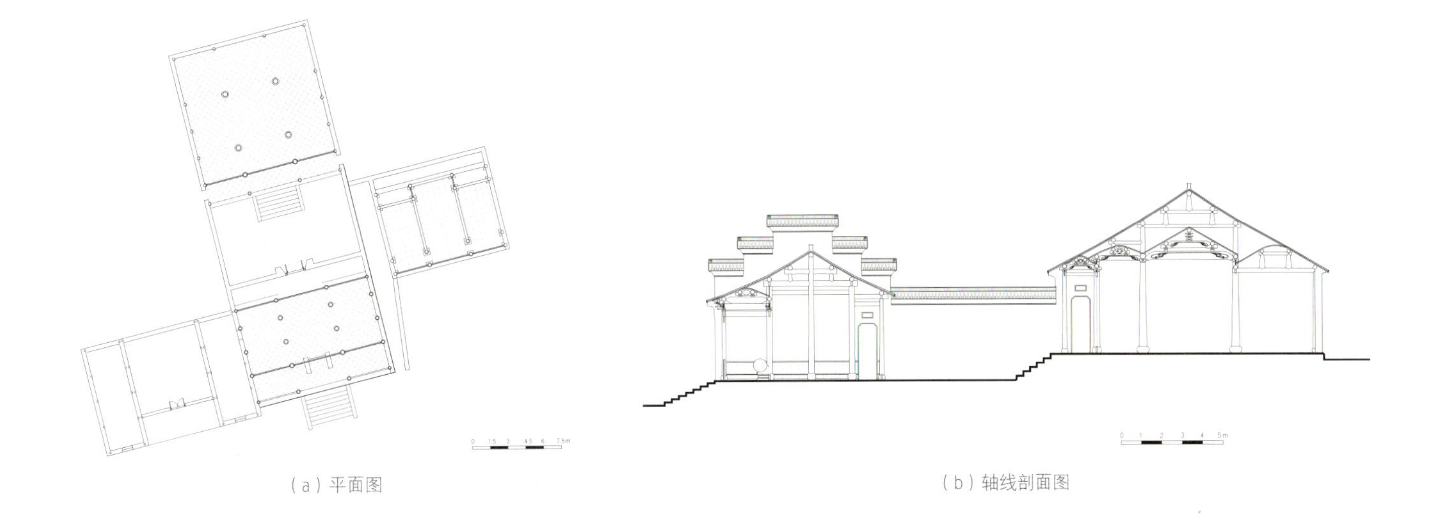

（a）平面图　　（b）轴线剖面图

高大的阶台之上。建筑面阔三间，进深九界，内四界前添轩设廊，后用后轩。除后轩用圆作外，余均为扁作。正面步柱间用长窗，廊柱间装栏杆。

如今东、西路做了部分修复。

（三）庙宇

明月寺是一座乡村小庙，位于村东，由小山相隔。虽然规模不大，却十分别致。

建筑依山势而建，四面有高墙围绕，外形规则，但入门之后却会发现，其内并未采用传统寺院格局，各个殿宇依据山势参差布置，形成一个个灵活而出乎意料的空间，从而体现出具有乡村民间特色的风貌（图4-1-14）。

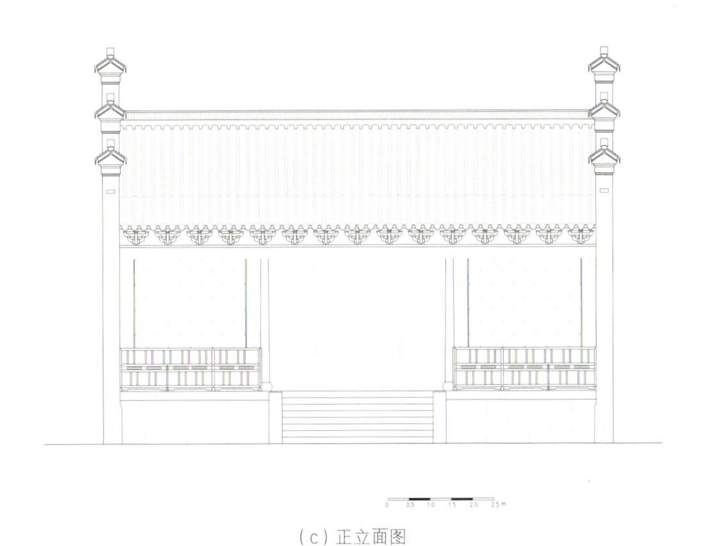

（c）正立面图

图4-1-13　黄家祠堂

图4-1-14　明月寺一进楼窗外眺

第二节　西山东村

东村是太湖洞庭西山上又一座传统风貌保持较好的村落，坐落在西山岛的北侧，其南有延绵的青山；北面为浩瀚的太湖，与湖中横山、阴山、绍山诸岛隔水相望（图4-2-1）。

一、聚落演变

相传，早在秦汉时期，这里曾是“商山四皓”之一东园公的栖隐之地，被叫作东园里，因而之后就以东园村为名，简称东村。

与洞庭西山大多数村落相似，早期的历史只是一个杳渺的传说，即便被认为是比较可信的说法，东村徐姓的初祖为南宋时由北地迁徙而来，亦无留有实物，甚至没有当时的文字记载，因为徐氏编撰《东园徐氏宗谱》已是清嘉庆七年（1802年）了。南宋之后陆续有他姓融入，并逐渐繁衍，终于形成今天村落的雏形。村庄的西端有张家山及张家湾的地名，可以推断出这里原本应该是张姓人家的聚落。

明清之际是西山岛最为繁荣的时期，也是东村发展的全盛期，村中现存颇具规模的古宅大多始建于这一时期（图4-2-2）。

二、聚落形态

东村位于西山岛的北侧，傍湖是起伏的群山，有金铎山、栖贤山、凤凰山及张家山等。这些低山丘陵之间有平坦的小谷地，村西的张家湾曾是村庄出入太湖的孔道，由于地形的限制及村庄的发展，终于形成今天所见的狭长带状形态。

现今的村庄东起金铎山，西至张家湾，南依栖贤山，北枕凤凰山和张家山，一条东西向的村道贯穿全村（图4-2-3）。因北山山麓地带进深较浅，而南山有平缓的坡地，所以村道偏于村庄的北侧。村道两旁有小巷与之交接（图4-2-4），形成村中的街巷网络。东西向干道用石板铺就，其下是排泄雨水和生活污水的暗渠；小巷大多铺砌青砖或弹石，其旁设排水明沟。

村庄南面平缓之地原先是种植粮食的农地，山坡之上则为果园、茶场，农闲之时还会有人进入太湖进行捕捞作业。随着村中人口的增长，村庄不仅向东沿山谷扩展，其南侧的农地也陆续建起了民居，因而村庄形态渐渐向着团状演变。

繁盛时期的东村，村道两旁曾开设有酒楼、茶馆、店铺和典当行等商业和金融设施。但随着社会的变迁，这些设施大多已消失在历史的长河之中，尚存有数家村店散布在街巷之间。

旧时太湖之中常有湖匪出没，明末倭寇亦据太湖无人小岛为患一方，西山岛居民则又以经商获利而闻名，为保障财产与人身的安全，除了历代设置相应的防御机构外，每个村落都拥有各自的防御措施。在保留至今的《万一公墓图及宗祠图》中可以看到，村西临湖设有哨楼，周边与外界沟通的路口建有栅门，村道由东向西有东宁门、两道中宁门和西宁门。通往张家湾西港处有龙门，通向山中的路口设有山门。小巷与村道交接处布置巷门，如今还有栖贤巷门和义门留存。

三、聚落构成

与所有的聚落一样，东村主要由民居构成。也正因为这里保留着较多的传统民居，所以能够被列入“中国传统村落”名录。此外在过去，太湖诸岛因水路之便，村民的经济相对富庶，这也引起盗贼的觊觎，所以村庄都设有巷门以保障安全，晚近以来社会安定，巷门的作用渐渐消失，而人口增长、经济发展又带来了拆、改之风，致使许多村庄的巷门都被拆除，这里尚存的栖贤巷门已经成为唯一的孑遗。村西保留的徐氏宗祠中尚存的彩画也是苏州尚存为数不多的明清“苏式彩画”之一，具有极高的艺术价值和研究价值。

（一）民居

明清之际随着东村经济条件的提高，陆续出现了诸如芳柱堂、慎思堂、瑞木堂、仁余堂、延圣堂、学圃堂、留耕堂、绍农堂、孝友堂、仁德堂、敦和堂、萃秀堂、郎润堂、敬修堂等品位较高的邸宅，其中敬修堂是现今保存最完整的一座，也是现存规模最大的一座，占地近2000平方米。

1. 敬修堂

敬修堂建于清乾隆十七年（1752年），位于村庄的西端，坐北朝南，面对村道，正面是高耸的界墙。墙门偏东，采用库门形制，正面门旁用石楸，上架石枋，以形成门框，门框之上施用简洁的水作门楣。背面不用墙垛、门楼，仅在界墙之上开设扇宕而已（图4-2-5）。

入门是狭长的天井，对门为边路两层的小楼。小楼的正面当中设门；两旁开窗，其形貌显然已在晚近作了改造。天井西侧为进入中路的仪门。

仪门（图4-2-6）面阔一间，进深四界。前金柱落地，形成圆作攒金贴式。门扇安在前金柱间，采用将军门制式。其上置阀阅（门簪）四颗，下用青石门枕。前檐柱上端施用斗盘枋，上承装饰性斗三升牌科四朵。斗盘枋当中作包袱状浮雕。北立面后檐柱间安设板门四扇。

由仪门北折，是为第一进茶厅。其前是开阔的天井，对面院墙高耸，墙脚砌筑精致的花坛，其中的花石在粉墙的衬托下显得美轮美奂。茶厅面阔三间，进深五界，梁架扁作。前后为廊川，步柱间用深三界的大梁，顶界施弯椽，形成卷篷顶。前檐柱间安满天星式长窗，但方格窗棂中点缀数朵“芝花”，从而使古朴的长窗显示出变化。与当地所有民居一样，后步柱间装屏风门。后檐柱间则施用半墙、短栏。茶厅两侧连以边间，但因其前后均用塞口墙予以分隔，建筑之中砌以隔墙，且正脊在边间之上断开，故在外形上保持着三开间加两侧附房的形象。茶厅背后砌有隔墙，正间与边间设穿廊与隔墙相连，由此可通向后部堂室。

茶厅之后设为前堂，与茶厅相似，亦用面阔三间连两边间的布置。进深七界，由前之后分别用前廊、内四界、后双步，梁架扁作。其前对面是砖细门楼，两旁砌塞口墙，塞口墙外是兼作通道的两庑。前檐柱间安满天星式长窗，后步柱间安屏风门，后檐柱间用半窗，其脊桁上施用彩画。

第三进为全宅的中心——“敬修堂”。正堂面阔三间，连两边楼。进深九界，分为前廊、翻轩、内四界、后双步诸部分，梁架扁作。正间与两次间的廊柱上端置斗盘枋，正间用桁间斗三升牌科四朵，两次间各三朵。次间廊柱下部装木栏。长窗安置在轩步柱之间，用满天星加芝花式窗棂画格。室内翻轩为船篷轩式，轩步柱及步柱的上端用蒲鞋头、棹木，装饰。内四界边贴的金柱与中柱均落地，形成“五柱落地”贴式。次间隔墙整体施用砖细方砖贴面，故室内显得精美、典雅。正堂对面是精致的砖细牌科门楼，两旁砌以塞口墙，其外设有高两层的厢楼。背后正间不用穿廊，使后檐形成一个小天井，沟通前后的走廊被设置在次间的外侧。

正堂之后是内宅，正面堂楼，面阔五间，采用“三明两暗”的空间布置；东、西各置厢楼两间；前面围以院墙形成天井。院墙当中置砖细牌科门楼，制作精美。堂楼底层深八界，分作前廊、翻轩、内深四界和后廊；楼层七界，构架圆作。底层轩步柱间安满天星式长窗，楼层在腰檐之上置楼窗。后步柱间设屏风门，其后正间

图4-2-1　东村鸟瞰

图4-2-2　东村中的传统民居

图4-2-3　村道

图4-2-4　小巷

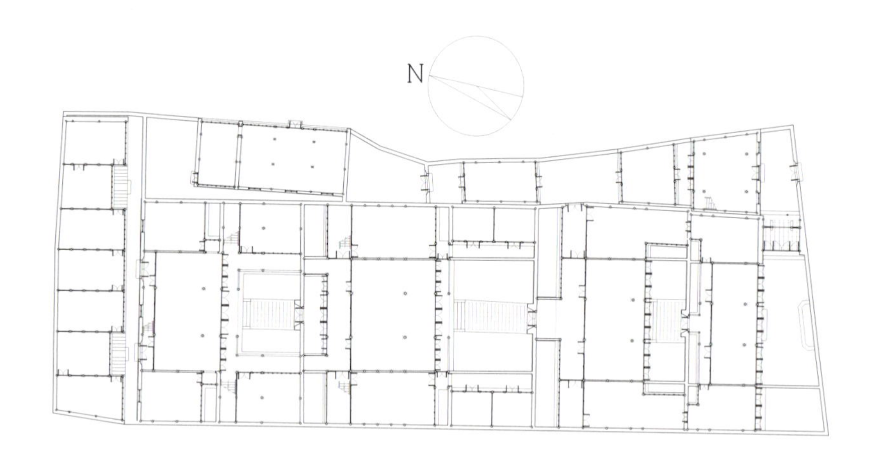

（a）平面图

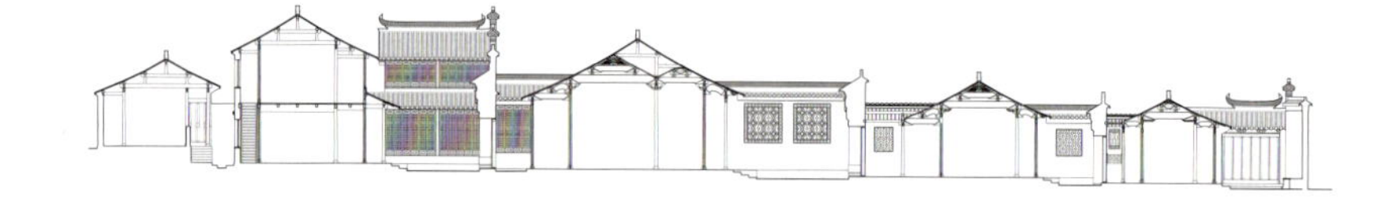

（b）中路剖面图

图4-2-5　敬修堂

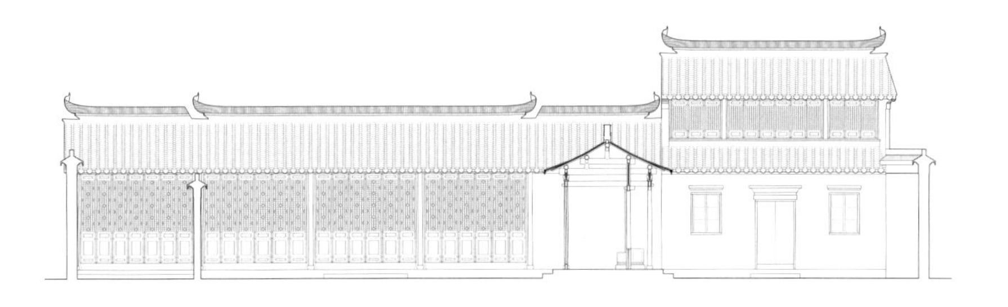

（c）一进立面图

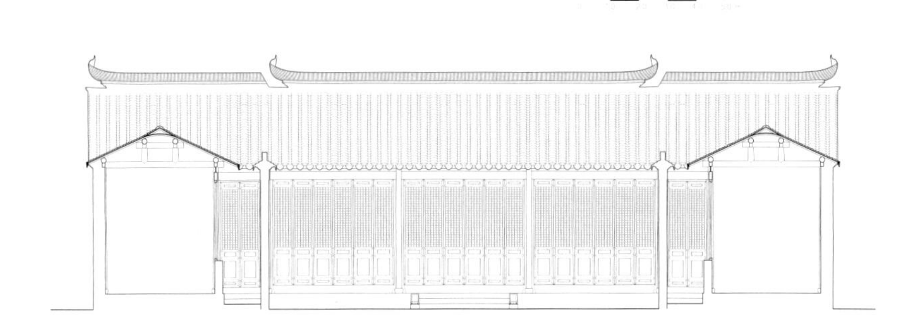

（d）中路二进立面图

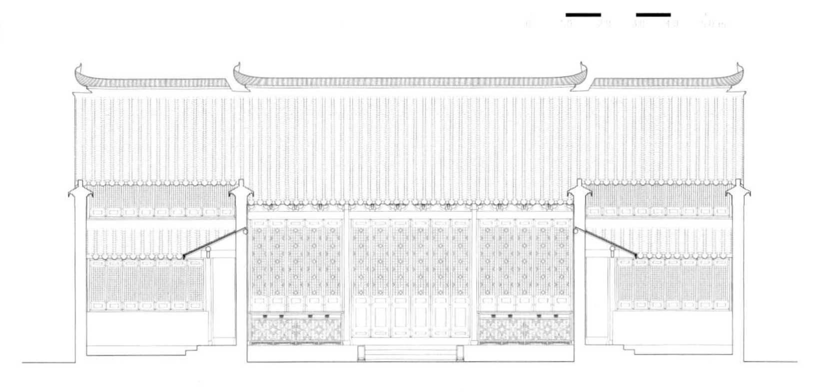

（e）中路三进立面图

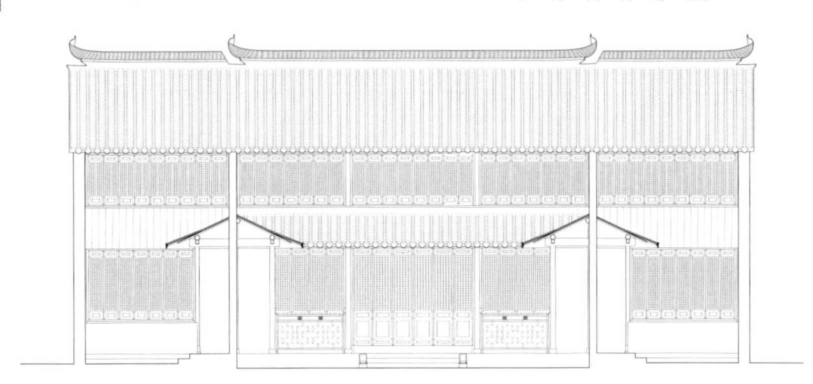

图4-2-5 敬修堂（续）

（f）中路四进立面图

后廊设楼梯，以连通上下。厢楼底层深五界，前廊与堂楼相连；楼层深四界，因堂楼边间采光需要而不做连通处理，故两侧厢楼中各设一部连通上下的楼梯。

堂楼背后是一排长达七间的柴房，建筑似作了翻建，原貌待考。东侧边路在小楼之后还有数间杂屋，其形制亦为当地传统。

2. 萃秀堂

萃秀堂坐落在东村的中部，村道南侧，亦为东村规模最大的民居之一（图4-2-7），原有七进，现存五进。由于位置及周围建筑的影响，其轴线不甚明显。

现存萃秀堂坐南朝北，面阔三间，两侧连以边楼。建筑进深九界，自北向南分别为前廊、翻轩、内深四界及后轩。堂前两侧置塞口墙，墙外东侧为正堂边楼前的庭院；西侧则为面阔两间的厢楼。开阔的天井对面建以精美的砖细牌科门楼。正堂前廊上架扁作廊川，其前端伸出，挑梓桁；次间廊柱下用书条式木栏。长窗设在轩步柱之间，为满天星式；长窗上槛的兼做斗盘枋，上承斗三升装饰性牌科。前轩采用扁作船篷轩。内深四界，梁架扁作，脊桁上施用彩画；其边贴五柱落地，柱头承短川；隔墙上满覆细方砖。后步柱间安屏风门，后檐柱间的正间用半窗，两次间用长窗。

萃秀堂其余建筑都做了不同程度的改造。

（二）祠堂

东村现存的祠堂仅徐氏宗祠一座，位于敬修堂的西侧，相距约20余米。建筑坐北朝南，前后三进。近年已做了全面修缮（图4-2-8）。

宗祠门厅面阔三间，进深七界，脊柱落地安设门扇。前面为深三界，采用扁作船篷轩形制，檐柱上端置斗盘枋，上承十字科凤头昂形牌科。脊柱正间辟门，采用将军门形制；两次间砌隔墙。脊柱之后深四界，内侧三界，亦用扁作船篷轩；外设走廊。梁架施用精美雕刻，桁条上都有彩画。

之后的二、三两进为新修建筑，显然与门厅在外形上存在着差异。

（三）巷门

东村原有栅门、巷门多座，今完整保留的仅栖贤巷门。栖贤巷门位于东村中部，村道南侧（图4-2-9）。巷

图4-2-6 仪门

图4-2-7 萃秀堂

图4-2-8 宗祠门厅

图4-2-9 栖贤巷门

门建于与村道交接处的巷端。从外观看，建筑与普通亭构相似，四柱落地，上覆两坡形屋顶，但构造却并不多见。

巷门下部是一个低矮的矩形阶台，四周围以青石阶沿，其内用城砖铺地。阶台之上立四柱，柱下櫍形柱础直接置于阶沿石上，柱础造型矮胖。立柱前高后低，上下有均明显的卷杀。后柱上端架扁作双步梁，梁下用夹底，其间置蒲鞋头式梁垫。双步梁上皮当中置大斗承眉川。双步和眉川后端架后檐桁与金桁，前柱的柱顶置大斗，承脊桁。前柱之前施用挑枋承托前檐檐桁，枋下用两层加长的蒲鞋头。巷门屋面做法与当地其他建筑相仿，即桁条之上架椽子，上覆望砖、灰砂层及青瓦屋面，但出檐较深。巷门正脊施用哺鸡脊，则显然是修缮时的失误。

今栖贤巷门四面开敞，前后柱之间架设厚板，成为供人小憩的坐栏。后柱旁的阶沿石上留有用作门臼的凹坑，可见当年这里装有门扇。

第三节　东山陆巷

陆巷是苏州东山岛一个历史悠久的自然村，位于半岛西侧的山坞之中，背山面湖，村中传统民居保留较多，因此保存了明清以来的村庄格局（图4-3-1）。

一、历史变迁

东山和周边地区一样，人类活动的历史也十分久远，历代有不少名人雅士来此游憩，留下了众多的遗迹、传闻。坐落在后山太湖边的陆巷村，形成于南宋时期，本称王巷，是东山王氏世居之地。相传，因王鏊曾祖王彦祥入赘陆子敬家为婿，遂改称陆巷。后王彦祥归宗复王姓，而陆巷之名未改。

明成化十年（1474年），王鏊在乡试中取得第一名“解元”。翌年会试，又取得第一名“会元”，殿试时获一甲第三名，故一时盛名天下。之后王鏊官至内阁大学士，成为东山历史上最为显赫的官员，也是明代江南三

图4-3-1　村庄远眺

阁老之一。明正德四年（1509年），以武英殿大学士致仕返乡。陆巷也因此而远近闻名。

明清时期，不少人或因官宦致仕归隐，或因经商发迹后衣锦还乡，在东山陆续建造了大批不同于乡间民宅的大型宅第，村中也在此时达到了发展的鼎盛阶段。从至今保留的遂高堂、会老堂、晚三堂、熙春堂、双桂堂、惠和堂、粹和堂、三德堂等为数不少的明清建筑中（图4-3-2、图4-3-3），可以想象这里曾经的辉煌。

进入近代社会之后，因这里远离中心城市，而近代交通工具的变化致使与外界交往减少，现代经济、文化对这里的影响相对较弱，因此使村落的形态得到较完整的保留。

二、聚落形态

洞庭东山是延伸进太湖的一个半岛，三面环水，其中有延绵的山脉。当地的村庄通常选址于由山体伸展形成的山坞之中，由此形成三面有山峦围合的内聚形空间。陆巷村地处东山半岛的中段，其南、北及东面是低山丘陵，西面向太湖开口。在以舟楫为交通工具的时代，这里可谓交通便捷，同时太湖开阔的水面，也具有防御作用，成为安全的屏障。东侧翻越山间小道，仅4公里左右即可抵达东山的经济中心东山镇（今环岛公路约13公里），这在当年也有相距不远但分隔明确的特点。山坞之内平坦之地较充裕，稍远则是不高的丘陵，村民可以在近旁的田野中种植粮食、蔬菜；可以在稍远的山岭之上收获茶果；还可以驾船入湖，捕捞湖中的鳞介水产。所以，这是一处理想的宜居之地，人们自很早以前就在此繁衍生息。

陆巷村被认为是兴于隋，盛于宋，益盛于明清。但今天所见的村庄形态则应该成形于明代晚期，因为尚存的传统民居遗存未有更早于此者，而村内的石板街巷则是清初的遗物。之后随村中人口繁衍，村落逐渐扩大，终于达到一百余户人家的规模。

今天的陆巷村有六条主要的横巷通向太湖，故也有人以为“陆巷”之名即来源于此。其间有十数条弄、巷，与村道纵横交织，构成村庄的空间骨架。村中主街以条石铺面，巷弄则以青砖人字侧砌（图4-3-4～图4-3-6）。主街条石之下是排泄山体径流的沟渠，巷弄则在青砖路面之侧砌以排水明沟。汇聚的水流在村西

图4-3-2　宝俭堂

（a）村南老宅

（b）村中老宅

图4-3-3　随处可见的古宅

形成三条东西向的河道，这既被用于排泄积水，同时也是村民进入太湖或返村避风的通道（图4-3-7）。

三、聚落构成

村落中主要为民居建筑。随着社会的发展，陆巷村不少传统民居因岁月的冲刷而破败、颓坏。受建筑发展的影响，村民的修葺、翻建也陆续放弃了传统的形制而采用当时普遍见到的砖混结构建筑，所以村中的旧民居渐为新建筑所取代。尽管如此，如今仍保留的传统厅堂有近30处，其中有明代的遂高堂、会老堂、晚三堂、熙春堂、双桂堂；明基清建的惠和堂、粹和堂；清建的

图4-3-4　主街

图4-3-5　小巷

图4-3-6　巷门

图4-3-7　河道

三德堂等（图4-3-8）。

过去村内也曾有数家店铺，服务于当地居民的日常生活。20世纪50年代末，因这里被设为公社所在地，故陆续增添了供销社所属的生产资料门市部、水产购销站、鱼品加工场以及合作商业所属的百货店、点心店、饭店、茶馆、肉铺和理发店等20余家店铺。20世纪60年代初公社驻地撤销，村中的商业逐渐衰落。

（一）遂高堂

遂高堂是明代隐士王铨的宅邸，王铨曾被选任杭州府经历，但他不愿为官而隐居家乡，故被时人誉为隐士。王宅原先规模较大，包括东望楼、远宣堂等建筑，今存遂高堂一处，存有三进（图4-3-9）。

前面的大厅面阔五间，进深九界，硬山顶。正间用踏步两级。正贴为拈金式，前面用前廊，之后为前轩，内四界的后金柱落地，原先的后双步改成了三步。步柱粗壮，柱头施大斗，上置大梁，梁下用梁垫、蒲鞋头，梁尾插入后金柱内。山界梁两端用大斗、梁垫、蒲鞋头承托，当中用牌科、山雾云承托脊桁。边贴脊、金、步柱均落地，柱头施大斗以承檩条。各柱间用眉川、夹底予以拉结。檐柱下用青石櫍形柱础，前步柱为青石扁鼓墩，后金柱为扁圆形木鼓墩。前步柱后金柱形制稍异，应该是后世维修造成的。正间和两次间地面为斜铺方砖，东梢间改铺地板，西梢间铺砌黄道砖。梁枋及檩条上施用彩画，这是研究苏州明清彩画宝贵的实证资料。

大厅之后有两进堂楼，为三间两厢布置。楼深底层七界，楼层六界。正面楼面内收，楼层前檐柱立于底层前轩梁上。底层承重扁作，梁面刻有线脚作为装饰。承重下有蒲鞋头装饰。檐柱呈八边形，下置青石八角灯形柱础。步柱、山柱均圆作，用木质柱础，下垫青石磉。建筑脊桁、金桁下施用的花机雕刻精美。完后堂楼形制基本相同，唯进深及构架尺寸少校，从而体现出主次关系。

（二）惠和堂

惠和堂位于陆巷村中部王家里，与粹和堂毗邻，是王鏊故居，所以也被称作宰相府。其占地面积约有5000平方米，共有厅、堂、楼、库、房等，建筑面积超过2000平方米。建筑用料粗壮，大部分为楠木制成；雕绘图案也与主人宰相的身份相对应。建筑初建于明代晚期，入清后作了翻造，所以是明基清体的大型府邸建筑。

惠和堂建筑组群规模宏大，结构严谨。现存建筑前后五进，左右三路，中路两侧均有备弄与边路相隔。大门设在东路一进，是一座面阔三间的门厅（图4-3-10），虽然门厅亦以正间作为大门，两次间围作门房，但进深较大，用草架将门框前后分作两部分，前部深四界，每界的尺寸略小，后部亦深四界，但进深远大于前部。步入门厅，之后设天井、对面为茶厅，之后有灶间、杂房、边楼等。东路西侧是与中路相隔的备弄，起于门厅之后天井西侧的游廊，可通往宅后的花园，并连通中路和东路的各进屋宇。入门厅西折，可进中路。中路沿轴线布置仪门（先被称作轿厅）、大厅、堂楼、后楼、后屋及花园（图4-3-11）等，各进的背面都设有繁简不一的砖细门楼。西路从前至后有花厅、书楼、小花园和住楼（佣人等居住）等，与中路之间也有备弄相隔。

大厅惠和堂面阔三间（图4-3-12），但尺度较大，制作精湛。其前置前廊，廊后轩步柱之间安落地长窗以分隔室内外。室内前部用扁作船篷轩，之后为扁作内四界。后步柱之间设屏风门。屏风门之后是后双步。正贴用料粗壮，步柱上置大斗，斗口内架大梁，柱头用蒲鞋头承托梁垫。大梁背置大斗，架山界梁，梁背以斗六升牌科承托脊桁图。边贴因有山墙的作用，用料稍逊于正贴，其脊柱落地，改大梁为前后双步，其上用大斗承眉川，双步下不用梁垫、蒲鞋头。为增强梁架的结合，双步之下用双步夹底。前轩的轩梁头架于步柱和轩步柱上端大斗的斗口内，正贴轩梁下有梁垫、蒲鞋头，尺寸小

图4-3-8　陆巷平面图

图4-3-9　遂高堂

（a）前院侧门

（b）门厅

图4-3-10　大门

图4-3-11　花园

图4-3-12 惠和堂

图4-3-13 三元牌楼

于大梁，边贴不用。轩梁背置大斗承荷包梁，边贴轩梁下亦用夹底予以拉结。惠和堂的梁架均用楠木，两侧施以线脚装饰。

惠和堂的砖雕、木刻制作均十分精湛，尤其是西侧书楼前的砖细九狮图，刻工精细，古朴逼真，为明代砖雕中的佳品，其两端各有三块花鸟图案。墙的正中处嵌有“丹凤朝阳”砖景，显得主题突出，暗示了主人的身份和地位。

宅中的堂匾极具文化内涵。大厅所悬“惠和堂”匾，寓意着“仁爱和顺”，也就是唐代元稹所谓“睦族以惠和，煦下以慈爱”。花厅中“笑鸿草庐”则意为“笑迎多鸿儒，往来无白丁”。类似的还有不少，细细品味，能让人深深感受到我国传统文化的魅力。

（三）三元牌楼

在惠和堂前有品字形矗立着三座木石牌楼，俗称三元牌楼，主要是旌表王鏊十年寒窗后的连中三元。牌楼为两柱三楼式。因古村中街巷狭窄，故两石柱之间距离较小，为了凸显牌坊，使之高出街巷两侧的高墙，因而所用石柱较高（图4-3-13）。石柱上部置木质上、中、下三枋。在中枋两端的四分之一处立两木柱，上枋穿过木柱和石柱相连。两木柱上端置牌科，承托上楼；石柱上端和木柱中部架设牌科，承托下楼。牌科形制简洁。上枋和中枋当中的字碑上镌有“解元”“会元”和“探花”字额。探花坊的上字碑正面刻“一品”，背面刻“大学士”。

第四节　吴江同里

同里又名同川，位于吴江松陵镇之东，是一个具有悠久历史和典型水乡风格的古镇。最初当地被称为“富土”，后因初名太侈，将旧名拆字为“同里”。

一、历史沿革

同里镇的形成年代业已无考，但据《吴江县志》，其在宋末元初已经成镇，宋末仅设巡检司一员。到元时已有由税课局大使、副使各一员以及务提领、务大使、务副使、巡检司各一员组成的庞大政府机构，其规模之大可以想象。据当地志书的描述，“宋元间民物丰阜，商贩骈集，百工之事成县，园池亭榭、声伎歌舞，冠绝一时”。元明时期，镇域扩大，到明初已是“地方五里，居民千余家，屋宇丛密。街巷逶迤，市物腾沸，可方州郡，故局务税额逾于县市”。到明代中叶之后，居民已增至2000余家。

二、聚落形态

明清时期的同里镇居于众湖的环抱之中，四外湖泊星罗棋布，有同里、叶泽、南星、庞山、九里五个湖泊。镇域东西长二里，周回越五里。镇内原有三条市河，呈“川”字形贯穿镇区，又有纵横交叉的支流伸向各方（图4-4-1）。主要街道有三元桥弄、南濠弄、尤家弄、白场弄、石皮弄、仓场弄、穿心弄、磨坊弄、史家弄、圣堂弄、盐店弄以及西弄等，相互交接（图4-4-2），形成了繁华的商业街区（图4-4-3）。此外，还曾有米市、棉布市、船厂等，形成了由米业、棉布业、造船作坊以及竹器制作为特色的市镇。

由于同里处于河网之中，因交通不便而少受外界干扰，致使古建筑保存较多，镇内存有明清两代园宅（图4-4-4）、桥梁、寺观，现存著名的园林和古建筑有退思园、耕乐堂、环翠山庄、三谢堂、侍御第、卧云庵、城隍庙、尚义堂、嘉荫堂、崇本堂等。建于清光绪年间的退思园，因亭台楼阁及山石均紧贴水面，如出水上，所以又有贴水园之称，在建筑史上堪称一绝。崇本堂、嘉荫堂木雕艺术十分精美。耕乐堂庭院以田园风光取胜。古街坊、古街道粉墙黛瓦，俄脊高挑，水、声、空气都融有古远的韵味。

原先当地还有“前八景”“后八景”“续四景”等

（a）

（b）

图4-4-1　同里的河道

(a) 市街

(b) 小巷

图4-4-2　同里的街巷

图4-4-3　同里的店铺

(a) 临街门面

(b) 堂楼

(c) 楼阁

图4-4-4　同里的民居

二十多处自然景观，如今尚存“东溪望月”“南市晓烟”“北山春眺”“水村渔笛”“长山岚翠”诸景。

三、聚落构成

与乡村聚落一样民居也是市镇的主体，且密集程度更高。据地方志记载，明初的同里“地方五里，居民千余家”，到明代中叶稍晚已增至2000余家，入清之后“居民日增，市镇日扩”，镇中原有荷花荡数亩，在清中叶日渐淤塞，后被填土架屋，成为闹市，这反映了这一市镇聚落的变化。今天所见，其实已经是清末、民国之际形成的格局，唯有镇中那些古老的建筑变化不大。

（一）退思园

退思园位于同里镇中部，是清光绪年间内阁学士任兰生的园宅。清光绪十一年（1885年）任兰生落职回乡，开始营建园宅，取《左传》“进思尽忠，退思补过”之意，提园名为“退思”，经过三年的建设，形成了亭、台、楼、阁、廊、坊、桥、榭、厅、堂、房、轩,一应俱全，布局巧妙、独特，既简朴无华，又素净淡雅，具有晚清江南风格的著名园林。

退思园受地形所限，布局突破了一般园宅的常规，改纵向为横，自西向东设置宅（图4-4-5）、庭（图4-4-6）、园（图4-4-7）三个部分。

住宅沿轴线布置门厅、茶厅（轿厅）、正厅三进，主正厅要用于会客、婚嫁盛事、祭祖典礼等较为隆重的活动，其东建有南北两幢五楼五底的跑马楼，楼间由廊贯通，廊下设梯，以通上下。楼东为通往花园的一区庭院，坐春望月楼为庭院主体，其东侧设一不规则的五角形楼阁，伸向花园，名为揽胜阁。庭院中置一旱船，船头向东，直向通往花园的月洞门。出门为花园。花园以水为中心，建筑、假山沿水边布置。主体建筑退思草堂坐北朝南踞于池北（图4-4-8）；池西偏南为一船舫形建筑闹红一舸（图4-4-9）；池东置眠云亭；水池东南是一处临水小轩菰雨生凉与南侧的辛台以两层的楼廊相

图4-4-5　正厅

图4-4-6　庭院

图4-4-7　花园

图4-4-8　堂楼

图4-4-9　花园

连（图4-4-10）。建筑多贴水而筑，尺度小巧，使不大的花园显得较为开阔。

园地面积不足十亩，由于构思精巧，因地制宜，使之紧凑自然，结合植物配置，点缀四时景色，给人以清澈、幽静、明朗之感。

（二）耕乐堂

耕乐堂位于同里镇西端，系明代处士朱祥所建园宅。初建时占地约六亩四分，居宅原有五进建筑，后几经兴废，现尚存三进。堂楼西侧有一条备弄直通后园，花园内布置了园池、厅堂、亭榭，高低参差，清幽别致。

老宅前后三进，墙门间后就是两进堂楼（图4-4-8），不似苏地大型府邸常见的门厅、轿厅、大厅、楼厅的布置。前楼宽敞、高大，其大厅与楼厅合二为一的意图十分明显。相对而言，后楼的尺度更接近于当地的民宅。在整组建筑之中雕饰不多，更多地在意于制作精良。建筑之上，大到梁、柱、屋架，小至门窗花格、裙板，并无太多雕镂，显示了耕乐堂主人低调、沉稳的品性，而建筑构件的简洁造型、流畅线条却又反映出文人雅士的审美情趣。因此，在整体上透露出简洁而不简陋，精致而不奢华的气息，能让人感受到优雅、亲切与平和。

宅后以一方园池为中心（图4-4-9、图4-4-10）。这里有亭榭疏朗、池沼明瑟、花径蜿蜒。园中的花厅将园地分隔成前后两部分，前院今沿园墙设置的一亭、

图4-4-10　花厅

一廊，平整的石板铺地使前院变得开敞，亭侧的湖石花坛及其中的花木植栽让园景凸显出生机，且更富变化。花厅之后则凿池架桥，缘池布置亭廊楼阁，令园景更为丰富。池畔一株白皮古松自池边横空斜出，遒劲苍古。

第五节　昆山周庄

周庄原是江南众多古镇中的一座，近年来它的声名却日益显赫，其原因并不在于它悠久的历史，因为江南各市镇产生和繁荣的年代相距都不太远，也不在于曾经的辉煌，由于明清时期江南地区类似的市镇十分普遍。周庄之所以在今天备受世人的关注，更主要的原因在于原镇域范围内传统的水乡建筑基本得到了保留。

虽然在当年由于城镇的社会地位及经济水平使镇中的建筑在技术和艺术上无法达到更高的层次，但随着传统城镇、传统建筑的迅速消亡，它的存在不仅为我们研究城镇级的传统建筑提供了实证，而且对探讨过去城镇的空间构成以至于了解以往城镇的经济、文化都具有相当大的价值。

一、历史沿革

如前所述我国的“城镇”是介于县治与广大乡村之间的行政和经济中心，它源于早期散布于广大乡村地带的“草市”以及屯兵驻军之地的“镇”，只是其中的经济意义逐渐为政府所认识，故在北宋初期正式确立“市”“镇”为州、县与乡村之间的行政与经济中心，终于城镇开始步入了我国城市发展的历史舞台。在此之后，“市”或“镇”在我国大地上大量涌现，尤其是长江下游太湖流域的江南地区因为自然环境优越，加之历史上较战乱频繁的北方相对安定，所以在北方因长期的社会动荡而使生产力遭受巨大破坏之时，这里的经济却得以持续发展。明清时期江南城镇规模之大，数量之多，已成为全国之冠（图4-5-1）。

周庄就是在江南城镇运动中形成与发展起来的。这里原为荒僻冷落的渔村，相传宋代周迪功郎在此设庄经农，遂有“周庄”之名。南宋时北人南下侨居，人烟渐密。元末沈万三之父沈祐，由浙江南浔镇徙居于此，在东坨置庄田，周庄之名始著。明末清初，周庄逐渐繁荣，形成了以富安桥为中心的繁华商业区。清末民初，全镇居民达到5000余人，镇内多各种工商业作坊，镇民以商工为业，几乎每家每户都与工商业有着密切的关系。更由于这里地处吴江、昆山和青浦三县的交界处，故街市中商贾列肆、货物充盈，俨然成为苏州葑门外的巨镇。

二、聚落格局

江南水乡，河港纵横，湖泊星罗，密布的水网被当地百姓用作交通运输的孔道，舟船就是他们生产、商业、生活服务与交通的运送工具（图4-5-2）。一些位置合适的河道交汇处往往形成集市（图4-5-3），这形成了日后城镇空间的骨架。出于商品交易的需要，城镇一般以河港的交汇处形成中心，街巷沿河道排列，构成了河街平行的交通体系，两岸散布着水陆码头，街畔商铺鳞次栉比（图4-5-4）。虽然江南城镇普遍采用相似

（a）古镇平面图

图4-5-1 周庄古镇区

（b）鸟瞰

图4-5-1　周庄古镇区（续）

图4-5-2 渔民

的河街布置，但由于河港形态的不同、建筑风格的差异以及各城镇商业的专门化格局，构成了不同水乡城镇的特征风貌。

今天隶属于苏州昆山市管辖的周庄，地处上海青浦和江苏吴江、昆山的交界处。其周边为澄湖、白蚬湖、急水港、南湖、油车漾等湖港环抱。在汽车、火车等现代交通工具尚未出现之前，四周密布的水网使之成为交通便利之地，且与三县交接，自然形成了四方货物的集散地。古镇的四乡因其得天独厚的地理条件，长期以来种植粮棉、捕捞水产为当地的传统产业，到明清时期，广大的农户除棉花种植与粮食生产外，普遍都有从事纺织以及其他手工业生产的经营活动，因而周庄在集散四乡农副产品、手工制品等商业活动的同时，也形成了手工业加工的中心。

周庄的旧镇域东西长三里，东西宽二里，由南北向的市河贯镇而过，并有中市河、后港东向与之相交汇。镇中的主要市街平行于这三条河港布置，形成了“双丁字形”的河街格局。与市街相交的

（a）

（b）

图4-5-3 周庄的河道景观

(a)

(b)

图4-5-4　周庄的市街景观

图4-5-5　周庄的小巷

巷、弄分划街旁的地块，并分隔或通向巷、弄内的民居。总体上讲，周庄的街巷尺度较小，密度较高，这与城镇级的地位相吻合。各巷、弄由市街向内伸展，形成进入各户民宅的交通。由于不同地段巷、弄存在着形态的变化，这就营造出了各具特色的多样性空间（图4-5-5）。

三、空间结构

作为一方民众的聚居地，城镇需要具备各种满足居民需求的建筑与构筑物，其中为人们生活需要而营造的民居占有绝对的比重。因城镇的经济性特点，用于生产、经营的作坊、店铺也会有相当的数量；人们的需求当然还不止于为生存而攫取物质资料，寻求精神的寄托以修复因物质需求的不足带来的创伤，或用精神享受来调剂常态的物质生活也往往是重要的需求之一，所以城镇中大都会有寺观（图4-5-6、图4-5-7），甚至还会有园林的设置；城镇需要对外联络，各类建筑之间需要相互联系以方便实用，于是就会依据人的行为要求修筑河道（图4-5-8）、街巷、桥梁（图4-5-9）和埠头（图4-5-10）。这些要素的存在，构成了传统城镇最主要的直观空间风貌。

图4-5-6　寺庙

图4-5-7　道观

(a)

(b)

图4-5-8　经人工修葺的市河

（a）拱桥

（b）平桥

（c）双桥

图4-5-9　桥梁

(a)　　(b)

图4-5-10　埠头

四、聚落构成

周庄与大多数江南城镇一样，是以河港的交汇处形成商业中心，所以南北市河与中市河、后港相交接的富安桥、双桥周边是镇中最为繁华的地方。城镇以这两点为中心向南、北及西面展开。在过去“东西长三里，东西宽二里”的边缘建有“四栅”，但随着社会的发展，今天的周庄已经突破了这一边界。在旧镇域范围内（今天的古镇中心区），沿河地段主要设为街市。面街多为店铺（图4-5-11），鉴于商业活动的公共性，传统店面都呈现出面街开敞的空间特征。而在店面背后，通常为用实墙围合起来的民居，高大的墙体在某些地段形成巷、弄，其形象封闭而狭窄。由于古镇中的建筑并非统一规划、同时建设的，因此街巷立面常常前后参差，而在街巷之中或桥堍之旁，时而分布着一些隙地，形成了居民休憩、交往的小广场。这些变化的立面及不大的公共交往空间的存在，常给人以亲切感。

（一）张厅

坐落在周庄北市街永安桥南的张厅，原名“怡顺堂”，相传为明代中山王徐达之弟徐逵后裔于明正统年间（1436~1449年）所建。清初售予张姓人家，改名“玉燕堂”，故俗称张厅。历经了数百年的沧桑变迁，虽然其规模、范围以至某些结构形式发生了或多或少的改变，但留存的建筑基本保持着早期的风格。从中可以看到，该住宅大部分建筑在外形上提栈（吴地建筑用语，类似于北方的举架，但计算方法不同）变化较大；保留着柱端置斗以承托桁条（檩条）、柱下是用木质柱础等较为古老的结构方法；一些厅堂的梁架采用“圆堂扁作”的处理等，都体现出江南传统建筑中古老的结构，由此可以认为它属于周庄乃至苏州地区为数不多且颇具特色的早期邸宅之一。

现存建筑东西向布置，临市街辟门，西向（图4-5-12、图4-5-13）。墙门间后有厅、堂六进，其后为花园（图4-5-14），园中设佛堂和书房庭院，南侧轴线前部

（a）　　（b）

图4-5-11　店铺

图4-5-12　张厅平面图与轴线剖面图

图4-5-13　临街门厅

为花厅，中间一进仍被占用，后部今为茶室，当年应是厨房。

张厅第一进为面街的门厅。第一、二进的结构基本相同。面阔三间，进深六界（吴语，类似于北方“步架”）。两进之间用小段廊庑相连，但檐下用半窗，形成两厢。二进后檐作包檐墙，正间设砖细门楼（图4-5-15）。三进为张厅的正厅（图4-5-16），面阔三间加两边楼，进深七界。其前设厢楼，厅后仅两侧用后厢，中间无穿廊，使原应呈两边布置的蟹眼天井（吴语，指厅堂背面穿廊两侧的通风、采光天井）连为一体。四进堂楼之前是狭长的天井，正面是砖细门楼，两边间前用塞口墙。堂楼前后无厢，面阔五间。五进建筑面阔三间，进深六界；六进建筑面阔三间，进深五界，均为单层。结构大致与一、二进相似。唯屋面下凹明显。

从现有建筑的周边环境看，如今开放部分当为中路建筑，其南侧花厅之前，当年应属张厅的范围，但目前不仅已被改造，而且亦归他人所有。花厅与厨房之间的平房也应为张厅建筑组群中的一部分，而如今尚未收回。书房庭院旁边的民居穿插其间，似乎原先也应属于

（a）花园一角

（b）暖桥水榭

图4-5-14　宅后花园

图4-5-15　砖细门楼

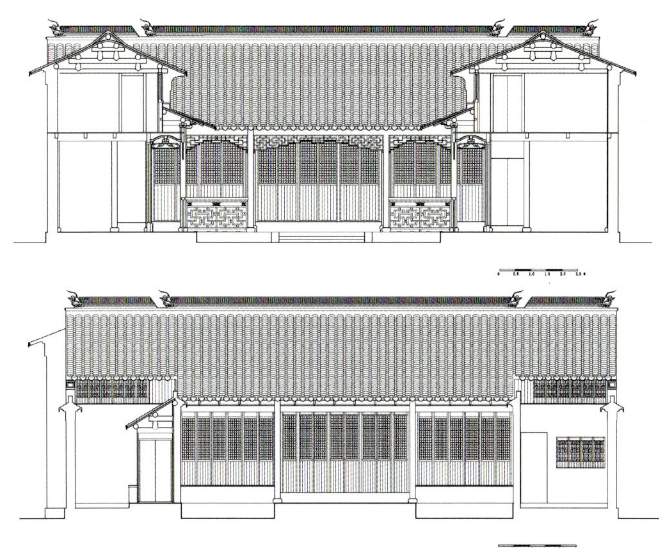
（a）正立面与背立面

（b）内景

图4-5-16　正厅

张厅。现有建筑北侧，过花园的暖桥是一条幽深的备弄，按过去江南建筑的布置特点，首先，备弄绝不可能设置到别人家中，所以张厅北侧的界墙应在备弄之外，甚至在备弄之北还应有一路房屋。由此可见，张厅最初的规模至少会有4～5条轴线，属于周庄最大的宅邸之一，这也能与传说中巨宦之后的府宅较为相符。

（二）沈厅

坐落在古镇南市街富安桥东堍的沈厅是周庄古镇域内现存规模最大的传统民居之一。这座古宅建成于清乾隆七年（1742年），原名敬业堂，到清末改称松茂堂。相传其主人沈本仁原是明初巨富沈万三的后裔。《周庄镇志》中称："沈本仁早岁喜欢邪游，所交者皆匪类。及父殁…… 闭门谢客经营农业，于所居大业堂侧拓敬

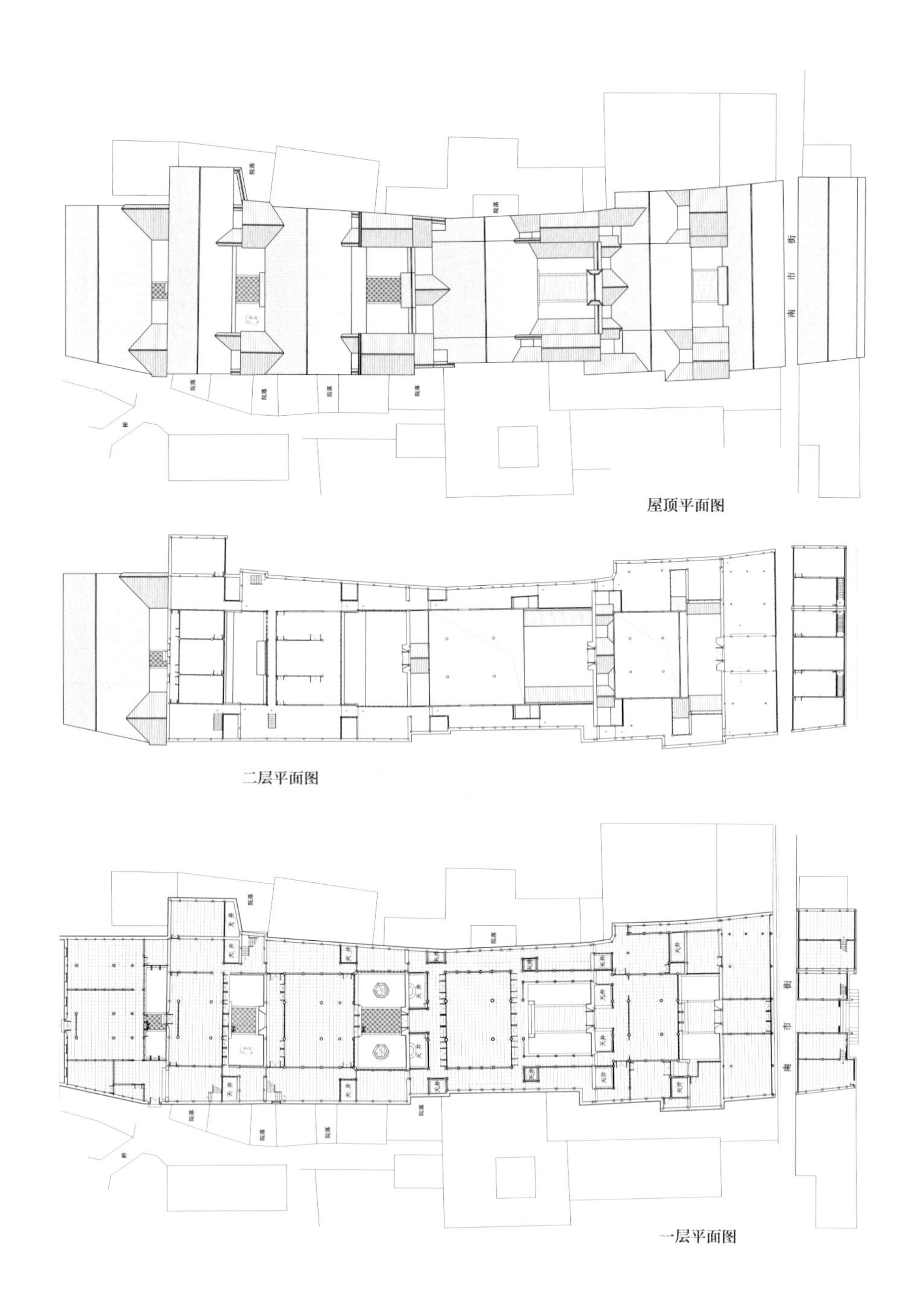

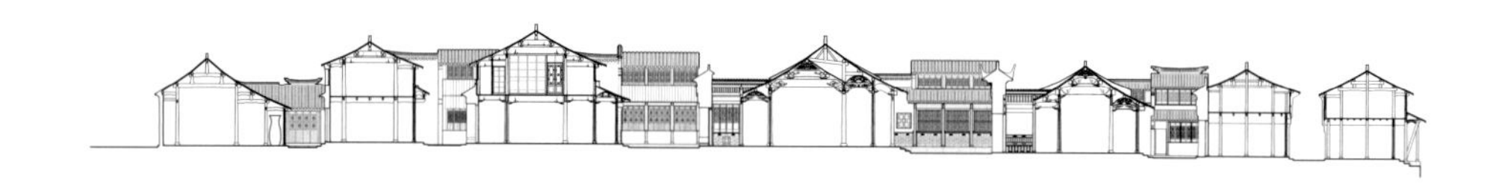

沈厅轴线剖面图

图4-5-17　沈厅平面图与轴线剖面图

业堂宅，广厦百馀椽，良田千亩，遂成一镇巨室。”随着岁月的推移，沈厅也经受了自然和人为的毁损。直至20世纪80年代，当地政府对其作了全面整修，如今西起市河埠头，直至楼后厨房得到了修复，并向游人开放，现已被列为江苏省重点文物保护单位，并成了周庄最著名的旅游景点。

现存的沈厅坐东朝西，大门面街西向，隔街相对为临河埠头。大门后沿轴线布置敬业堂、松茂堂、大、小堂楼以及厨房等六进屋宇（图4-5-17）。

沈厅目前的大门是五楼五底的楼房（图4-5-18），其南侧边间实际属于备弄前侧门的门间，以至于楼层通面阔为六间。进门，过砖细门楼，正面是三间前堂——“敬业堂”（图4-5-19），两侧为夹厢。第三进是正厅，即“松茂堂”（图4-5-20~图4-5-22）。其前是精致的歇山顶砖细门楼（图4-5-23），两侧的厢楼规则而端庄，成为全宅的中心。其后内宅部分为两进堂楼。最后是一进厨房。

从沈厅与周边的关系看，墙门间（即沈厅大门）的楼层面阔六间，完全贯通，因而其底层亦应属于沈厅。虽然今天为邻里街坊共用，但其主权应归属原沈厅似无异议。沿河一排六间是否同为沈厅的宅地则应进一步考证。因为沿河的铺面、埠头间是两间、四间的分隔，其

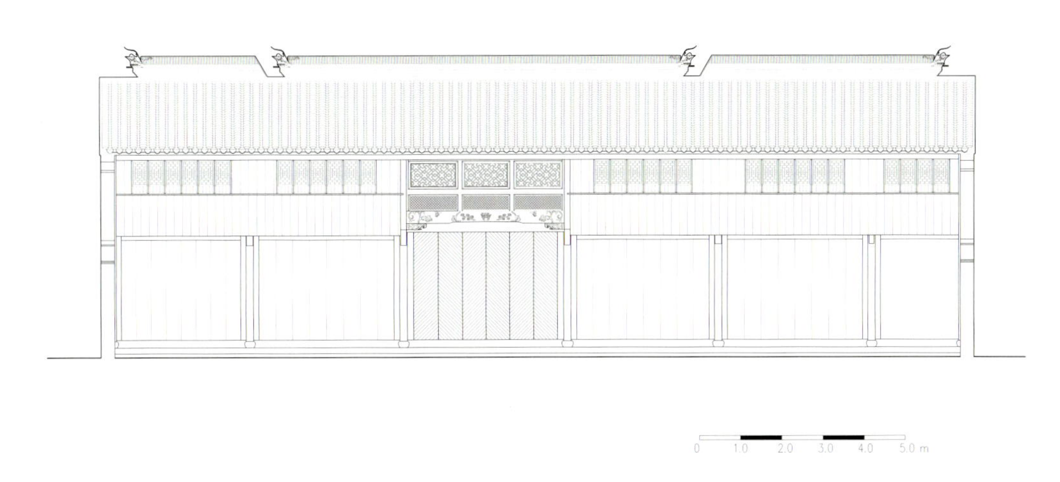

（a）沈厅一进临街正立面图

（b）门楣及楼窗

图4-5-18　临街大门

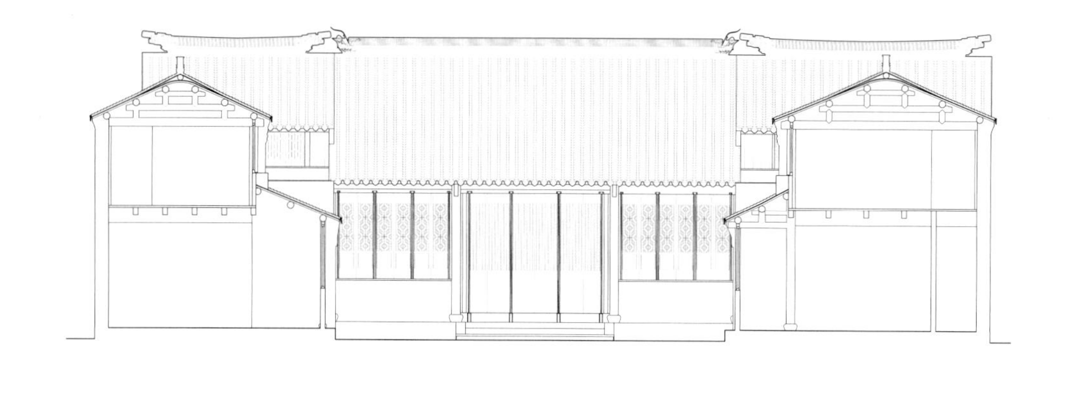

(a) 正立面图

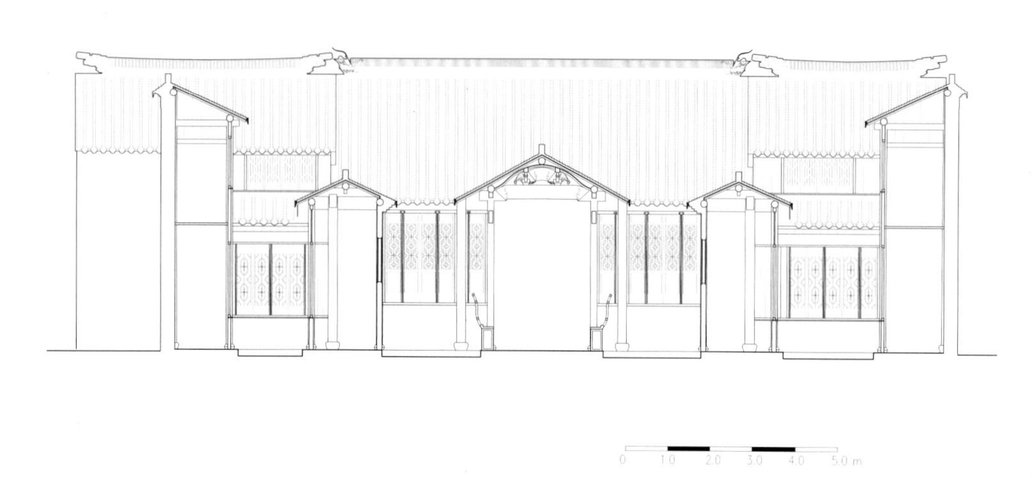

(b) 背立面图1

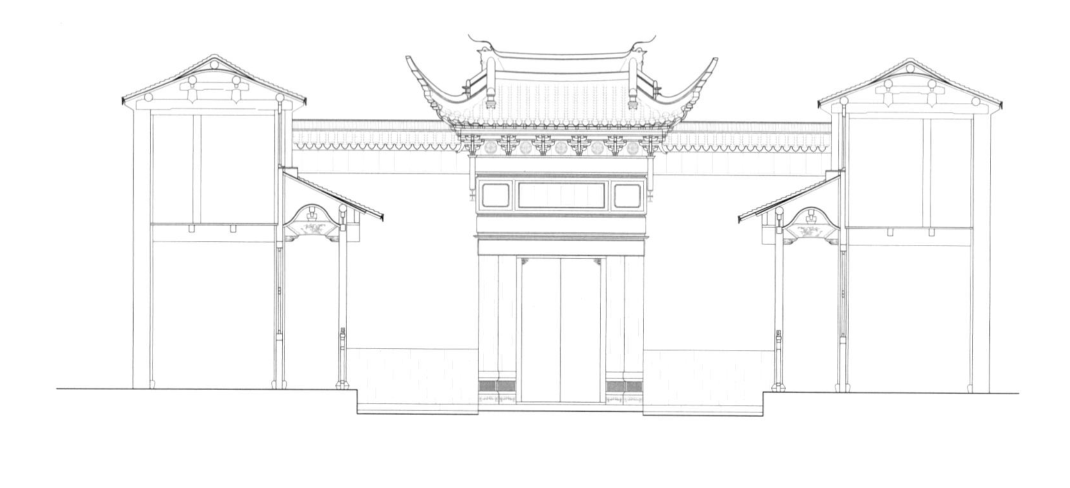

(c) 背立面图2

图4-5-19 敬业堂立面图

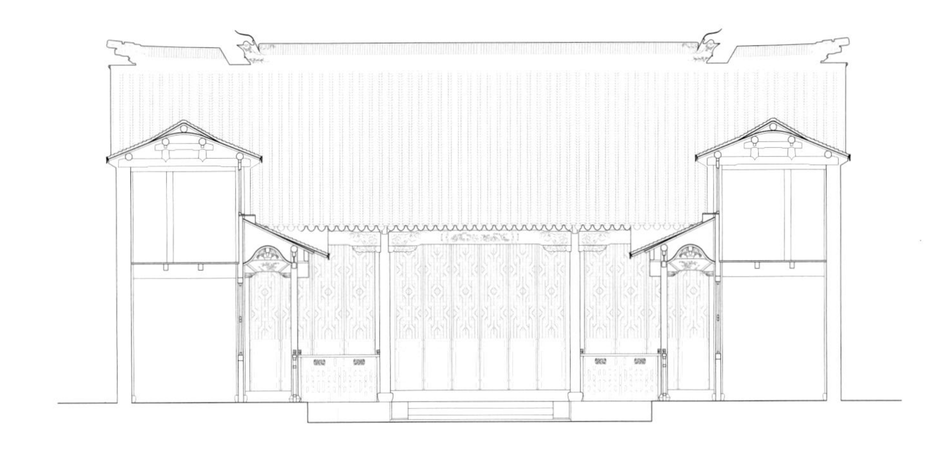

（a）正立面图

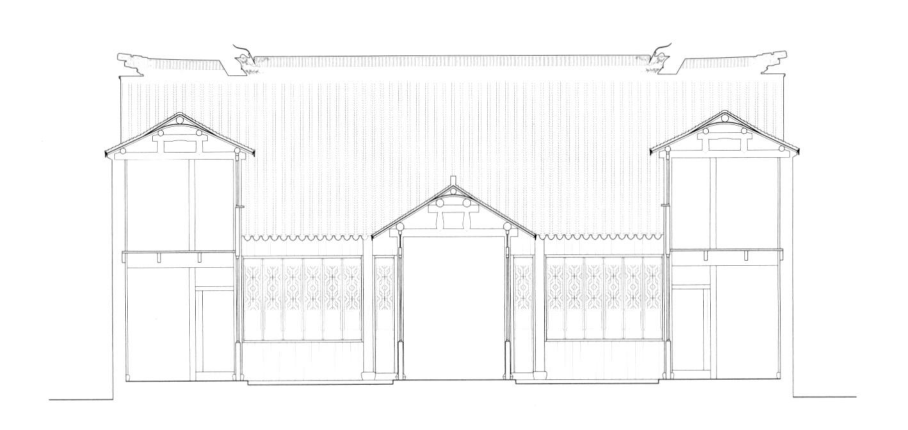

（b）背立面图1

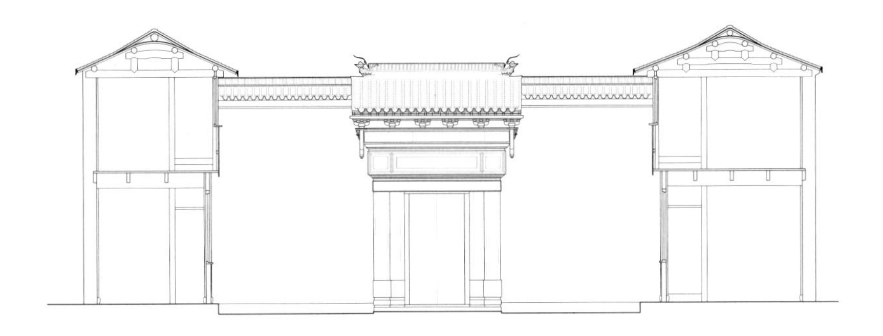

（c）背立面图2

图4-5-20　松茂堂立面图

图4-5-21　松茂堂外观

图4-5-22　松茂堂室内陈设

图4-5-23　砖细门楼

间分别砌筑山墙，这在过去通常会被视为分属两家的标志，所以沿河建筑的归属需要进一步予以考察。

沈厅的北面有巷子为界，应该没有太大的异议，但过去的界墙应是建筑的山墙和院墙，今天所见靠墙的附房，是为后来搭建的，在过去可能也有一些附房，其形式应该与今天所见不同。

厨房的东面还有一进建筑，两坡，上架气楼，与沈厅其他建筑相异，因而目前被划在范围之外。可从厨房留有后门以及附近再无关系密切的房屋的情况判断，这座建筑，或者是建造这所建筑的宅基地当年应属沈厅。

现存沈厅的南侧情况较复杂，小堂楼向南伸出一间，其前有一平房坐北朝南。平房的后部设穿廊，与大堂楼侧的备弄有门相通。再看其他建筑以及稍南另有小巷等相互关联，似可推测，沈厅在当年可能不是今天所见到的仅一路数进建筑，而是存在着南北两路，只是在岁月的推衍中，逐渐衍变为两家乃至数家。

五、民风习俗与多义性空间

周庄古镇空间形态特征的形成源于传统文化、当地居民的生活追求以及生产方式。因为这是当地居民的实际需要，通过将城镇要素的组织，不仅获得了自己的满足，同时又反过来强化对这些空间的感受。因此，即便是今天，当我们观察、认识这些要素构成的特定空间时，也会对其中所表达的意义获得理解。

在我国古代的封建等级制度限制下，城镇的地位仅略高于广大的乡村，因此其中的建筑、街巷所构成的空间形态仅能维持在较小的尺度中。这种尺度的空间往往给人带来亲切宜人的感觉，但同时也给空间组织带来影响。一般来讲，住宅的内部空间因人的活动有限，其空间相对宽敞，故界定较为明确。尤其是那些大型的宅邸，高大的门屋与一进进的楼堂、砖细门楼可以强调轴线的庄重及森严的气派，其间不仅有确定的内外空间，以此可以体现出内外之别和尊卑秩序，交通空间的组织也十分明确。而在城镇的公共空间中，由于人流较多，较小的尺度就不容易界分得十分确定。比如，街巷的隙地既是一种交通空间，同样也是邻里交往、居民休息甚至是家务活动的空间。又如桥梁两侧的栏杆，虽属出于安全考虑的维护结构，但在实际使用中，人们常用以休息、聊天。另外，店铺面街开敞，琳琅的货品有时已堆向街市，选购商品的人其实已经不知身在市内还是室外，其内外空间已变得模糊不清。

正是由于这些特定空间，为人们所感知，不仅向人们暗示了特定的空间气氛，引导人们参观、利用，同时通过与其他古镇的比较，从中感受到了彼此的异同，于是江南诸城镇的共性、周庄古镇的特色就会在人们心目中留下印象。从而在世界日益趋同的今天，能让人从中看到具有民族性、地方性乡土建筑的丰富魅力。

第六节　昆山千灯

千灯位于昆山市东南，隶属昆山，离苏州市中心约35公里（图4-6-1）。

一、历史沿革

千灯旧称千墩，据清陈元模《淞南志》载，昆山县东南36里。有“淞江自吴门东下至此，江之南北凡有墩及千，故名千墩”。而清宣统二年（1910年）则“因墩上长满茜草”而易名茜墩。20世纪60年代因嫌恶“墩”字，而吴语“墩”“灯”同音，故经批准易名“千灯”。

千灯之地在数千年前的石器时代已经有了人类活动的踪迹。春秋战国时这里属娄邑。秦始皇二十六年（公元前221年），改称娄县。西汉王莽时，曾一度改称娄治，到东汉建武（公元25～55年）时，复名娄县。梁天监六年（公元507年），娄县改置信义县，地属信义。大同二年（公元536年），信义县分置昆山县，被归于昆山。宋嘉定十年（1217年）前后，属昆山县醪川乡、全吴乡，直至清末。宣统二年（1910年），建茜墩乡，属昆山县。民国18年（1929年），茜墩乡改为茜墩镇。民国27年（1938年）复为茜墩乡。民国30年（1941年），茜墩乡复为茜墩镇。民国36年（1947年）再改茜墩乡。1950年改划乡镇，建茜墩镇。1966年茜墩更名为千灯。

二、聚落形态

千灯的市集在宋室南渡后逐渐形成，原初是在千墩浦东侧的东弄。明初曾一度迁市至千墩浦与吴淞江交汇处，但明嘉靖年间遭倭寇洗劫而毁，遂又迁回原址。之后逐渐繁荣。到清同治年间，太平军与清兵在此激战，又使市镇毁损大半。

明末清初，千墩浦东、西分属两乡，两岸居民靠渡

图4-6-1 千灯鸟瞰

图4-6-2 古镇风貌

船交流。之后市集逐渐兴盛后，为方便来往，邑人先后在河上架设了三座阶梯石拱桥和一座梁式桥，从此东、西两岸得以相连。之后市街在浦西发展，民居、店铺沿河修建，尤其是沉渡泾与茜墩浦十字相交处的香火桥（香花桥）一带（图4-6-2），逐渐形成热闹的棋盘街街市中心。每日清晨，四乡的村民驾船到此云集于“十”字形河港中（图4-6-3），登岸后在桥畔、茶馆出售自己的农副产品。至午散市，到市街的店铺中选购所需的日常用品或农资商品，然后返回乡村。

清代晚期的千灯是由千墩浦西侧的香火桥街市发展起来的，沿千墩浦形成南北向的街市，即南大街和北大街。与北大街相交接的有唐巷、沉渡泾、中宅弄、典当里、王祥弄等巷弄；与南大街相交接的有西场里、木花浜、蒋泾湾等，由此构成了千灯的街巷格局（图4-6-4）。千墩浦东侧虽然也有河东街、方泾浜、东弄等巷弄，但在同治之后始终较为萧条。

20世纪30年代，当地开通了前往苏、沪、昆的小火轮，大大方便了与这些大、中型城市的交流。1931年这里有了电灯。

三、聚落构成

（一）民居

千灯的传统民居规格较低，基本都为小瓦平房，

（a）千灯（茜墩）浦

（b）沅渡泾

图4-6-3　河港

（a）南街

（b）北街

图4-6-4　街巷

（a）前店后宅

（b）河街之间的两进民居

图4-6-5　市街民居

市街两侧一般两层，前后一到三进，或前店后宅（图4-6-5）；或下店上宅。巷弄内的规模稍大，但最多也只有四进，或全为两层的楼房；或前堂单层，后楼两层。直到20世纪70年代末，其间未有太大的变化，直到80年代后半叶，新建的住宅才大量出现。目前所保留的还有不少，主要集中在棋盘街周边和北大街两侧。

棋盘街转折处的顾坚纪念馆属于当地一户规模稍大的民居。据称，原主人姓谢，修造于清末民初，是一组坐西朝东，沿街而筑的三进两楼传统民居。临街的墙门间是一幢面阔三间的单层平房。改建为纪念馆后正间辟门，中柱落地，以设门扇，上悬“顾坚纪念馆”门额（图4-6-6）。墙门两侧的配一幅竹刻对联，右为“和声鸣盛世”，左为“雅乐协之音”。门内是石板天井，其南北各植石榴一株。对门两层的为堂楼，原先底层用作客堂，两旁及楼层用于屋主居住。改造后底层用作“淞南书场”；后楼底层成为可供演出的多功能厅堂。靠南墙设有小戏台，是江南丝竹、评弹曲艺、戏剧表演的场址。戏台四框为木质挂落。台上备有戏台桌椅、评弹桌椅各一套，上铺绣花桌围，以供演出选用。戏台前整齐地摆放着十多付方台条凳，供来访者休息、观赏戏剧表演。楼上旷世斋为顾坚蜡像馆，陈列有顾坚的著作以及南戏、昆曲剧本，还有反映中国戏剧发展史的蜡像。

三进之后还有后花园，也是2002年改造后的作品。

（二）商住建筑

南大街和北大街在过去是千灯的主要街市。据史料记载，街道的石板铺地是在民国初年才被铺筑完成。狭窄的街道两侧是鳞次栉比的店铺、作坊。与江南许多市镇一样。建筑规模不大，面阔一到三间，高两层，底层内收，以使街道更为开阔；楼层出挑，得以增加居处面积，屋面出檐十分靠近。当然，当地也有一处规模巨大的商住建筑，即坐落在当铺弄的余氏典当。

余氏典当坐西朝东，南北两路。原先自千墩浦西岸起，跨北大街，形成前后七进，现存五进。原先临河面街的四开间门面，主要经营茶杂山货。对街朝东的四间为典当铺的第一进，也是收兑典物的场所。大门内，上方是清代特色的砖雕，镌刻着“积善余庆”四个大字。店铺步柱间陈设着高1.8米的典当柜台，上安栏杆（图4-6-7）。

（a）大门

（b）内堂

图4-6-6　顾坚纪念馆

（a）当铺大门　（b）当铺外廊　（c）当铺柜台

图4-6-7　余氏典当

过典当铺侧门，经备弄右折是这所商住建筑的前堂“立三堂”。立三堂虽只是采用了三开间，圆作梁架，但尺度较普通民居更大。进深九界，自前至后设前廊、前轩、内四界及后双步。之后是后堂，两堂之间未像当地传统那样，用高墙分隔，而是将前后两堂和两侧走廊围合成天井。许多人以为，天井上方是四方内聚的屋面，且屋主余氏原籍徽州，故以为就是徽州建筑中的“四水归堂”形制，但实际上这两者相距甚远，至少在布局、构架、尺度方面更接近江苏地区的建筑风格。后堂的尺度及进深略小于前堂，由此突出了主次。

两堂之后有两进堂楼，是内宅部分，用作屋主及家眷的日常居处。前楼底层设有用作类似于今天起居室的内堂，楼层是屋主的居室，故底层的承重梁稍作雕饰，前用翻轩，且进深尺寸略大，称之为大堂楼。后楼是子女的居室，进深略小，称作小堂楼。两楼左右均置厢楼，有通道连系前后，形成当地所谓的走马楼格局。

作为典当，还需设有特殊的专用房屋，即当库。当库被安排在整个建筑组群的最后，在结构、布置上作有特殊的处理。余氏典当的外围，三面筑有高墙，后面还设置了更楼，由此加强了防盗、防火的功能，可确保财产安全。

（三）寺庙建筑

千灯过去也曾有不少寺庙，以满足当地居民的精神生活的需要，据当地地方志记载，千灯境内曾有小庵大寺16所，镇域范围内也曾有过6所。但如今这些佛庙大多已经不存在，仅存的秦峰塔成了当地的名胜，原先塔畔的延福禅寺也在2005年得以重修恢复。

延福禅寺始建于梁天监二年（公元503年），由邑人王束舍宅捐建，僧从义开山建寺，取名“延福禅寺”。后晋始称波若寺，北宋为延福教寺，后复名延福禅寺。宋时香火鼎盛，规模宏大，成为远近信众的圣地。元末寺毁，明洪武年间重建，明末又毁，清中叶重建佛殿、经阁，但在同治年间，太平军与清兵的战争中，再度毁于战火。直到1997年寺院开始重新恢复（图4-6-8），到2005年先后修复和重建了天王殿（山门）、大雄宝殿、东西厢房和一些配套建筑、设施等。

延福禅寺内的秦峰塔（图4-6-9）亦始建于南朝梁代，明洪武年间重修，明末塔坍，入清后依据原貌重

（a）山门

（b）大雄宝殿

（c）玉佛殿

图4-6-8　延福禅寺

图4-6-9　秦峰塔

图4-6-10　古桥

建，清同治年间塔亦与延福禅寺一样遭受兵燹，烧却各层楼板、扶梯、四周腰檐、平座，仅余塔身。直到20世纪60年代后，经过数次修葺，恢复过去的风貌。今佛塔高七级，平面呈方形，底层在塔身外加置回廊。塔身砖砌，逐层内收，形成柔和优美的曲线。外檐出挑木质平座、木栏、腰檐，平座四角的望柱延伸至檐下，以承托腰檐的戗角。塔身外壁用倚柱分划为三间，正间辟门，两次间置直棂假窗。倚柱头部施檐枋，上承牌科。顶刹铁铸，高约二丈，作铁葫芦状，下焊八角环，用铁链连接顶层屋角。塔内各层铺设木质楼板，有木扶梯连接上下，直达顶层。

佛塔尽管在近年做了大规模的修葺，但其形制保留了明清以来的特征。如今已开放。登塔远眺，会令人想起清方豪思的诗："千墩墩上塔层层，高入云霄碍野鹰。我欲登上观四海，秋风病骨未堪胜。"

（四）桥梁

千灯地处水乡，过去也曾建有无数的桥梁，以方便通行（图4-6-10）。这些桥梁在时代的变迁中大部分或毁或改，但至今还保留着始建于明代的启秀桥、重凝桥，始建于清代的种福桥。如今在原香火桥（香花桥）的位置重建了三座桥，分别为东侧方泾浜上仿明式的单孔拱桥方泾浜桥、中部横跨千墩浦的仿清式的三孔石拱桥恒升桥、西面沅渡泾上仿宋式的木梁桥鼋渡泾桥，构成了当地的一大景点——"三桥邀月"。

第七节　玉祁礼社

礼社位于无锡西北的玉祁镇西，成形于明初，至晚清或民国初年基本奠定了今天的村落格局。

一、聚落沿革

史料记载，南宋淳熙年间（1174～1189年），国史院编修吕祖谦之子散骑郎吕文缨自金华北上，至无锡北乡，途经白沙圩桥，为桥东一片沃野绿水所吸引，遂筑草舍定居于此，取名为“吕舍”。明宣德年间（1426～1435年），时京师虎贲卫镇抚、江阴人薛琚迁入，筑堤垦田、种棉织布、开肆经业，并称其地为薛家巷。其后子嗣繁衍，到清乾隆时期（1735～1796年），薛氏已成为当地大族，故在薛家巷兴市建街，并仿同宗江阴丛桂坊薛氏的“仁社”，将过去的旧称“吕舍”改为谐音的“礼社”，以取“尚礼守法安居之地”之意。

当年，礼社薛氏一族拥有田产4万余亩，还有粮船数十艘，行驶于宜兴、金坛、溧阳等周边地区，收购谷物、贩运外乡，从而使礼社成为稻米集散的重要码头。旧时礼社众多的码头旁、水道边商船云集，终年呈现繁忙与兴盛的景象。

二、聚落形态

礼社地处无锡、江阴、常州三地的交界处，其西有京杭大运河的支流五牧运河。古时五牧运河自南向北，至村北折东流贯全境。四周有十三条河浜屈曲联通，形成这里河网交错的水系。与村中老街、九处池潭构成了状如荷叶、露珠，旧有“九潭十三浜”之称（图4-7-1）。

村庄呈南宽北窄状，主街蜿蜒，长200余米，街东有潭，似龙珠相戏，所以被称之为“龙形街”。盛时的礼社主街之上商铺林立，据称仅西街之上就有朝南的店铺73家，朝北67家（图4-7-2），包括肉店、鱼行、瓜果行、小吃店、生面店、豆制品店、南北山货店、日用百货店、布店、缝纫店、皮匠店、铜匠店、木器圆作店、竹匠铺、雕刻店、铁匠铺、木行、理发店、银匠店、钟表店、典当铺等大小商铺，还有米行、榨坊、染坊、轮船公司和货运码头。近代的文化、卫生和教育事业也初现雏形，不仅设有茶馆、书场、药店、诊所、救习会、邮局、发电所等，还设有自己的私塾、小学、中学。

辛亥革命后，现代工业也开始在此出现，薛氏家族设立蚕种制造场、并购买了当时最先进的自动化烘茧设备；之后又购进碾米机，办碾米厂；1923年创办了“竞明电器会社”，购置柴油发电机，使礼社入夜后街灯通明；到20世纪30年代当地还开通了电话，这在我国村市层级的聚落，堪称开了现代化的先河。

三、聚落构成

礼社是一座典型的江南水乡村市，现存200余米的老街上，路面石板铺筑，两侧鳞次栉比地排列着清代以来的各色民宅，而坐落在老街中段的孙冶方故居、薛暮桥故居、秦古柳、薛佛影等的名人旧宅都在近年作了修缮、恢复，使这座曾经名扬远近的村市再现旧时的风貌。

（一）薛暮桥故居

薛暮桥故居在礼社街287号，坐南朝北，是一座建于晚清的传统建筑，称慎修堂（图4-7-3）。现存四进，其旁还保留着一条备弄。据此或可推测，过去在其旁还有至少一路建筑。

第一进为面阔三间的墙门间，正间檐下辟门，用六扇木门，两次间砌为包檐墙，屋脊用雌毛脊，进深及尺度均较小。第二进为前堂，一层，面阔三间，深七界，亦采用园堂形制，造型简洁。第三进是二层楼房，属主人的内宅，近年屋主为改善生活曾作了翻修。而在2008年，前两进被辟为向民众开放的薛暮桥故居，做了修缮。

因薛氏子嗣依然在此居住，故居还保持了浓郁的生活气息。

（二）孙冶方故居（纪念馆）

孙冶方故居，位于礼社老街121号，是孙冶方祖居老宅的基础上，根据原貌重新整修而成的（图4-7-4）。老宅建于晚清，坐北朝南，原故居有数条轴线，如今仅保留了中路五进和东侧的部分建筑。

修复后的故居前三进为面阔三间单层建筑，设为墙门间、前堂等；后两进为相互可兜通的走马楼。中路的东侧街面房被辟为故居的侧门。跨过两道内门有一区不大的花园，园内布置着假山、水池、瘦竹、松柏。东墙假山之上矗立着一座半亭，其旁有爬山廊通往后楼。

自纪念馆建成，原先设在玉祁镇文昌公园里的许多孙冶方生前用过的物品、读过的书、一些著作的手稿等都被移至这里，使其内容得到充实。

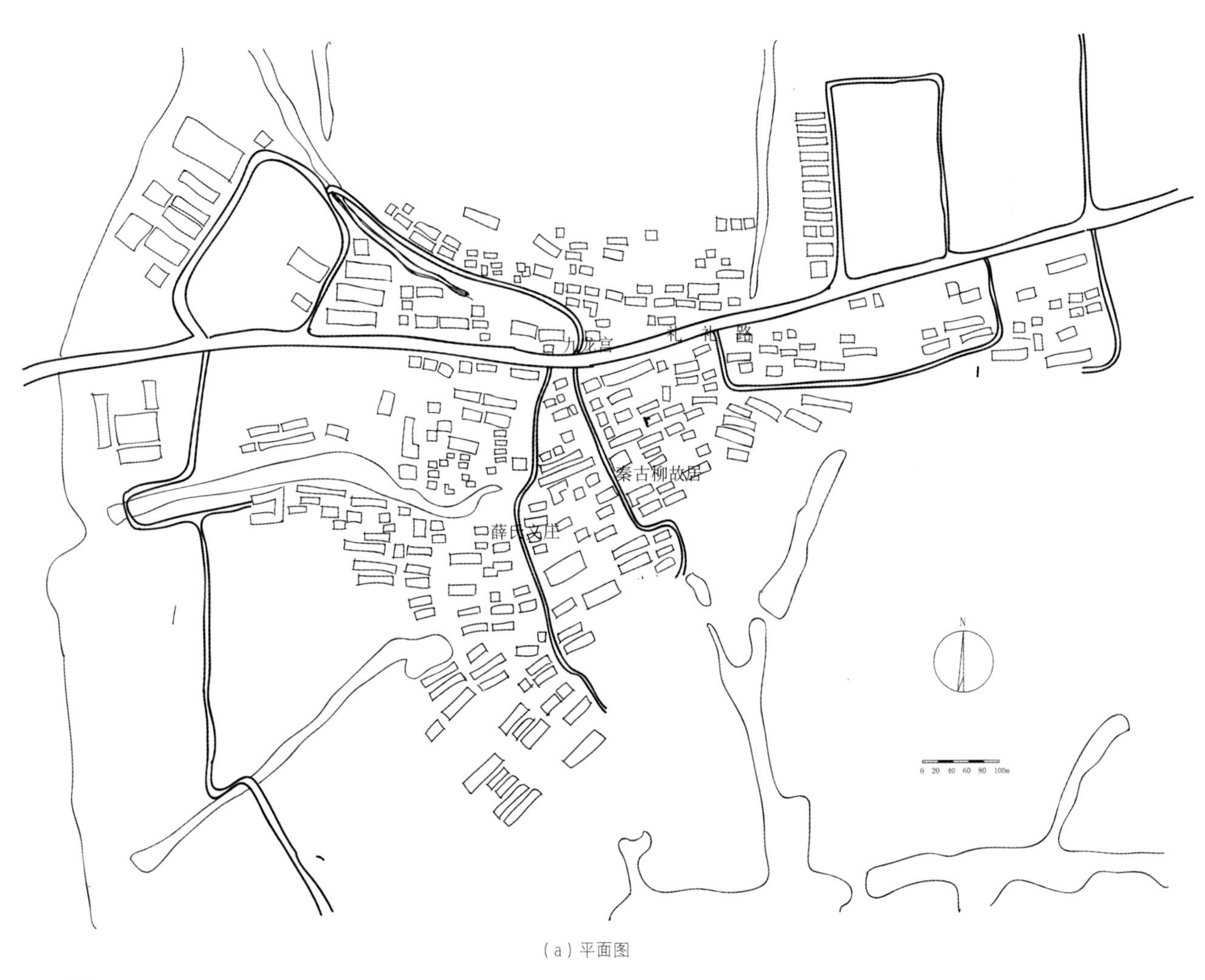

（a）平面图

图4-7-1 礼社

（b）鸟瞰图

图4-7-1　礼社（续）

（a）西段街景

（b）东段街景

图4-7-2　街道

图4-7-3　薛暮桥故居

图4-7-4　孙冶方故居

图4-7-5　薛佛影故居

（三）其他民居

20世纪50年代之前，礼社曾居住着六十余家乡绅、地主，他们的居宅都有一定的规模，为光耀门庭、显示气派，门楣上还题上堂名，如永善堂、居善堂、敬义堂、慎修堂、一乐堂等（图4-7-5）。但在时代的变迁、岁月的流逝后都发生了或多或少的变化，如位于西街头薛家浜北，现存规模最大、居宅格局保持最完整的民居，薛子瑜故居如今仍为工厂占用。老街195号的秦宅也曾是当地大宅之一，据说原先前后共有八进，20

世纪60年代拆掉了四进。纵观当地民居，可以发现这些建筑通常不求画栋雕梁、不重金碧辉煌，它们是以其质朴的造型、素雅的外貌，向世人展现着文化和传统（图4-7-6）。

此外，在礼社的街巷之间，除了大量的民居之外，还有像薛氏义庄、水龙宫、永善堂那样的遗址、旧迹可供探访（图4-7-7）。

（a）三进的中型民居

（b）两进的住宅

（c）单进临街住宅

图4-7-6　其他民居

图4-7-7　祠堂

第八节 无锡严家桥

严家桥地处无锡、江阴、常熟的交界处，属无锡市锡山区的羊尖镇所辖。村庄历史悠久、文化底蕴深厚。如今还留存着唐氏仓厅、唐家码头旧址、永兴桥、梓良桥旧址、春源布庄遗址等，百米长廊和唐家的两大码头，以及唐氏“同济典当”也已完成了修复。

一、历史沿革

严家桥地区早在商、周时期已有先民在此活动，他们辟田、开河、种粮、植桑，自泰伯奔吴筑城梅里之后，中原先进的农耕技术被带到这里，使生产水平迅速提高。之后在八王之乱后的晋室南渡及靖康之变后的宋室南渡，不仅流入了大量的人口为农业生产的进一步发展提供了劳力，而且还因随之迁来的士族促进了这里文化水平的提高。在严家桥地区的先人勤劳不辍、锲而不舍的努力下，这里逐渐成了物阜民康、文化繁荣的地区。元末明初严姓人氏在此定居，遂出现了严家桥聚落。明末清初，清兵南下，又有程、李、须等大族先后来到当地定居，到太平天国时期，原在无锡经营棉布业的唐氏家族也迁至此地，融入当地居民。

由于“严家桥土地肥沃，乡人颇富，商业繁荣”（清·侯鸿鉴《锡金乡土地理》），唐氏的前辈利用当地的粮棉出产和河道通畅的交通条件，积极经营，和当地居民一起，造就了当地的繁荣。在近代的百余年间里，严家桥市集兴盛，到20世纪30、40年代，这里街市上的店铺、作坊达到了百余家，成为无锡东部重要的商品集散地，时有“小无锡”之称（图4-8-1）。

二、聚落形态

位于无锡东北30余里的严家桥在明清时期已属偏僻，但这里河道众多，市河虽小，却能与运河、太湖、长江连通，交通并不闭塞（图4-8-2）。在明清商品经济的发展中，这里借助南北向的永兴河已逐渐形成市集（图4-8-3）。而在唐氏迁居于此后，借助原先在商业上的成功，又利用当地乡间种棉、织布的传统，开始在双板桥下开设春源布庄，经营土布、棉花、面纱业务。数年后，各地客商纷至沓来，不仅春源布庄大获盈利，同时也促进了市集的繁荣。永兴河两岸的街市延长、村域扩大（图4-8-4），唐氏也在布庄以南的沿河修建了仓厅、宅院、码头，之后又在街市开设了同济典当、德仁兴茧行、同兴木行、同济栈房等。村市之中也吸引了许多居民来此定居，兴建住宅，逐步形成了市街严整、小巷纵横、建筑密集的亦村亦镇聚落。

三、聚落构成

严家桥过去虽有各式店铺、作坊、仓厅、典当、民宅等传统建筑，但随着时代的变迁，这些建筑大部分都已散作民居，一些规模较大的则被工厂、企业等占用，且在数十年的发展中，改建、翻造也时有发生，因此在街巷之间保留的传统建筑主要为民居。

当地的小型民宅主要是单进的三开间平房，有单层也有两层。由于用地原因，单层的建筑主要分布在村市的周边。偶尔见到临街单开间或双开间的，这是缘于新旧建筑更迭所造成的，旧有房屋毁损后，需要翻建改造，在用地有限的情况下，就会出现单开间或双开间的

图4-8-2　严家桥的市河

图4-8-3　严家桥的市街

建筑（图4-8-5）。20世纪30、40年代受上海新住宅的影响，在这里也出现了外来的形制（图4-8-6）。

在街市地段，临河建筑多为单进两层。底层常被设为店铺、作坊；楼层大多用于居住。当然也有一些饭店、茶馆也会将楼层用作经营，则店主会在邻近地方另辟居所。这类房屋大多会将临街的楼层略略出挑以增加使用面积。因相邻的建筑正面处理相近，所以使整个市街立面统一。而在临河一面，底层则会稍有伸出，其上覆屋面，形成腰檐。由于腰檐的有无并不统一加之驳岸上的埠头、屋面的高低形成临河立面的变幻。背河一侧建筑的临街立面与前者相仿，由于用地较宽裕，故常向纵深拓展，形成两、三进的院落布置（图4-8-7）。

处于横巷内的民居，有与街市建筑相似的，也有第一进用单层平房的，后面的内宅大多为两层楼房，以避免当地潮湿影响生活。

图4-8-4　昔日繁华的街市中心

过去，无锡只是苏州府的一个县城，且地近苏州，所以严家桥的民居建筑构造与苏州较为接近，唯其村市的地位，使之更为简洁，屋架纤细，几乎没有装饰。

图4-8-1　严家桥鸟瞰

（a）单进的三开间平房

（b）单进的楼房

图4-8-5　民居建筑

（a）德润堂正立面

（b）门厅内门上施用了时髦的券窗和彩色玻璃

（c）楼窗上施用水泥作花饰

图4-8-6　带有外来影响到德润堂程宅

图4-8-7　春源布庄

第九节　武进杨桥

杨桥位于常州武进的南端，故又称作南杨桥，与宜兴仅一河之隔。据称这里曾经同时归武进和宜兴管辖，由于地理区位和行政区划，这里成了商品交流的场所，一度兴盛繁荣。之后常漕公路开通以及漕河改道，在20世纪50年代末逐渐衰落，以至于渐渐为世人所淡忘。

一、聚落沿革

杨桥形成于何时传说不一，有说在南宋时这里就已有镇市，至元末明初已成为江南行省常州府的重镇，此说还需进一步考证。由于当地水路东抵太湖，西达滆湖，北上常州府城，南下宜兴县城及浙江各地，所以在清代中期之后渐渐成为常州阳湖县和宜兴县交界处的市集，商贾从四方到此经营、定居，遂使市面兴盛（图4-9-1）。到清末民初，杨桥的繁荣超过了周边镇市，甚至超越武进的经济、文化中心湖塘镇。市街上店铺、作坊林立，甚至所建的戏院和中学堂也早于周边市镇。但随着交通的发展和社会的变化，杨桥又退至处于乡、村的地位，甚至被当代的发展所遗忘。然而，或正是这种遗失，才使当地的古迹得以保留，让人们有机会目睹传统市集及旧有乡村的风貌。如今杨桥为武进前黄镇所辖。

二、聚落形态

杨桥位于太湖与滆湖之间的锡溧河附近，这里有杨桥浜、朱家浜、诸家浜、观音浜、新街浜等多条河流交织，形成河网水系。在杨桥周边散布着庄基村、前朱家塘、后朱家塘、诸家塘、丁家塘等10余座自然村落，构成了小桥流水、枕河人家的江南田园景色。

旧时杨桥在丁家塘以东、张宪浜以南、观音浜以西、牧斋院以北的范围内形成以南杨桥为中心的东、西、南、北四条市街（图4-9-2）。市街一侧是通往四乡的市河（图4-9-3），为沟通街巷，跨河架设了庄基桥和东虹桥等梁式桥、南杨桥等石拱桥（图4-9-4）。街上分布着饭店、茶馆、点心店、鱼行、肉庄、豆腐坊、槽坊、南北杂货店、国药行、绸布庄、银匠店、竹器、木行、木匠店、染坊等，甚至还有烟馆（鸦片馆）等各行各业商号店肆百余家（图4-9-5），市街上的同仁堂药店、白虎堂茶馆、丁家堂粮行、陈万隆烟店、全盛嫁妆铺、荣光客栈等老字号更是名噪一时。长长的市河驳岸上保存的无数牛鼻缆绳石，足见当年船只挤泊之情景。

市街之间连系着十几条巷弄，街巷通向村市的各家各户，也连系着在此生活的居民。在这些街巷中时能见到传统民居，据统计如今仍保留着20000余平方米的老房子，周边也有保存比较完整的传统民居500余间（图4-9-6）。为满足精神需要，当地曾有十余座寺观，至今仍有关王文昌阁、太平庵、保丁寺等。

过去为了防止盗贼，四面市街的尽端街口均设置有昼开夜闭的栅门，称作四栅，并雇佣专职更夫巡更报点。民国时期这里的水路交通极为便利，每天有常州、无锡往返于宜兴、溧阳的轮船及不定期的班船，在杨桥码头停靠。为区域内的防火，当地还设置了杨桥救火会。

三、聚落构成

（一）丁宅

丁姓是当地大户，其居宅所在地就被称之为丁家塘。丁宅建于晚清，是杨桥保存较好的古建筑群之一。这是三户相邻而筑的民居，坐北朝南。东宅前后两

图4-9-1　杨桥鸟瞰图

进，头进为单层门屋，面阔三间，进深六步架。第二进是两层堂楼，进深七架。底层的正间为堂屋，两侧为室，楼层用作居室。堂楼两侧带厢楼，与门屋围合成天井。中宅原先有三进，如今最后一进已经不存在，前面两进与东宅大致相似。西宅前后三进，头进亦为单层平房，二进楼房与中宅堂楼相接，并连为一体。三进为单层平房，应该是过去的厨房、仓房之类的附属用房。

（a）南街　　（b）北街

图4-9-2　街巷

从现存建筑看，这三组民居虽各立门户，但在当年应该是同姓兄弟共建的居宅。

丁家塘位于杨桥浜南岸，屋后河水长流，门前绿树掩映，宅中古木浓荫，颇有世外桃源之感。

（二）百岁庄

在丁家塘丁宅西侧，是建于民国初年的百岁庄。屋主朱龙川原住在杨桥前朱家塘，民国4年（1915年）为纪念其祖母百岁寿诞，在此建“百岁庄”。

旧时庄园东西长28.8米，南北进深43米。现存建筑两进，头进二层楼房面阔八间，其中东侧四间风貌依旧；西侧四间的前檐已改建成阳台式门面，但高翘的屋脊及封火墙仍保存原样。建筑梁柱粗壮，木质楼梯精致，楼板厚实。地面铺以青砖、条石，长窗花格华丽。西侧山墙上还留有固墙用的数十枚铁制扒钉，均能显示出当年建筑古朴典雅的风采。楼后两侧各有侧厢六间，第二进原有平房8间，现均已改造。

庄园除用作居室外，后来还设置了医院，其旁附设了木行、砻坊。

图4-9-3　市河

图4-9-4　南杨桥

(a) 保持了传统店铺

(b) 尚在营业的小店

(c) 已失传统风貌的店铺

图4-9-5　店铺

(三) 牧斋院

牧斋院位于常州市武进区前黄镇漕桥杨桥村北街，是朱牧斋的宅院。今存清代砖木建筑四进，占地面积400余平方米（图4-9-7）。

头进为兼作入口大门的店面房，坐东朝西，四间单层平房，深六步架，前檐的旧式排门显得古朴。由北山墙中间开门进入内宅。自第二进起，屋宇均坐北朝南。二进是面阔三间，进深七步架的高敞大厅。如今大厅已有些破败，但从建筑构架以及厅前天井对面的砖雕门楼来看，当年这所居宅颇具气势。第三进是进深六步架，面阔三间的二层小楼，其雕花窗格保存较好。四进是面阔三间，进深七步架的单层平屋。

牧斋院在当地较具规模，至今主体结构保存尚好，建筑颇为完整，是常州乡土建筑的代表，极具江南民宅典型风格。

(四) 太平庵

杨桥村的太平庵是当地的一所村庙，为明朝始建，清嘉庆十一年（1806年）曾做过翻造。过去的太平庵西面有城隍殿三间，东面为土地堂三间，当中是娘娘殿三间。另有僧舍、斋堂、厨房及侧厢等房屋。20世纪50年代后，庙宇改成了小学，之后被拆除、改建。直到1995年庙宇恢复，重建殿堂、房舍，建筑面积520平方米，占地5亩。

过去太平庵庙会是当地民众一大盛会，由于杨桥位于武进、宜兴的交界处，加之明末之后经济发达、商贾云集，所以其规模浩大、场面恢宏，为远近闻名。

相传农历二月初九是太平庵城隍菩萨走舅家的日子，起初邑人为求杨桥一方百姓的平安吉祥、风调雨顺，因而祈祷城隍菩萨在走舅家时也一路顺风。久之这一敬拜神灵的活动转变成了大众娱乐、商品交流的节庆。杨桥的庙会举办时间将近半月，有议会、开集、开光、祝愿、走会、歇会六大部分。仅走会的展示、演绎过程就将近五六个小时。所谓走会也称出会，是庙会中最为隆重、热闹的高潮。全付的城隍仪仗迤逦前行，在其前后还有若干表演队伍、民间艺人且行且演，这给当

（a）面阔三间的平房

（b）前后两进的楼房

图4-9-6　民居

地的居民以精神的释放，也让外来的游客获得耳目的愉悦。

数年前，杨桥庙会得以恢复，随之一批如掮轮车、调犟牛、调三十六行等数十种濒临失传的民间艺术传统也由此开始复苏。

（五）关房阁

相传关房阁建造于明朝初年，位于南杨桥北的桥堍侧，南临河道，其前部用石柱架空于河上，犹如园林中的单层阁。建筑为木构，正门朝北，面阔虽为三间四柱，但正间不大，两次间较窄，进深也不大，故面积逼仄，更无一般庙宇的金碧辉煌。阁内正中安奉关公塑像，两旁是周仓和关平的塑像。关房阁是一处颇为特殊的建筑，之所以不称其为关帝庙，应该就是这特殊的建筑缘故（图4-9-8）。

（六）桥梁

杨桥地处水乡，河道、桥梁是其重要的标志之一。过去当地桥梁众多，在朱家浜与大河交界处有东虹桥。太平浜通向大河的南段有西虹桥，后西虹桥坍塌，重建后改称太平桥。在今天常州、宜兴与无锡三城交界的地方，有一座独特的桥，叫“五洞桥”，但五个桥洞并不均匀分布而是集中在桥的中心位置，在桥的两边有很长的一段引桥。

村市中心的单孔拱桥南杨桥是当地历史最为悠久的古桥之一，始建于清初，重建于清道光八年（1828年），这座看似寻常的古桥却有着有趣的故事，过去此桥中心曾被作为武进和宜兴的分界点，桥北武进，过桥就是宜兴。白天桥上允许随意通行，但为防止夜晚有人偷盗打劫逃向邻县（对方地盘）而不便缉捕，双方各在桥堍台阶下方安装了两扇门，到晚上予以锁闭。至今还可以看到桥堍一块长条麻石门槛，其上留有装门、安栓的孔洞。

图4-9-7　牧斋院

图4-9-8　关房阁

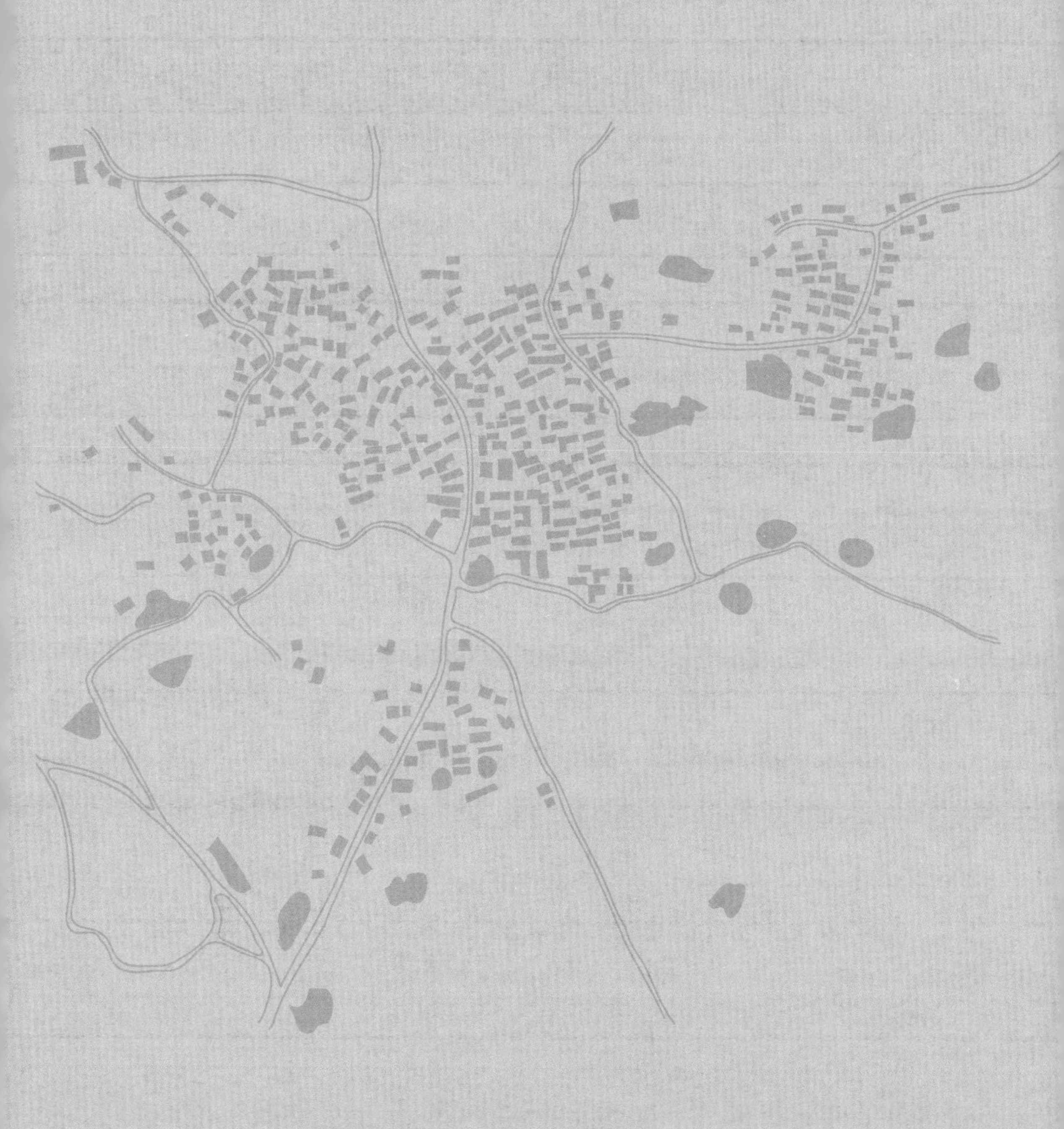

长江南岸横亘着一片低山丘陵，即宁镇山脉，将南京、镇江等地与太湖平原截然分开。虽然南京曾作为六朝及明代首都，经济和文化十分繁荣，并向周边辐射，因而过去也有人将其视为江南的一部分（甚至是核心区域），但终究由于其南部山脉的阻隔，不仅使这里的生活习俗、生产方式有别于长江南岸的太湖平原，即便是当地的方言，也与吴地有很大的差异，故吴语区对南京属于江南认同度并不高。同样，南京、镇江等地的北侧有开阔的长江，这在久远的古代曾是难以逾越的天堑，所以上古时期出土的文物类型完全不同于一江之隔的江淮地区，直到晚近，这里的民风习俗也还与淮扬有所区别。

宁镇地区多山，但山体大都低矮，其间有较为平缓的山麓，还散布着众多小盆地。上古时代，这里的先民就在低山的缓坡、盆地的台状高阜聚居，之后虽然在社会的发展进程中，这里也曾发生兴衰变迁，甚至某些历史时期还很剧烈，但总体趋势是人口不断增长，所以各类聚落几乎已遍布了整个地区。聚落形态因山水边界而犬牙交错，村庄、市镇因地形而异彩纷呈。而当地的建筑又将不同形态的聚落予以统一，让人感受到这才是这一地区的传统聚落特色。

受古代等级制度的影响，宁镇地区小型的乡村建筑与江南区别并不太大。中型住宅的形制因其北方紧邻淮扬，所以与江淮地区相近；而在其西南，与徽州地区接壤，使当地的民居显现出相互的影响。比如南京市的高淳地区常能见到类似于徽州“四水归堂”式的住宅。这样的民居通常为高墙围合的两到三进的楼房。门屋进深较浅，以单坡屋顶架于外墙上。大门一般设在明间，用条石作门框，内装厚板门。外立面上通常都有砖、石雕刻的门头作为装饰。门屋之后设一方天井，由于两旁的单坡游廊以及前堂屋面，形成内聚的四个坡顶，而天井中常常凿有水池，雨天四周屋面的雨水汇聚于池内，所以就有了“四水归堂”的称谓。第二进前堂，底层明间为对外接待客人和对内举行重要仪典的场所，因此开间较大，内部装修也华丽，次间相对狭小；楼层为居所，明间和次间的开间基本按照我国传统建筑1：0.8的比例分配，于是明间两侧上下柱网错位，形成其鲜明的特点之一。如果两进楼房不够用，则设第三进后楼，后楼一般为子女居所，所谓“深闺”即指后楼。因后楼无须充作大型活动的场所，故明间楼、底层可用通柱。

第一节　江宁杨柳村

杨柳村位于南京市的江宁区，这里地处秦淮河平原，周围湖荡密集，偶有丘陵小山。古村就坐落在马场山南，杨柳湖畔，依山傍水，富有水乡特色（图5-1-1）。

一、聚落历史

相传杨柳村形成于明万历年间，到清康熙、乾隆时古村得到了迅速发展，陆续出现翼圣堂、翼经堂、四本堂、树德堂、思承堂、礼和堂、酌雅堂、安雅堂、崇厚堂、序乐堂、居易堂、天乐堂、映雪堂、祖耀堂、文光堂等具有一定规模的民居。

二、聚落格局

杨柳村虽然前临湖泊，背靠青山，但山体不高，水

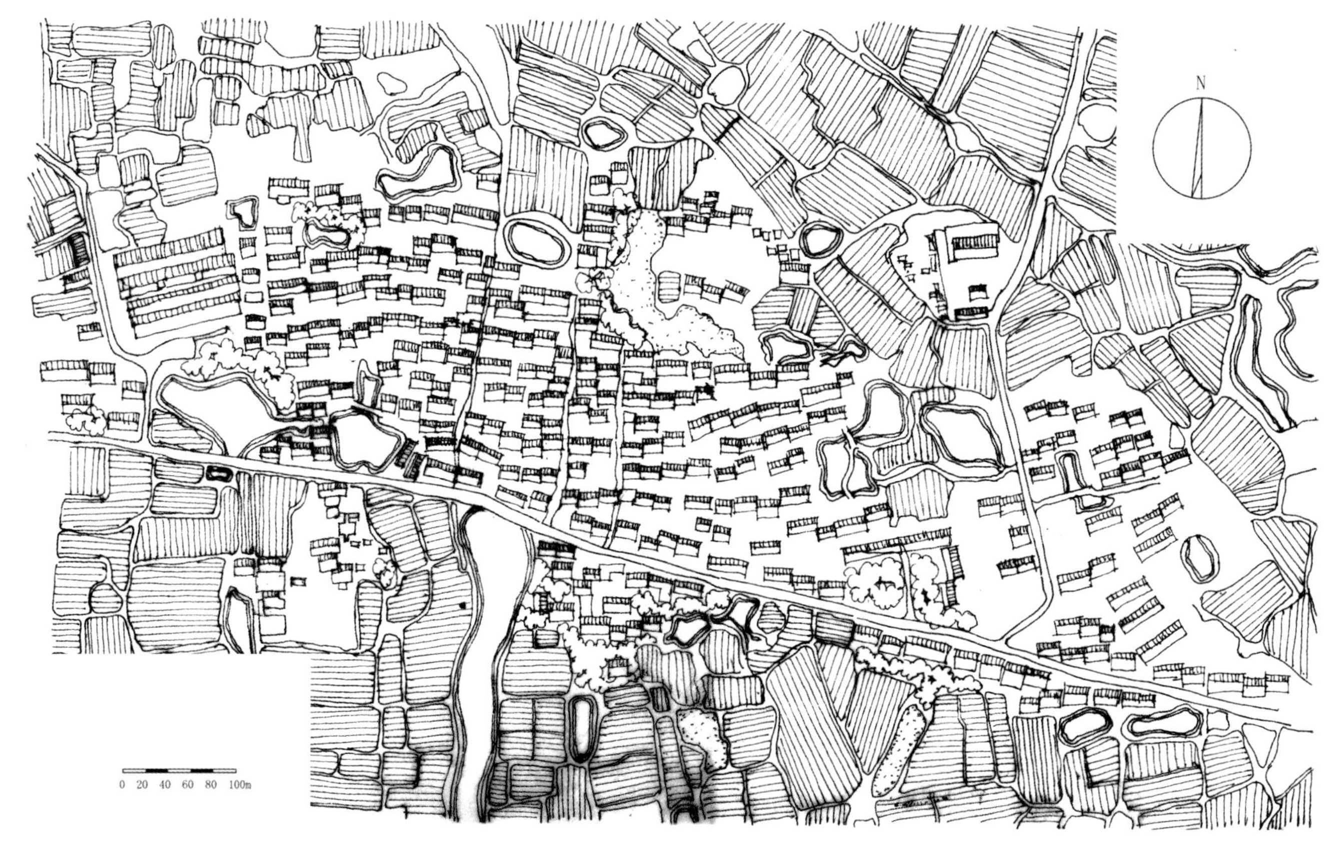

图5-1-1　杨柳村平面图

面也并不大，而村落坐落在山水之间的平地之上，村中还散布着大小池塘。古村东西向展开，目前是以村前一条主路作为干道，大多数民居分布在干道的北侧，数条南北向的小巷与主路相连，并通向村落的深处，形成梳状的道路系统。原先宅院之间的间巷全以青石板铺路，条石为阶。过去有"青石墁地石门楼，走进杨柳不沾泥"的说法，但如今这样的景象已经见不到了。

三、聚落构成

杨柳村的传统民居（图5-1-2、图5-1-3）大多为坐北朝南的单体建筑，院落式住宅布置，一般以三进为多，也有四进、五进的，规模最大的"翼圣堂"深达七进，传统民居大多高墙深院、灰墙灰瓦，形成了统一的古村风貌特征。

当地民居的平面布局与结构方式与宁镇地区常见的传统居宅基本相同，一般的民宅通常沿中轴线布置门间、堂屋和楼房，规模稍大的则会在中轴线左右安排客房、次要住房和辅助用房。

门间通常面阔三间，进深四到六步架，两坡硬山屋顶。为能在前后柱间安装分隔的板壁，故脊柱落地。构架的结构方式与南京及周边地区基本一致（图5-1-4）。大门设在门间檐墙的当中，门宕多用砖砌，也有部分使用条石门框，其上饰以门头挑檐。与当地城市传统民居稍异，这里的门头挑檐尺寸较小、结构简单，但精雕细刻的处理并不逊于城市。

堂屋面阔亦为三间的硬山建筑，前部置"轩"，中间主体部分深四步架，后部设深一步架的后廊。堂屋内

（a）将厨房分开的住宅

（b）两户联立的住宅

（c）小型民居远眺

图5-1-2　单幢民居

（a）两进的住宅

（b）原为三进，第一进已经改造

（c）三进的住宅

图5-1-3　中型民居

（a）中柱落地，前后六步架的平房

（b）中柱落地，前后六步架的楼房

（c）两步柱间用隔墙，梁上用山花板

图5-1-4　构架形式

部分隔较为自由。

楼房深六步架，中柱落地，上下层立柱贯通，用料较细，柱梁结构方式与宁镇地区的民居建筑相似。楼房的正面有出挑的腰檐，其檐口用雕花木斜撑予以支承。

翼圣堂是村中规模最大的一所民宅，前后七进。虽然经历了数百年的风雨，至今依然大致保持了过去的风貌，轴线明确，内外有别。在中轴线上由前往后分别为门厅、轿厅及住房，左右布置有客厅、书房、次要住房和厨房杂屋等。内宅部分大多为二层建筑，楼上宛转相通。房梁架上多有雕刻，不施彩绘，素雅明净。室内门为槅扇、屏门，窗棂造型多样美观。

此外，村中还有礼和堂、思承堂、树德堂，三堂并列，相互穿通，外有高墙围绕。建筑建于清乾隆年间，保存较为完整。

杨柳村古建筑灰瓦灰墙，整体给人的印象是似乎非常平素和简洁，但仔细观察就会发现，建筑上施用的雕饰颇为丰富，而且雕工细腻，纹式精美。在用青砖砌筑的门宕上端，叠涩挑出的装饰不仅有秀丽的造型，有些在表面还施以不同的线刻图案；而在条石构成的门宕中，上端置装饰性插角，其棱边刻出纤细的线脚，给人留下极为精致的感觉。门头挑檐上用水磨青砖嵌砌的垂柱、枋子精巧美观（图5-1-5）；层层挑出的叠涩檐口形成柔和的线脚，两侧砌出的博风头常刻出吉祥图案；上部的脊饰的卷草雕纹等，这些独具匠心的处理造就了杨柳村古建筑的古朴典雅（图5-1-6）。

建筑的墙体大多在下部用方整的条石砌出墙裙，上用青砖实砌，再上为空斗砌筑。墙面一般为青砖勾缝，也有用抹灰刷白。外檐墙的檐口处砌有抛枋，有的建筑在抛枋上还雕置装饰纹样。颇为讲究的在山墙的屋面下还砌出砖博风（图5-1-7），端部施以砖雕。此外，墙

图5-1-5 大门上的挑檐（门楣）

（a）砖檐侧面的鹊梅砖雕

（b）砖檐正面两端的卷草砖饰

图5-1-6 大门砖檐及雕饰

图5-1-7 山墙的砖博风

（a）外观

（b）内侧

图5-1-8　山墙上的气窗

体之上还可以见到一些非常有趣且极具生活气息的处理。比如，在山墙山间处的六边形气窗（图5-1-8）；厨房灶台上方的排烟窗；大门旁为猫、狗等小动物开设的出入通道等。

过去杨柳村中的槅扇都有精致的窗棂花格、秀美的裙板雕饰。雕刻题材有花卉、人物、暗八仙、琴棋书画等吉祥图案，雕刻手法与砖雕相似，显示出内敛的书卷气。

第二节　江宁佘村

佘村位于南京市江宁区，为东山街道所辖。

一、聚落历史

从村中一口古井的井壁题字可知，村子至少在元末明初已经存在。而据村民说，该村的历史可追溯到唐代以前。相传，明末清初一位潘姓富商到此定居，之后逐渐兴修住宅、祠堂。又经过数百年的繁衍发展，遂形成今天所见拥有百余户人家的村庄规模。

二、聚落格局

村庄的北侧是青龙山，东南是大连山，西面是低山丘陵，村头有一座面积很大的水库，因地理环境形成了一个封闭、内聚的环境（图5-2-1）。一条南北向的干道贯穿全村通向青龙山。村中另有一条东西向的道路与南北干道丁字相交，出村通往相邻的村庄。在这两条主要道路之间连有十数条小巷、支路，由此构成了村中的交通网络，并连向各家各户（图5-2-2）。

图5-2-1　地处低山丘陵的佘村

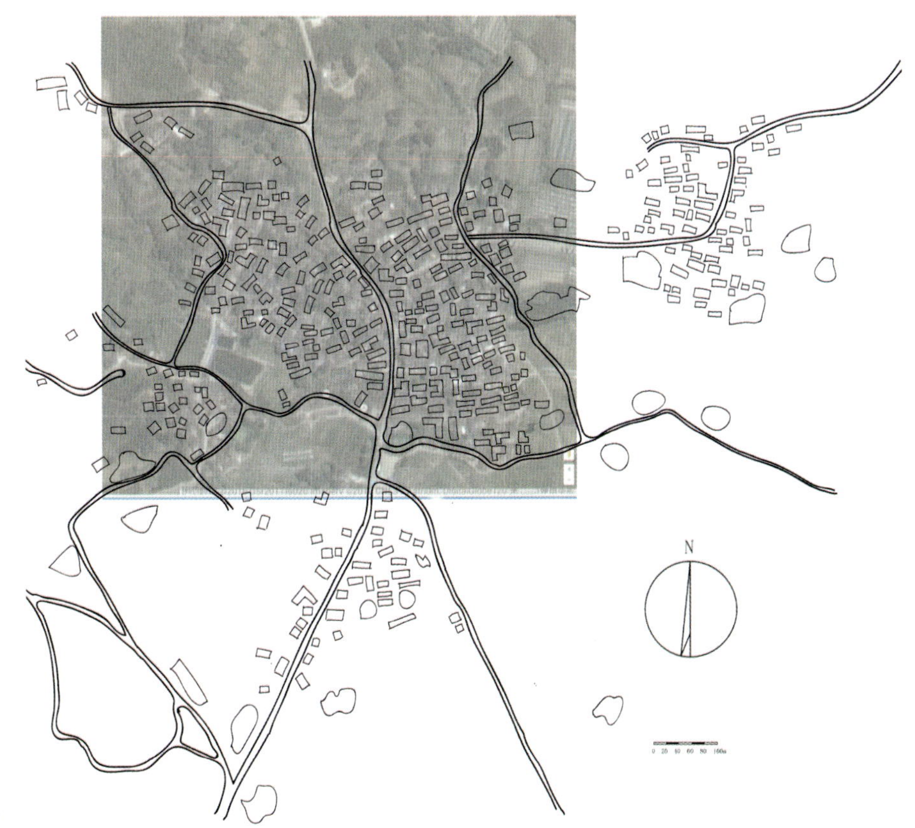

图5-2-2　佘村平面图

虽说该村历史久远，但自然的磨砺、灾害的毁损、战争的破坏以及持续不断的修复与改造，使村庄始终处在更迭变化之中，尤其是近年来，随着村民生活水平的逐步提高，这种更新速度也大大加快，村中原本曾数十年未经修葺而保留的诸多明清建筑及由此形成的传统村落风貌，也因近年的经济发展而发生了巨大变化。所幸的是，如今村中尚存数千平方米且保留较为完整的明清建筑，以及散落在村落各处的旧建筑残件，还能让我们感受到过去的风貌。

三、聚落构成

（一）潘氏宗祠

保留较完整的一处祠堂位于村中南北主路的西侧，据《潘氏宗谱》记载，该建筑为潘恒才所造，始建于清朝顺治初年，之后又经过多次修葺、改造，据传这组建筑在民国10年（1922年）做了最后一次修造，后为村委会占用。如今村委会已迁出，并做了全面地修缮。

祠堂坐北向南，前后三进，东西两侧设有高大的马头墙（图5-2-3）。第一进为门屋，面阔三间，进深五架。明间辟为大门，屋面做抬升处理，使明间高于两次间，从而突出了大门的地位。门屋中柱落地，大门设在明间两脊柱间。大门两侧置一对高大的青石抱鼓石，前檐置斗栱。第二进为前堂，深七架。明间檐下施粗壮的楣枋，梁架雕有精美的图案。第三进为后堂，深亦七架，但尺度略小于前堂，雕饰也大大少于前堂。由此造成了主次分明，突出主题的艺术要求。

祠堂中轴的西侧另连一东向附房，并开设一侧门。

（二）民居建筑

保留较为完整的几幢民居位于宗祠西侧约10米处，是由三组相邻的宅院构成，以西宅保存最好。据称其主人亦为潘姓。

住宅南向，每宅前后三进，外用高墙围合（图5-2-4）。大门设在南面第一进的檐墙上，用青砖砌为边框，上架青石过梁，内装木门（图5-2-5）。其后是前

（a）祠堂外观

（b）大门

图5-2-3　潘氏祠堂

图5-2-4　高墙围合的潘宅

图5-2-5　大门

堂后室布置，被分别用作大厅、客厅、住房、书房、厨房、杂屋等。天井的院墙之上还开设侧门，其形制与大门相似略简单。宅院格局严整，限于古代建筑等级，装饰较祠堂简洁，主要被施于大门内的门楼（门楣）之上。

（三）建筑细部

佘村的明清建筑采用的是传统砖木结构，作为村居，建筑等级不会太高，所以构件都相对纤细，但雕饰较为精致，与纤细的屋架相配合，却给人以更为秀美的感觉，然而按旧有形制新做的屋架就显得少了些气韵，有些全新的屋架却完全改变了原有的造型（图5-2-6）。

外墙用条石墙基，青砖空斗砌筑。内墙用空斗墙配以漏花窗（图5-2-7）。木质门、窗等细部处理颇显地域特色。而从使用的雕饰上，可以看出当年的时尚以及村中居民的经济实力。

潘氏宗祠大门，在檐下施平身科三朵，但构造方式与通常所见小有差异（图5-2-8）。梁柱的结合与一般抱头梁相仿，在抱头梁前端承托檐檩和挑檐檩，不用柱头科，但置于柱头的额枋位置稍下，其上承五踩平身科斗栱。这种结构方式显示了民间的做法。修长拱形，与纤细的梁柱一样也体现了民间用料的特色。

民居大门的青砖边框上端与石过梁间用叠涩出挑的青砖作装饰、大门上部的挑砖门楣也是当地建筑的特色之一。门楣上施以砖雕石刻，能给人以精美、雅致的感觉。院内的门楼（门楣）上不仅有雕花的砖枋（图5-2-9），还有“天赐纯暇”（图5-2-10）、“福禄申之”（图5-2-11）等砖雕题额，反映了当地村民的生活追求和文化品位。

若能留意，在一些传统建筑外墙上发现一些饶有趣味的处理。如大门一侧的下部常能见到设置了供猫、狗出入的小洞，这些洞口常在砖过梁上雕出圆弧形上凹的装饰线脚；堂屋的山墙上有些位置稍高，尺寸不大的圆形洞口，这些圆洞是室内的排烟通风口，用块石凿出，而洞口上方砖砌的窗楣，小巧精致，有极佳的装饰效果。

由于南京地近徽州，当地建筑造型和构造都有受徽州的影响，因此，不少人一见就称其为徽派建筑，其实若能深入观察，还是能发现它与徽州建筑的区别，而这些差异就是当地的特色。

图5-2-6　梁架

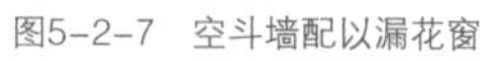

图5-2-7　空斗墙配以漏花窗

（a）外拽

（b）内拽

图5-2-8　宗祠大门的斗栱

（a）仅用叠涩线脚的门楣

（b）还用檐枋、垂柱的门楣

图5-2-9　内门

图5-2-11　“福禄申之”砖雕门楼

（a）门楼整体

（b）细部

图5-2-10　“天赐纯嘏”砖雕门楼

第三节　高淳淳溪

高淳地处长江以南，现隶属于南京市。东邻常州市的溧阳，西接安徽的宣城。

一、聚落历史

明弘治四年（1491年）置高淳县，以淳溪镇为县治。高淳老街即为古镇淳溪的一条商业街，故又称淳溪老街。老街原名“正义街”，辛亥革命胜利后，为了纪念伟大的革命先驱孙中山先生，易名“中山大街”，之后街名几经变更，1982年起又复名“中山大街”（图5-3-1）。

二、聚落概貌

淳溪镇作为县治已有久远的历史，明清期间，这里的商贾往来于徽州、扬州等地，不仅将当地的出产输往各地，同时也带来了南北物品，故镇中商贾云集，店铺（图5-3-2）、作坊栉比，在全盛时期这里的街市长达1公里。镇中民居（图5-3-3）密布，镇域内外还有关王庙、土地神楼、保圣寺塔、聚星阁、耶稣教堂等满足镇内居民及四乡百姓精神需求的设施与场所。历经了数百年的发展与演变，如今保留了一条长约800米的市

图5-3-1　高淳老街

图5-3-2　店铺

图5-3-3　民居

（a）街景1

（b）街景2

（c）街景3

图5-3-4　繁华的市街

街（图5-3-4），两侧的商铺、周围的民居依然保留了昔日的风貌，人们在此能够感受到当地的传统、老街的韵味。

高淳镇西有一条开阔的官溪河，在过去河边设有众多的码头，是为镇中主要的货物集散口岸。现存的老街位于官溪河东，为南北向的市街，宽约3.5米的街道用青石和胭脂石墁铺，中间是胭脂的红砂石横向排列，两侧用青灰色石灰岩条石纵向铺砌。街旁有无数的小巷通往码头或镇域深处。

三、聚落构成

临街的建筑一般为两层砖木结构，开间为一到三间。店铺的临街立面一般底层用排门板，以便在开市之后卸去门板，让整个立面都可以成为交易的地方。楼层则向街道挑出半步架，以争取更多的楼层面积。楼板梁头的高度尺寸远大于宽度，以方便在其侧面进行雕饰。过去枋头下未必都会施用斜撑，但在现今的修复中被一律加装了斜撑。一些稍讲究的店铺，在外立面的楼板下会施用巨大的弯曲眉枋，枋子中部雕刻人物、花卉等。由于社会的变迁，这些雕饰大多已遭毁损，所以今人将其挖补，虽然获得了完整的造型，但新旧对比强烈以及题材的不协调常令人感到还不如保持残损更显自然。眉枋上有时用弯椽封护并装饰楼板下的空间。早期楼层临街面的下部多用裙板；上部设推拉式板窗，但随着时代的推移，下部有施用栏杆；上部则用花窗，这种车木栏杆显示了民国时代的特征。屋面采用挑枋结构，故出挑较大。山墙的墀头造型复杂，装饰较为华丽。这样的建筑处理明显反映出徽派建筑的影响，这与古镇地近徽州，彼此间交往密切有关。

老街两侧的建筑深一到三进，而以二、三进为多。单进的建筑通常以底层作为商店或作坊，楼层为主人的居宅，而多进的往往前为铺面，后连住宅或作坊，形成“前店后宅”或“前店后坊”的格局。镇中的“杨厅”为保存比较完整的一处“前店后宅”式民居，其前后有三进，面阔均为三间。第一进底层是临街的店铺（图5-3-5），两次间布置着曲尺形的柜台。明间开敞，后金柱间安屏风门（现被改装槅扇），以分隔内外。绕过屏风门出一进店铺为一方天井，由一进铺面、二进穿堂和两旁的厢楼围合而成，其檐口平齐兜通，形成“四水归堂”式格局。二进的底层明间属于穿堂（图5-3-6），两次间为居室，铺设地板。一进和二进的楼层前后兜通，形成所谓的“走马楼”。楼层面对天井仅当中开设花窗，下部用素板作裙板，两侧用板封护。檐柱的上部施挑檐斜撑。二进之后由天井将第三进与前面的屋宇分开，天井的侧面设边门，由此可以看出第三进独立于前两进。三进底层明间为堂，两侧次间为室，楼层是内宅（图5-3-7）。三进立面上虽然仍保持着楼层出挑、弯椽封护、斜撑挑檐等传统的处理手法，而明间的槅扇、次间的槛窗，其窗棂花格以及裙板装饰等，楼层屋架下采用封护板顶等都已经明显地看出带有民国时代的特征，同时也反映出它与前两进建筑建造年代似有先后。另外，三进内堂两侧在今天的修复中采用了清水砖墙，这与传统有较大的出入，过去这里的隔墙或用板壁，或用粉墙，以使室内与家具、陈设能够气氛统一，而清水砖

图5-3-5　临街的店面

图5-3-6　店面穿堂

图5-3-7　内宅

图5-3-8　民居大门上的木构挑檐

墙的施用使得墙面斑驳的砖色与勾缝白线破坏了室内的宁静。

（一）建筑构造与细部

如今高淳古街背后的小巷内虽然保留较完整的传统民居已经不多，而且大多都已经残破不全，但一些墙垣、门头仍保留了昔日的风貌。

当地民居的墙垣通常在墙基处用青石砌筑，至地面以上改用青砖扁砌，至1.5米高度砌为空斗墙。转角处常立有角石，以起到加强作用，同时角石有时刻上地界，作为界桩。角石之上的墙体转交则全部使用青砖扁砌，以使外墙更为坚固。

背街的民居大多在三开间的门屋明间檐墙上辟门，其上部置门头。多数门头都用青砖砌筑，当地虽然地近徽州，其形象较为接近，但相较徽州民居，高淳民居中的门头更为小巧，因出挑不多，故门头不用瓦屋面，仅以方砖斜铺在青砖叠涩出挑的挑檐之上，上部也只是简单地用些线脚做出象征性的脊饰。当地还能见到另一种木结构的门头，是在大门上部的墙体内左右伸出上下两层木枋。下层木枋头部由斜撑支撑，上立短柱，柱顶承上层木枋前端，枋端架檩条，承屋面。两短柱中部连以弯曲的眉枋。这种门头出挑较大，别有一种装饰趣味。（图5-3-8、图5-3-9）

高淳的民居因规模不大，所用构架大多脊柱落地，虽然仍属抬梁式构造，但在山墙侧已经接近穿斗式，也就是檩条架在柱顶，而其下面用拉结的枋子。唯有祠堂建筑因需要大面积的室内空间，仍以纯粹的抬梁式结构。

建筑中有大量斜撑的使用，一般在建筑组群内部所使用的雕镂比较精致，而在沿街的外立面大多较为简洁，甚至在使用了出头挑枋后不用斜撑的。

当地房屋上的槅扇、槛窗、楼窗所用的窗棂花格形式多样，而且也可以从这些花格看出时代的特征。比如，时代较早的多为小方格窗棂，甚至使用没有窗棂的板窗（图5-3-10）；稍晚的窗棂逐渐华丽有冰纹等花格装饰；而进入民国时期，玻璃的普及使窗棂的花格变大。

（二）新四军驻高淳办事处旧址

原新四军驻高淳办事处坐落于南京市高淳县的淳溪古镇，是当地一座比较典型的传统民居。高墙围合，平面方整。建筑前后共三进，面阔三间。较为特殊的是三进建筑的明间均为单层，而两次间为两层（图5-3-11）。

图5-3-9　民居大门上的砖挑檐（门楣）

图5-3-10　临街楼房的推拉板窗

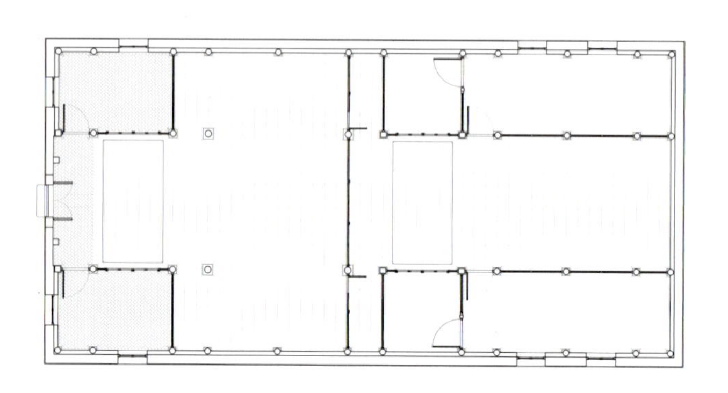

底层平面

（a）

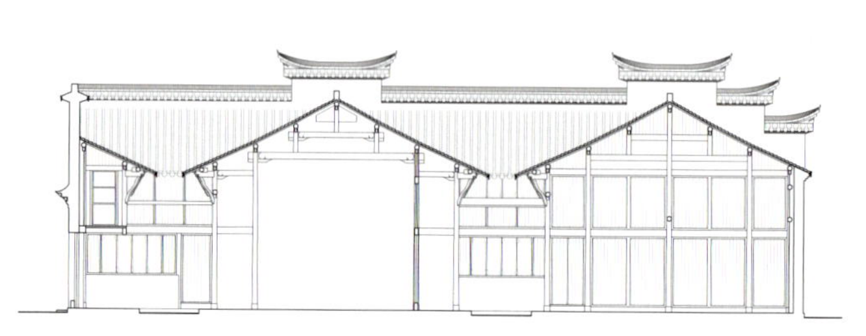

轴线剖面

（b）

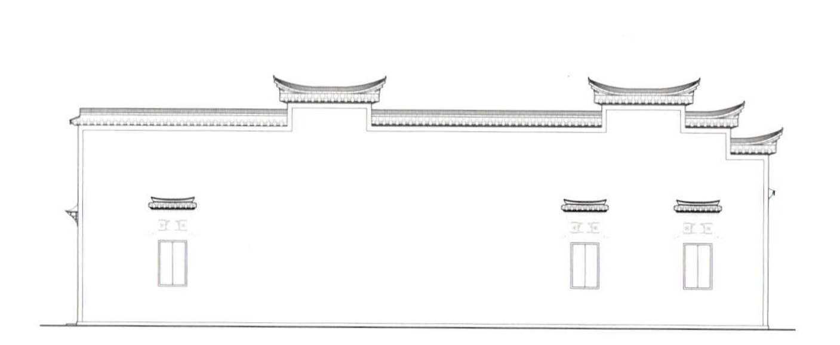

东立面

（c）

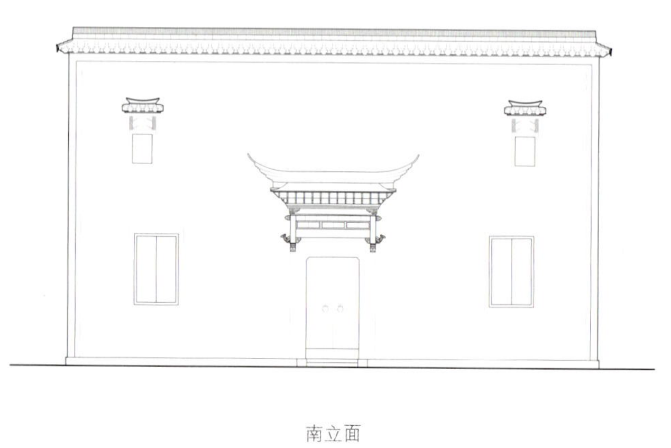

南立面

（d）

图5-3-11　原新四军驻高淳办事处

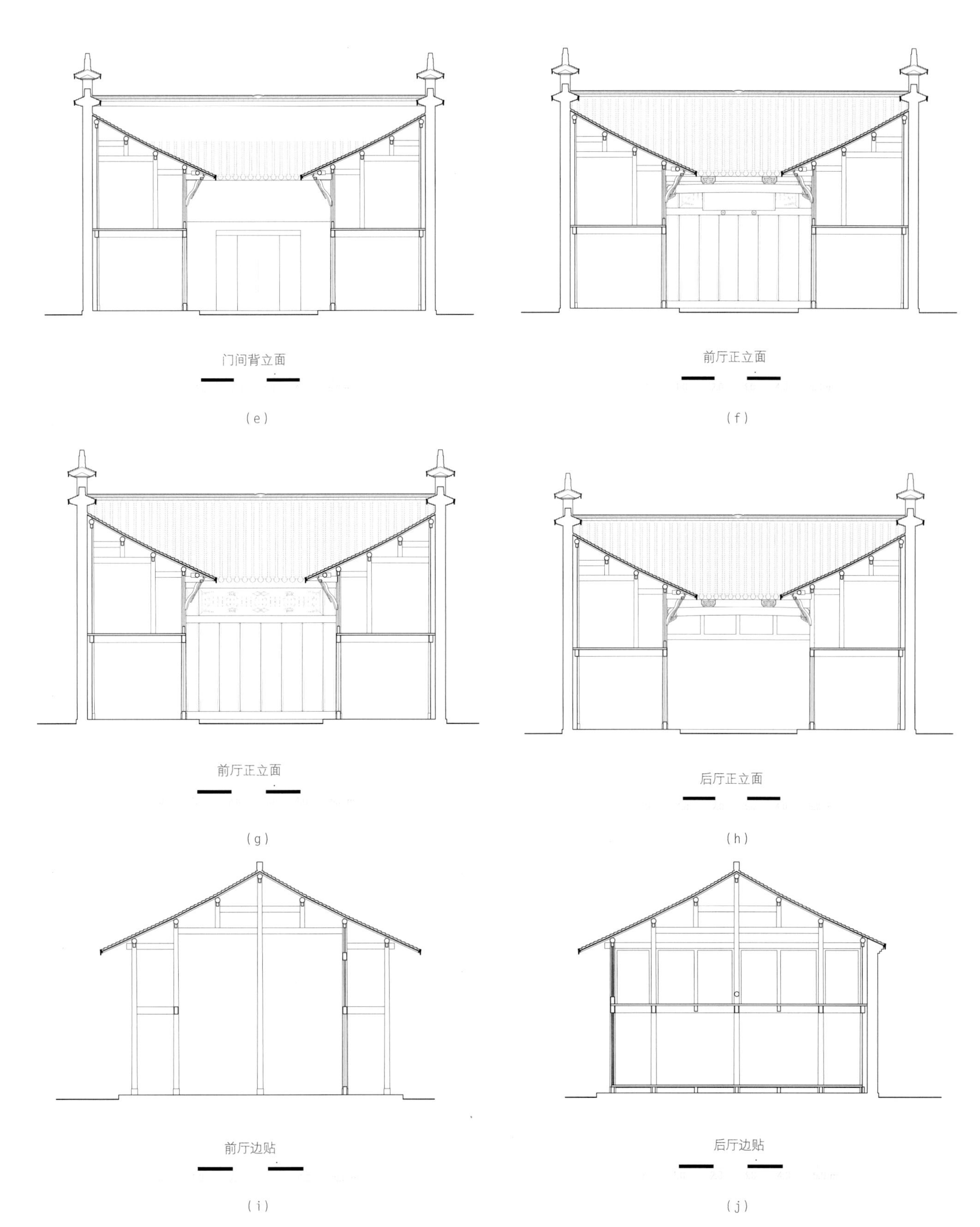

图5-3-11　原新四军驻高淳办事处（续）

正面在高墙当中辟门，其上筑有高大的门楼，其形制与相邻的徽州极为相似，只是雕镂简洁，檐下斗栱进行了简化处理，并且其垂柱、枋子以及门宕均用砖砌。入门为门间，依据当地的生活习俗，两侧次间原初常作储物之用，后来被用作门房和传达室。入门第一进建筑进深较浅，仅三步架，采用向内的单坡屋顶。门间内的天井（图5-3-12）非常狭小，由门间、二进堂屋和两厢（图5-3-13）围合而成，檐口平齐，形成与徽州民居相似的“四水归堂”格局。二进深六步架，明间（图5-3-14）为堂屋，从构架看，原先两次间有架楼的痕迹，但如今已经不存。二进与三进之间亦为“四水归堂”天井，但进深稍大。第三进虽深四步架，但每一步架的进深稍大，因而在整个建筑造型上，达到了“前低后高”“步步高升”的民俗追求。

建筑的构架与徽州建筑基本相似，均用柱梁结构，明间与次间采用不同的处理。明间两侧的柱梁用料较粗，五架梁的梁底作明显上曲的弯势，前端刻出圆弧形雕饰，其下有雀替形梁垫承托，梁端与梁垫一起插在金柱柱头的口槽内。五架梁上立童柱，其顶端的口槽内承三架梁及梁垫。三架梁平直，不作上曲弯势。梁背立脊童柱。柱端置未作雕镂的抱梁云。进驻外侧用抱头梁与檐柱相连，梁柱间的联结方式与五架梁、三架梁相同。山墙侧的梁架断面尺寸较小，脊柱落地，檐柱与金柱、金柱与脊柱间用枋子拉结，童柱立于枋子上，其上端再用短枋与脊柱相连，形成类似于穿斗式的构架。由于次间为两层，所用柱子的中部连有楼板枋。与徽州建筑相似，在明间的檐下施用弯曲的眉枋。

在这座建筑中，虽然内有楼层，但并未设置固定的楼梯，上下楼所用的是移动式楼梯，即需要时架设楼梯，不用时会将其移置墙边。这种处理方法过去在徽州、浙北的普通民居中经常见到，但如今这样的建筑大多被拆除，而大多数人熟悉的传统民居大多规模更大，楼房中都设有固定的楼梯，所以常会感到特别。

与所有的民居一样，即便建筑简朴，不施雕饰，但其槅扇、槛窗等常常是建筑中最为华丽的地方，因为有不同图案的窗棂、裙板之上有时会有简单的雕刻，但由于建筑业已残破，故已经难以见到这些原初的装修构建了。

图5-3-12　前堂背面及内宅前的天井

图5-3-13　内宅的厢楼

图5-3-14　内宅正间内景

第四节　姚桥华山村

华山村位于镇江之东约30公里处，为其东面不远的姚桥镇所辖（图5-4-1）。

一、聚落变迁

华山村的历史颇为久远，相传南朝乐府民歌中的《华山畿》所叙述的一则凄美的爱情故事，即以是地为背景，而近年在村域附近发现的南朝大型男女合葬墓，更被认为对此作了实证注脚，由此显示了华山村的村名或在此之前已经出现。

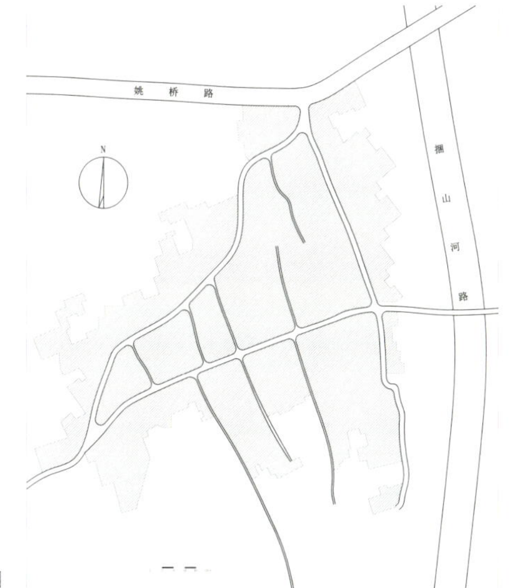

（a）平面图

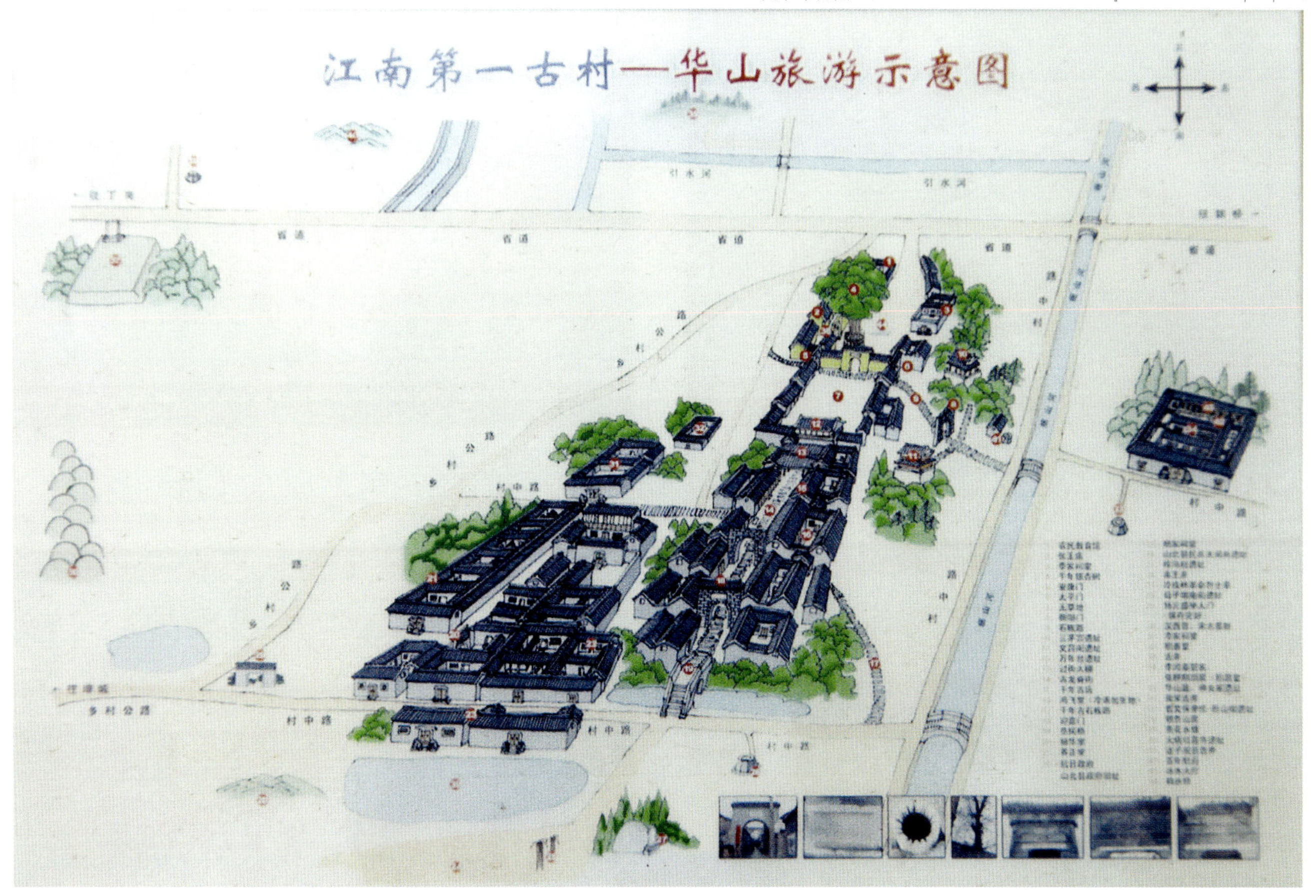

（b）鸟瞰图

图5-4-1　华山村

与无数乡村一样，华山村在此之后一直寂寂无闻，但如今村中依然保留着的古街、古巷、古院、古木则依然能让人们见到文化的积淀、让人感受到历史的久远，而石板路面深深的车辙痕以及村中的禹王井、宋井、观音井等众多古井，还有过去大宅门楼的砖雕，都在向世人述说着村庄曾经发生的故事。

二、聚落形态

坐落于姚桥镇最西端的华山村由两条古老的石板村道构成了村庄的骨架（图5-4-2），其间十余条小巷交织成村中的道路网络。东村口的“朝阳门”“太平门”以及村南的“迎嘉门”等砖砌拱门（图5-4-3），明确地反映了过去村庄的边界。石板村道的两侧是村中的老建筑，如今大部被用于民居，偶尔也有个别的店铺，但似乎可以想象，当年的石板路上车马繁忙；而两侧布满店铺、作坊（图5-4-4、图5-4-5）；街巷间的高墙内还有乡绅出没；村中还有满足村民精神需求的庙宇，一派兴旺、热闹的景象。华山村东两里处尚存的古码头，曾是过去客商往来、上岸、下船的渡口。村庄东南侧有一片不大的池塘，是村民洗涮的地方。过村东口陈旧水泥桥就是相邻的另一个村子了。

图5-4-2 市街

图5-4-3 巷门

图5-4-4 店铺

随着时间的推移，村庄已逐渐扩大，距石板村道稍远的村庄深处陆续修建了当代的建筑，而石板村道旁的不少店铺、作坊也被改成了民居。

三、聚落构成

当地大多数传统民居为多单层，面阔三间，用包檐墙（图5-4-6）。明间檐墙当中用青砖砌为门框，上架木过梁，过梁外侧用水磨砖贴面。砖门框和过梁砖贴面之间设以精致的砖雕小插角（图5-4-7）。两次间开小窗，上部用圆弧形叠涩窗楣，显然是较晚的造型。不少民居山墙开设的小窗较为别致，上带小巧的窗檐（图5-4-8）墙体下部扁砌，上部为空斗墙（图5-4-9）。部分民居山墙中部用一小段封火墙。临街的传统的民居是在前檐明间的檐柱间安木门，或用排门板，两次间砌出檐墙。墙伸出的墀头还保留了一些精美的砖雕装饰。

临街也有两层的楼房。楼房上底层的木门窗、楼层的木质栏杆、楼窗，给人以历史的沧桑感（图5-4-10）。

（一）张宅

村中张家老宅是规模最大的民居（图5-4-11），张宅现存前后三进，前面是院墙，正中辟门，进门为前院，对门是一进三间前厅，两侧为边房。二进中厅与一进相仿，进深稍大。三进是正厅积昌堂，两侧设正房。前后三进建筑间的天井左右均用塞口墙形成中庭与东西跨院。在这三进主屋的两侧还有两排边房。

过去杨家老宅丽华堂也曾是村中较大的宅第，近代著名民主革命家冷遹的宅第据称其规模有七进之多，随着岁月的变迁，都已经大部分坍塌、毁损，仅留下一些破损的建筑或构件残迹。

（二）祠堂

华山村过去曾有四姓的祠堂，分别为冷氏、杨氏、张氏和李氏祠堂，但因四姓人口及社会地位其规模也并不相同。当地流传着“冷家祠堂金銮殿，杨家祠堂河塘边，张家祠堂茅坑边，李家祠堂砖头堆”的说法。如今规模最大的冷家祠堂尚存前面五间，被用作村中的“老人之家”，因仍被使用，还能看出原先的模样；李家祠堂在张王庙东，现被用作村委会，内有调解委员会、卫生保洁站、互助中心等。过去前后应该有两进或三进，现仅剩一进，其旁有后来搭建的一些附属建筑，并用墙垣围合成院。杨氏祠堂在村口水塘北岸，建筑已颓坏。

图5-4-5　作坊

图5-4-6　面阔三间的传统民居

图5-4-7　檐墙当中的宅门

图5-4-8　精致的山墙小窗

（a）下部扁砌

（b）空斗墙及出檐

图5-4-9　墙体

图5-4-10　临街两层的楼房

张氏祠堂因年久失修而倒塌。

（三）张王庙

张王庙位于村中古街以北，庙门遥对村南的迎嘉门。入庙门，左侧有一棵胸径近2米的古银杏（图5-4-12），古树高达30余米，在村外极远处就能见到。其旁券门上有清人朱梓题写的“银杏山房”字额（图5-4-13），券门内有一些低矮的单层小屋。张王庙的殿宇在古银杏之后，但也已经重建。

相传张王庙始建年代较早，明天启元年（1621年）重修，清咸丰十年（1860年）被毁，同治时重建，抗日战争时被日寇彻底烧毁。现存的庙宇是近年村民集资

（a）已显破败的楼厅

（b）保存尚好的内门

（c）原本精美的砖雕门楼的屋檐已经不存

图5-4-11　张宅

图5-4-12　古银杏

图5-4-13　“银杏山房”字额

修造的，为一幢面阔三间的平房，明间开设一狭小的双扇木门，两次间没有门窗，形制与当地普通民居相仿，若不是墙面的黄色，几乎不知为庙宇。虽然张王庙建筑年代不是很久，但质量不高，所以也显出年久失修的模样。

张王庙供奉河神，传说不一，过去香火旺盛。每年农历正月十五的开门节、十月十五的关门节，届时会有无数人从远近赶来，到此参与庙会。

第五节　镇江葛村

葛村位于镇江以东约20公里的地方，现为镇江新区丁岗镇所辖，这里是大港至丹阳的公路交汇点，也是连通镇江与常州，通往扬州、扬中及广大苏北地区的省道、国道的必经之处。

一、聚落变迁

葛村地区人类活动的历史悠久，至今留下了距今六七千年的磨制石器、陶器、骨器等原始器物，之后人们在此从事农耕、繁衍生息。据《丹徒县地名录》载，南宋康王时，有解、殷、魏三姓自山东紫阳葛村迁来，为不忘根本，也将定居之地取名葛村。也有说殷氏原籍陕西，高宗南渡时迁润的殷姓始祖殷秩已久居泰州；魏氏旧籍滋阳葛村，后迁徙宿迁，北宋末迁京口；而解氏原与魏氏存有亲缘关系，亦来自滋阳。之后在镇江逐渐发展，遂成巨族，且彼此缔结姻亲。

随着人口繁衍，葛村渐渐扩大，而村民姓氏大多仍为解姓。

二、聚落形态

过去，葛村是姚桥、大港、大路，乃至扬中、丹阳埤城、后巷、界牌、武进等地的居民去丹徒、镇江的必经之路，镇江人去丹阳、常州、金坛等地，也须经由葛村的古道，所以葛村中那条由村东头至西葛村的古街就成了村庄发展的起点。古街不断延长、村落则在古街前后逐渐扩大（图5-5-1）。

来往商旅促进了街市的繁荣，盛期的古街两边店铺林立（图5-5-2），有百货店、杂货店、饭店，茶坊、客栈、诊所、中药店、粉坊、碾坊、磨坊、豆腐坊、鞋匠铺、木匠铺、裁缝铺，甚至连棺材铺都应有尽有。早晚两市，街面上还摆满了小贩的摊挑，当天宰杀的猪肉和下水，刚出水的河鱼江虾，各式新鲜蔬菜，溢着清香的莲藕、菱角、瓜果，把小街装扮得更加多姿多彩。早上有烧饼、油条、鳝丝面，午饭时有肴肉、甲鱼、螃蟹，冬日里还有东乡的羊肉、诱人的羊肉汤。街市深处还有粉坊、碾坊、磨坊、豆腐坊、鞋铺、木作工坊、裁缝铺、成衣铺等。繁华的市场、造就了葛村的规模，当年在古街的商铺之间数十条小巷，不断向纵深延伸（图5-5-3），构成了村中的交通网络，街巷之间散布着奢简不一的民居。

尽管经历了社会的变迁和经济的发展，旧时的建筑依然保留了不少。葛村现有60余处古建筑，有宗祠、走马楼、古更楼、古民居（图5-5-4）、四合院等，还有距今近千年的宋代古井、数百年前的明清砖雕以及数

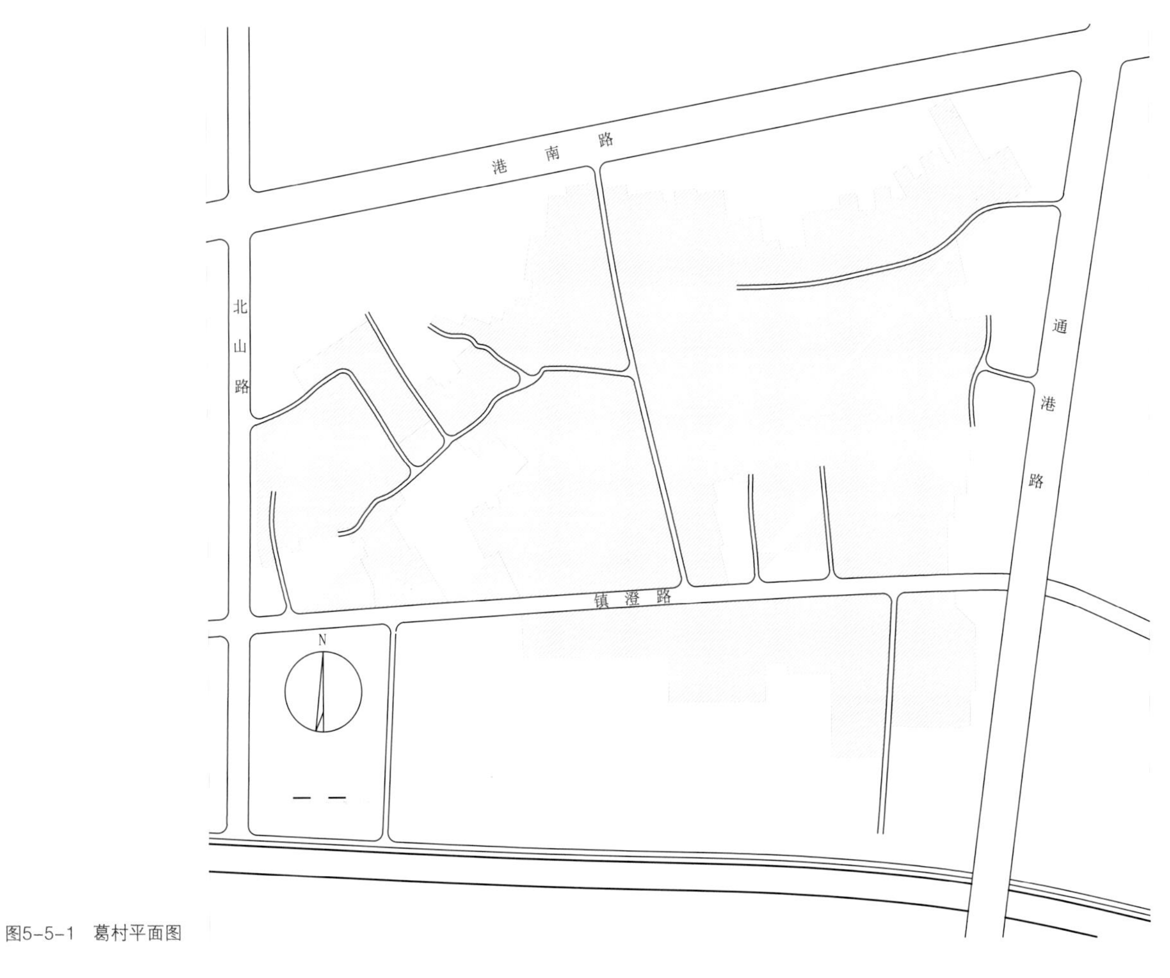

图5-5-1 葛村平面图

图5-5-2　业已冷落的市街

图5-5-3　通往聚落深处的小巷

（a）面阔两间的民居

（b）面阔三间的民居

（c）前后三进的民居

图5-5-4　传统民居

百年的古腊梅等。那条被车辙磨得光滑如镜的石板古街，可令人遥想当年车轮的铁箍、骡马的铁掌碾压和行人草鞋践踏的伟力。当人们行走于村中的街巷时，清水砖、空斗墙、黑色的小瓦，随时能映入眼帘，让人有一种时空穿越之感。因而，葛村一度被认为是“江苏为数不多的古村落”“镇江最美古村落”。

如今村域规模达5.2平方公里，成为有570多户、2480人的大村庄。随着近年的发展，如今村东为通港路，北有港南路，南面是338省道。这里成了镇江新区的南大门，也是连通镇江、常州甚至苏北各地的枢纽。

三、聚落构成

（一）解氏宗祠

位于葛村中心的葛村解氏宗祠始建于明代景泰年间，清乾隆十六年（1752年）重修，主体建筑前后四进。据村民介绍，原先祠堂之前设有影壁，其后有宗祠管理配房七间。影壁和大门之间，左右建有圈门。东圈门北侧设惜字宝库，大门之前还有左右旗杆。

宗祠第一进面阔七间，当中的明间设为门厅，屋面略略上翘，使檐口高于两旁建筑，檐下施斗栱（图5-5-5）。中柱间置门扇，门前置巨大的抱鼓石。门厅两侧各为两开间的倒座，过去东首两间为厨房，西首两间为粮库。如今东侧称“松竹室”，西侧命名为“翰墨苑”。二进面阔五间，当中三间辟为仪门（图5-5-6），两梢间檐下砌筑槛墙、安槛窗、门扇，成为门侧附房。仪门之前用游廊将前天井分作三院。三进为祠堂正厅（图5-5-7），面阔三间硬山顶，建筑构架用材硕大，构造简洁，造型明快，基本保留了明代建筑的风貌。正厅两侧设有两庑，面阔六间，深七檩，为葛村解氏20个分祠的祭祖室。正厅之后是五开间的后堂（图5-5-8）。过去是供奉祖先神像和牌位的祖殿。东西两侧阁楼上有橱柜，存放家谱及一切资料。

近年来葛村的解氏宗祠进行了大规模的修缮，部分建筑都做了恢复。在中轴线的西侧设置了西跨院，其间建有面阔五间的主体建筑，前后辟为庭院。

过去葛村鼎盛时曾有解氏分祠20处，如今保存较完整的仍有4座。当地解氏总堂名为恩荣堂，分祠分别为：册、礼、乐、射、御、书、数、左、右、孟、仲、季、唐村、春、夏、秋、冬、福、禄、寿。其中“册”支祠始建于清乾隆三年（1739年），2007年被拆除，现将恢复重建。

（二）民居建筑

在经历了近千年的沧桑变迁后，葛村尚存明、清及民国时期的民居数十座。颇具代表性的有榜眼府、解朝东故居、古更楼等。

榜眼府建于清末光绪年间（1871～1908年），是当年一位武进士解兆鼎的故居。建筑三间两厢，与村中其他同规模的民居相似。其东向的宅门，尺度虽然并不太大，门框也是当地清水砖砌，但颇为特殊的是门扇两旁

图5-5-5 解氏宗祠门厅

图5-5-6 仪门

（a）正厅正立面

（b）正厅内景

图5-5-7　正厅

（a）后堂正立面

（b）后堂内景

图5-5-8　后堂

巨大的八字形门宕。据称，在古代这种形制是武进士的建筑标志之一。

近代解朝东虽为葛村人，但在解甲归田后移居大港，今天的解朝东故居是其亲戚的“勤怡堂”，经修缮改作陈列室，其原貌基本保存。在其东面的一所三进的老房子，属于较典型的民国初期民居建筑。

村中魏荣生宅也是一座两层的传统三合院。主楼坐北朝南，面阔三间，进深六步架。室内用板壁在前后柱间予以分隔，形成明间为堂屋、次间为室的布局。明间底层安六扇槅扇长窗，楼层开设楼窗，楼窗之下用裙板，不设腰檐。室内立柱全部落地，构架较为纤细。主楼两侧置厢楼，深两步架，两厢楼前砌以高墙，其内围合成天井。院内有条石铺砌的甬路。厢楼的底层向天井开门，上下层仅在当中辟两扇小窗。东厢底层有向外的侧门。正面高高的院墙正中辟门，门框为清水砖砌，门框上部用砖雕小插角装饰。

如今类似的民居还有不少。据统计，葛村还有十余幢明清古宅、民国建筑约有五十余处。一般为三、四进，最多的达到七进。这些建筑结构严密、布局合理，多进穿堂式高墙深院，天井、小院内常有花木点缀，常能给人以幽邃典雅之感。这些民居均为清水砖砌外墙（图5-5-9），大门设有门楣装饰（图5-5-10），院墙等处常有青砖雕饰，有人物、花卉、鸟兽等题材，雕刻精美。墙垣花窗也图案别致，用青砖磨砌成圆形、正方形、长方形等几何图案。内院隔墙的洞门框磨砌精致。清代建筑檐墙通常对外不开窗户，楼房的山墙上开设小窗（图5-5-11），民国时期则有面向街巷的檐窗（图5-5-12）。

（三）古更楼

更楼在榜眼府不远，为两栋四合院间的一座过街小阁楼。离地约3米，面积仅4平方米左右（图5-5-13）。前面有木制栅栏，设一小门，可供值夜人搭梯子上下。更楼的下面前为小巷，后有券门与另一横巷相通。

（四）庙宇

过去葛村一带的庙宇较多，村中就有大帝庙、普济庵、文昌阁、大王庙、莲花庵、新鞍庙等，一些庙宇

图5-5-9　清水砖砌外墙

图5-5-10　门楣装饰

图5-5-11　山墙小窗

图5-5-12　檐窗

图5-5-13　更楼

历史久远，屡毁屡建。只是在20世纪50年代之后或被移作他用，或被拆除，如今仅留下文字记载和基址残迹了。

大帝庙相传是刘备东吴招亲时的行宫，故又称昭烈行宫，位于西葛村，后毁。据地方志载该庙在清代嘉庆五年（1800年）重建，内设戏台，每年二月初八举行庙会，并请戏班子在庙内万年台上唱戏。后被拆除。其余庙宇建造年代或早或晚，大多是在20世纪50年代之后被拆除。建于清末的后观音殿在20世纪50年代被用作乡五金厂，后工厂发展，也被拆除改建厂房。

（五）水井

葛村是一座有着千年历史的古村，旧时村民为生活用水而开凿水井，普通人家的房前屋后就能见到水井的身影，但随着生活方式的改变，原先随处能见的水井也渐渐被人遗忘。直到前阶段的第三次全国文物普查时，重新发现了村中的九口古井。其中保存完好的有四口，三口经鉴定为明代和明代以前的，一口为清代的。井栏形式也有各种造型，有圆形的，有六面形的；有雕花的，有镌刻文字的。马岗井是一口至今仍保留着“井神”的古井。呈腰鼓状的井圈为青砖砌就，井栏一旁树立着一尊用花岗岩雕琢，高约36厘米的“井神”。只是“井神”曾遭到人为损坏，造像变得残缺不全。解氏宗祠前面的古井是使用频率最高的，过去在祠堂里的各项活动中大多会用到此井之水。八角形的白石井栏呈腰鼓状，上面留有数道井绳磨砺的痕迹。村东的琵琶井不仅年代久远，据说在夜深人静之时，井底会传出类似于弹琵琶的声音，故名。

淮扬地区一般认为是淮河中下游与扬子江下游地区，广义的包括南京、镇江、淮安、扬州、盐城、泰州等地。然而，长江南岸的宁镇地区不仅在远古时期出土的文物也属于不同的类型，而且长期以来饮食、方言、风俗等方面都与北岸的江淮平原具有一定的区别，所以狭义的淮扬仅指汉时的临淮、广陵二郡，唐宋的楚、扬二州，元代的淮安、扬州二路，明清的淮安、扬州二府。历史上虽然这两地行政区划并不相同，但长期处于同一亚文化圈，彼此联系密切，相互影响，所以在包括建筑形式、构造在内的诸多文化形态都有其同一性。

也有将长江与淮河之间称江淮地区，其上游可达河南省南部，经安徽一直延伸到江苏。在江苏境内，江淮之间已是入海口的冲积平原，地势低洼，海拔仅5～10米。这里交织的水网、众多的湖泊，地理环境与江南太湖平原十分接近，因而从宏观上看，两地的聚落格局也较为相似。然而由于这里的纬度高于江南，同一季节尤其是冬季的气温会较江南略低，其民居建筑会在保温方面有更多的考虑，于是就造成了村庄、城镇在直觉形态上的区别。

历史上北方战乱频发，战争引发的移民时有发生，聚落更迭频繁，因而也影响到诸如乡村聚落中的建筑质量普遍低下。许多乡村直到20世纪70年代初依然是泥墙草顶的建筑占绝大多数。市镇的中型以上的住宅逐渐与相邻地区拉开距离，在平面布置上有强调轴线的，但其大门往往偏于东南。或许是相对于江南比较干燥，内宅多用单层的平房。而在前堂两侧普遍置游廊，有些则将游廊加深，形成两庑。

淮扬地区大型府邸中轴线上的房屋大多为五到七进，大门居于中轴线上的并不太多，一般是偏于东南辟门，入门为一区小院，由小院转而进入位于轴线上的二门。二门的作用与苏南府邸中的轿厅相仿，只是采用了门厅的形制，也就是在明间脊柱内侧安装门扇。二门之后是大厅。按规定大厅的面阔也只能用三间，但因实际的需要常常会突破规定，建成五间甚至七间，为避免与规定发生冲突，往往在次间外侧的柱间用板壁、屏风门，前院用院墙予以分隔。楼厅被置于大厅之后，通常有二到三进，带有两侧厢楼，厢楼与前后楼厅之间可相互连通。

淮扬地区大型府邸的中轴建筑与次轴建筑之间也采用巷弄分隔，在当地称之为“火巷”，由此可以看出其所具有的隔火、防火功能。

而上述诸多区别的集合，就形成了当地聚落的特色。

第一节　盐城龙冈

龙冈地处江淮之间，里下河平原的腹地，新洋港上游。其东与盐城市的张庄街道办事处紧邻，南与郭猛镇相接，西与秦南镇毗邻，北、西北、东北分别与建湖县庆丰镇、芦沟镇和盐城市亭湖区永丰镇隔河相望。介于北纬33°19′～33°26′，东经119°54′～120°03′之间，为盐城市盐都区所辖（图6-1-1）。

一、聚落变迁

今天的盐城地区曾经是早期人类活动之地，新石器时代这里就已有了人类活动的踪迹。自全新世以来，这里经历了由陆地变为海洋，再由海洋变为陆地的演变过程。龙冈镇区北侧的“15里沙冈”（今镇北的桃花园森林公园，图6-1-2）即为海浸时期残存的自然古沙

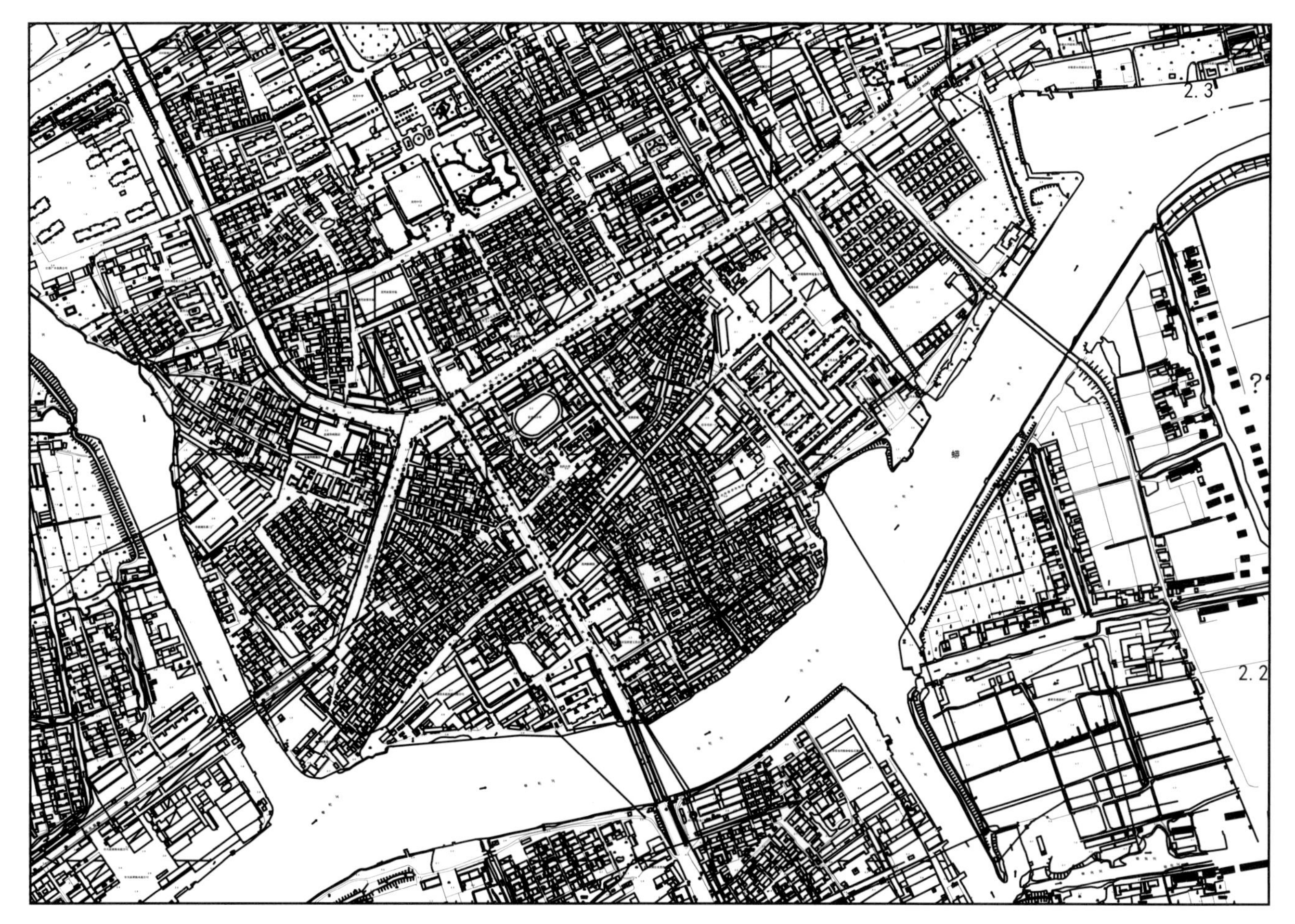

图6-1-1 龙冈镇老镇区平面图

堤。汉代以后海水退却，人们重新返回，在此捕鱼、晒盐。西汉武帝元狩四年（公元前119年），原射阳县将东部析出，设立盐渎县，此时的龙冈一带为滨海村落。东汉末，今盐城北门之外东北部的沙井一带被设为盐城县治，当时已是一个人口稠密、渔农盐业兴旺的市镇[①]。时至唐代，今盐城市区东侧即为大海，故境内多盐场，代宗大历元年（公元766年）开挖串场河，次年淮南黜陟使李承筑捍海堰以阻挡海潮。随着盐业生产的发展，不仅县治盐城的商业、手工业逐渐兴起，周围也涌现出不少的市镇，龙冈即为其中之一[②]。

龙冈镇原名冈门，据称是由于镇北沙冈与盐都的大冈、建湖的上冈都曾是冈内（西侧）各村对外门户，故名。冈门镇在唐宋年间，因当地被作为食盐的集散地而繁华。时至清末，全镇有纺织、竹木、粮油加工作坊及大小商号200余家，成为盐城附近最大的八镇之一。民国2年（1913年）又因沙冈形似卧龙，故更名龙冈市，民国18年（1929年）再改龙冈镇。

今龙冈一带曾为古海岸，秦汉以来当地的先民主要

① 光绪·盐城县志［M］.

② 唐红旗主编. 龙冈镇志［M］. 北京：方志出版社，2010.

图6-1-2　过去的沙冈，今天的桃花园森林公园

以捕鱼、制盐为业，唐代捍海堰筑成后，因海盐的专营以及商品集散，开始成为镇市。随着海岸逐渐东移，当地居民慢慢开始改制盐为农耕，但冈门（龙冈）镇除了改变其主要经营的货品之外，并未影响到它的繁荣。清初孔尚任到此视察蟒蛇河拓浚工程时，曾感慨这里"岸草经秋长，商船薄暮连"的景象（孔尚任《视冈门新河》诗）。

与我国绝大多数镇市一样，冈门（龙冈）镇在唐代形成之后，其业态是商品的集散，千余年间并无太大的改变。直到20世纪50年代之前，龙冈镇还只有银、铜、铁、锡、竹、木等手工作坊数家，粮油作坊数家，其余为百余家各类商铺、茶馆和饭店。这些作坊、店铺主要用以满足当地居民的日常之需以及往来客商生活要求。20世纪50年代中后期开始，当地的产业结构发生了巨大的变化，原先的粮油作坊被发展为粮油加工厂、饲料加工厂；铁、木作坊改造成了农具厂、机械厂。尤其是20世纪80年代之后，各类工厂得到了飞速发展，不仅先后建起针棉织厂、羊毛衫厂等，甚至在镇域的四乡还出现了砖瓦厂、石灰厂、水泥制品厂、磷肥厂、塑料厂等。生活与生产形式的改变也带来了聚落形态的变化。

二、聚落形态

千年之前的冈门镇是怎样的形态，因资料的缺乏已不可考。尽管从留存的部分民居造型上尚能推断其大概兴建于清代的中期之前，从部分晚近的文献中还能找到部分相关的文字描述，但要完成一幅完整的、稍早时代的古镇聚落拼图却十分困难。所以，只能依据已有的材料，做一个大致的推断。

应该最迟在20世纪初，冈门（龙冈）镇的四至范围大约是在东临青龙河，西至今天的凤凰北路；南临蟒蛇河，北至如今的盐兴路。镇域当中有一条东西向贯穿的市河，其东出蟒蛇河，西出盐河（今凤凰北路）与蟒蛇河交汇。河面架通市桥，坊桥（又名安福桥）、文曲桥、马永桥、富佳桥等5座小桥。镇东由青龙河与蟒蛇河交汇形成的水湾，是商船客轮云集的码头。四至之内分布着纵横街巷，有南、北、中3条主街。南街沿蟒蛇河，即今天的沿河巷、仓家湾（图6-1-3、图6-1-4）；北街在市河北侧（图6-1-5）；中街南至老凤凰桥、北至坊桥北街，即今天的解放路（图6-1-6）。主街之侧是数十条小巷，如永清巷（图6-1-7）、油坊巷等，与主街相互勾连，形成古镇的街巷网络。

当年三条主街十分繁华，中街之上开设有绸缎棉布店、“五洋”百货店、京广杂货店、烟酒店、药店、茶楼等；南街则有粮行、草行、陆陈行等；北街主要是烧饼店、饭馆、银铺、当典、旅社等。呈现出市肆鳞次，店铺栉比的景象。沿街的店铺一般都是所谓的“连家店”，即前店后宅的形式。民居主要分布在各条小巷之中，经济条件较好的使用青砖小瓦房；当然经济条件不佳者也有住土墙草房的。清光绪三十四年（1908年），

图6-1-3　沿河巷

图6-1-4　仓家湾

图6-1-5　北街

图6-1-6　解放路

图6-1-7　永清巷

上海大达轮船公司在盐城设局，盐邵（伯）班开航，冈门镇东的水湾成为该航班的停靠码头。20世纪50年代之后相继开通了盐邵（伯）班（镇江班）、宝应班、大潭班、葛武班、大冈班、楼王班、中兴班等，使这里与外界的联系变得十分便捷。在蟒蛇河边还设有木行、竹行、酱园、糟坊、米厂等。蟒蛇河也架有凤凰桥、顺济桥、高冈桥，形成与外界交通的孔道。当年镇域内还曾有东天庙、关帝庙、太阳庙、南弥陀寺、西弥陀寺等，据称这些庙宇飞檐碧瓦、雕梁画栋，结构精湛，形象壮观。

由于抗战时期的战争影响，商店、民居都遭受到严重破坏，市面萧条，庙宇也都全部毁于战火。20世纪50年代之后，我国社会步入安定时期，战争的创伤迅速得到医治，只是因为百废待兴，尚无力将更多的资金和力量投入市镇的建设之中，因而，龙冈古镇的风貌基本保持。

1970年镇北的盐兴路建成不仅使龙冈到盐城的交通变得更为快捷和便利，也为龙冈镇日后的建设向北拓展提供了条件；同样，1972年凤凰北路修通，也成为镇域西扩的基础。近年来，青龙河及蟒蛇河对岸的建设也逐渐迅猛。由于新镇区开发的各种条件较老镇区更好，所以在极度讲求效益的今天，老镇区渐渐为人所遗忘，使这里基本保持原有的风貌。

当然，在百余年的社会发展进程中，也使老镇区留下了历史的印记，如原先的南寺于抗战时期被毁后，20世纪50年代在其遗址建成了粮库；被毁后的东天庙遗址在进入21世纪后建起了文化名苑居住小区；镇上的供销社、小学等都是由原先的祠堂、庙宇改造而成，经过发展已经无法辨识原有建筑及环境情况了；一些旧有民居和商店也因年久失修而颓圮甚至被改建。而变化最大的是1983年将市河填平，两侧建起了当代建筑用于商业。然而古镇的街巷肌理依旧，传统民居还保留有不少。街巷内依然可以让人感受到古朴，在整体上，它的历史气息依然浓郁。

三、聚落构成

尽管龙冈曾号称是盐城周围八大镇之一，当年也被形容为商号林立、百货骈集，但这里毕竟无法与经济富庶的江南相比，也不能与地位更高的州县之所齐观。传统镇区范围中，并没有轩昂的深宅大院，亦无宏敞的店面，即便是在人们印象中气度不凡的庙宇，也已成了历史中的烟云。然而，当地聚落质朴的形象也是一种传统特色，那体量小巧的民居与店铺、青砖墙上精致的出檐与雕饰所体现的是一种恬淡的趣味。

（一）民居

龙冈镇上的传统民居曾有两类：贫寒之家大多住在泥墙草顶的房屋之中；家境富裕者则使用传统砖木结构，外观为青砖、黛瓦的建筑。由于社会发展使当地居民的生活有了普遍提高，泥墙草顶被视为落后的象征而被淘汰，且随着岁月的推移，那些泥墙草顶的建筑也在自然的风化与居民的清理中逐步消失，以至于今天只能在一些资料中了解到它们曾经存在，现实中已经见不到其踪迹了。砖木结构的传统居民以单层为多，偶尔也能发现一、两幢两层的楼房。当然经当代翻建、改造后出现的两层及两层以上的楼房就更多了。

当地普遍使用的传统砖木结构民居大多为面阔三间，进深六步架。作为承重结构的梁柱造型和结构方法与扬州、淮阴的木屋架十分接近，反映了这一地区的共同特点，或可称之为地域特征。由于当地一般的居民在生活中并不要求更大的室内空间，所以大多数建筑的明间和次间屋架基本相同，采用脊柱、金柱和檐柱落地，檐柱前、后均为双步加抱头梁的形式，结构相似（图6-1-8、图6-1-9）。稍稍不同的是次间因为有砌于屋架间的山墙，所以梁柱尺寸都略略缩小。明间梁柱间设木板壁，由此形成一堂二室的空间，满足了普通人家的生活要求。也可以见到个别建筑明间的前后金柱上承

图6-1-8　明间构架

图6-1-9　次间构架

五架梁的，这样的结构可以获得室内较大的无阻挡空间，但也要求梁柱壮硕，主要为当地社会地位较高、经济条件较好的家庭用作前堂（图6-1-10）。

木构架之外，墙体均用清水砖砌筑，两侧的山墙按传统均实砌。因为气候的原因以及外向封闭的传统，后檐墙一般不设窗户，若其后还有庭院或自家的其他建筑，也会在墙上开设砖框木窗。前檐有两种处理方式，其一为三间均砌为檐墙，明间辟砖框木门，次间设砖框木窗（图6-1-11）；另一则是明间安槅扇，并将其退入一步架，即将槅扇装在金柱之间，从而形成一间前廊（图6-1-12）。当然，后一种的前面会有前院。屋架之上覆小青瓦屋面，椽子之上也会因条件而有用望砖的，也有用柳条枝或芦席代替望砖的。

目前被保留下来的民居通常为前后两进，也有单进或三进的。天井的侧墙大多直接从前后建筑的山墙延伸相接，也有少数将院落侧墙远离屋舍山墙，从而使屋侧形成通道。

（二）店铺

在龙冈镇最为繁盛的时期，南、北、中3条市街，店铺栉比，所以店铺也是聚落的重要组成部分之一。社会的变迁，使镇上绝大多数商店已向发展更快的地段转移，原先的临街店铺仍还有不少被留存了下来，只是原先的店铺被改作居住建筑，店面原先的门板被檐墙、门窗所替代（图6-1-13）。

临街的店铺面阔一到三间，构造与民居基本相同。进深六步架。为了内部空间开敞，明间的脊柱基本不落地，个别店铺甚至通檐仅用前后两檐柱。紧贴山墙屋架则为檐柱、金柱和脊柱五柱落地。若店后是别人的院落，一般不能有门窗，不然，会开设砖框木门窗。前檐则通开间均为排门板（图6-1-14），营业时退去门板，可以有最大的面积迎向街道、迎向顾客。由于前檐不用檐墙，屋檐会有出挑，所以山墙在前出檐处施用砖叠涩，形成简单地墀头。

由于过去的店铺通常为经营者所有，他们的居所往往与店铺连为一体，形成前店后宅的院落，所以有些店铺会在后檐的明间开门。但有时为使店、宅之间不至于相互有太多的影响，也会在店铺旁边增设一间门屋，这样的处理在南北走向的中市街（今解放路）较多见，而如此处理也可为内部住宅建筑争取更好的朝向。

图6-1-10　使用五架梁的构架

图6-1-11　使用砖框门窗的建筑正立面

图6-1-12　明间安槅扇的建筑正立面

图6-1-13　被改作住宅的店铺

图6-1-14　前檐用排门板

（三）外观装饰

尽管龙冈镇的传统建筑体量不大、造型简朴，但经由人们的精心处理，还是能给人以恬淡之中不失精致的感觉。

建筑的墙体大多用青砖砌筑，上覆黑色的小青瓦，因视角的关系，其灰色的基调与黑色的点缀十分协调。平整的墙面中那整齐的白色勾缝又进一步增添了变化，同时也能引发美的想象。封檐墙的檐下有用三、四层平砖出挑（图6-1-15）；也有中层用45°砖牙（图6-1-16）；还有施用砖枋装饰的（图6-1-17），能给人以丰富的变化。采用封火山墙的有用跌落式五山屏风墙，也有仅屋脊处用单个太平山；两坡式的山墙简单的仅用两路叠涩砖线，较讲究的用青砖砌出砖博风，最精致的则是将砖博风用磨砖对缝的方法砌成，其考究程度可见一斑；过去正房檐墙的门窗之上会用清水砖砌出门楣和窗楣（图6-1-18），后来可能是受外

图6-1-15　平砖出挑的封檐墙

图6-1-16　45°砖牙出挑的封檐墙

图6-1-17　用砖枋装饰的封檐墙

图6-1-18　清水砖窗楣

来影响，其门窗上的门楣和窗楣被简化，代之的是砖券过梁。

在一些民居中正房檐墙或院墙所设的门洞，其砖框上部都会用挑砖作花芽装饰，较为普通的仅在挑砖端部雕成曲线造型，令原本厚重的砖框变得轻巧，而一些讲究的人家，则又将挑砖花芽的正面刻上浅浅的浮雕，虽然雕刻面积很小，却有了画龙点睛的效果，让大面积的素平、灰色呈现出超乎想象的精致感。不经意间抬头一瞥，还会惊异地发现，在门洞的底面，木过梁之下竟然还嵌有一方砖雕，有“寿”字、“万”字；有如意、牡丹，多为吉祥图案，寓意着祝福（图6-1-19）。甚至在某户民居正房门洞的侧面还雕有小龛，内供神像（图6-1-20）。这所有的一切都揭示出：在传统中国，美的追求无处不在，要获得美的表现，未必需要大笔经费的投入，而留存的这些古人的处理会令今人时刻都能享受到发现的惊喜。

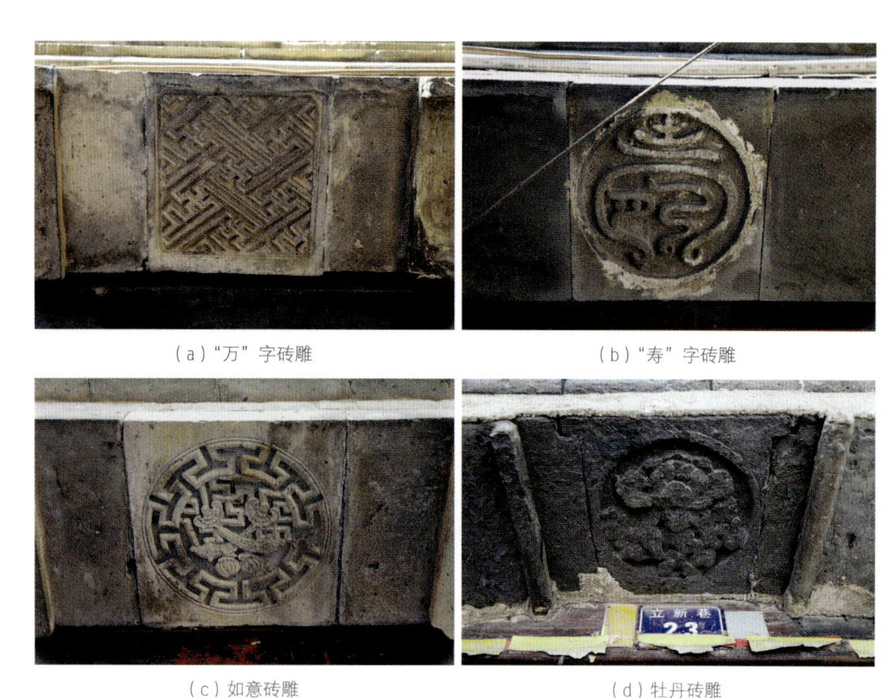

（a）“万”字砖雕　（b）“寿”字砖雕

（c）如意砖雕　（d）牡丹砖雕

图6-1-19　门框过梁底面的青砖雕饰

图6-1-20　清水砖砌门洞侧面的小龛、神像

第二节　东台安丰

安丰今为盐城的东台市辖镇，其历史非常悠久。

一、历史沿革

据考，在距今一千多年的唐开元年间，这一地区已被载入史籍，当年这里地濒沧海，百姓以烧囱煎盐为业，故初名“东淘”。由于滨海之地常遭海涛侵袭，到北宋仁宗天圣五年（1027年），西溪盐仓监范仲淹率民修堤，以挡海潮，百姓更希望安居乐业、丰衣足食，故后改“安丰”。随着岁月的推移，至清嘉庆年间，安丰已有19694家灶户，48413名灶丁。如今历史上形成的七里古街，依然保留着昔日的风姿（图6-2-1），经过整修后的老街南段已被列为市级文物保护单位。

二、聚落格局

古镇安丰的东侧有海河，为水路盐运要道。西面的串场河可直达长江，交通、运输十分便利。明清时期当地盐业发达，带来街市繁荣、商业兴旺，由此形成了一条南北走向的七里长街（图6-2-2）。街道两侧有能通往市镇深处的十余条小巷，由此构成古镇的道路系统。街巷的路面皆砖石铺砌而成（图6-2-3、图6-2-4）。

鼎盛时期，远近商贾云集于此，店、行、坊、馆遍设古镇。街旁屋宇鳞叠，商贾辐辏。据记载，当年全镇有纯商业行业40多个，店铺800多家，商贩2300有余，经营着棉布、酒酱、八鲜、南北货、鲜肉、茶叶、家具、中西药品、瓷器等商品，收购棉布、粮

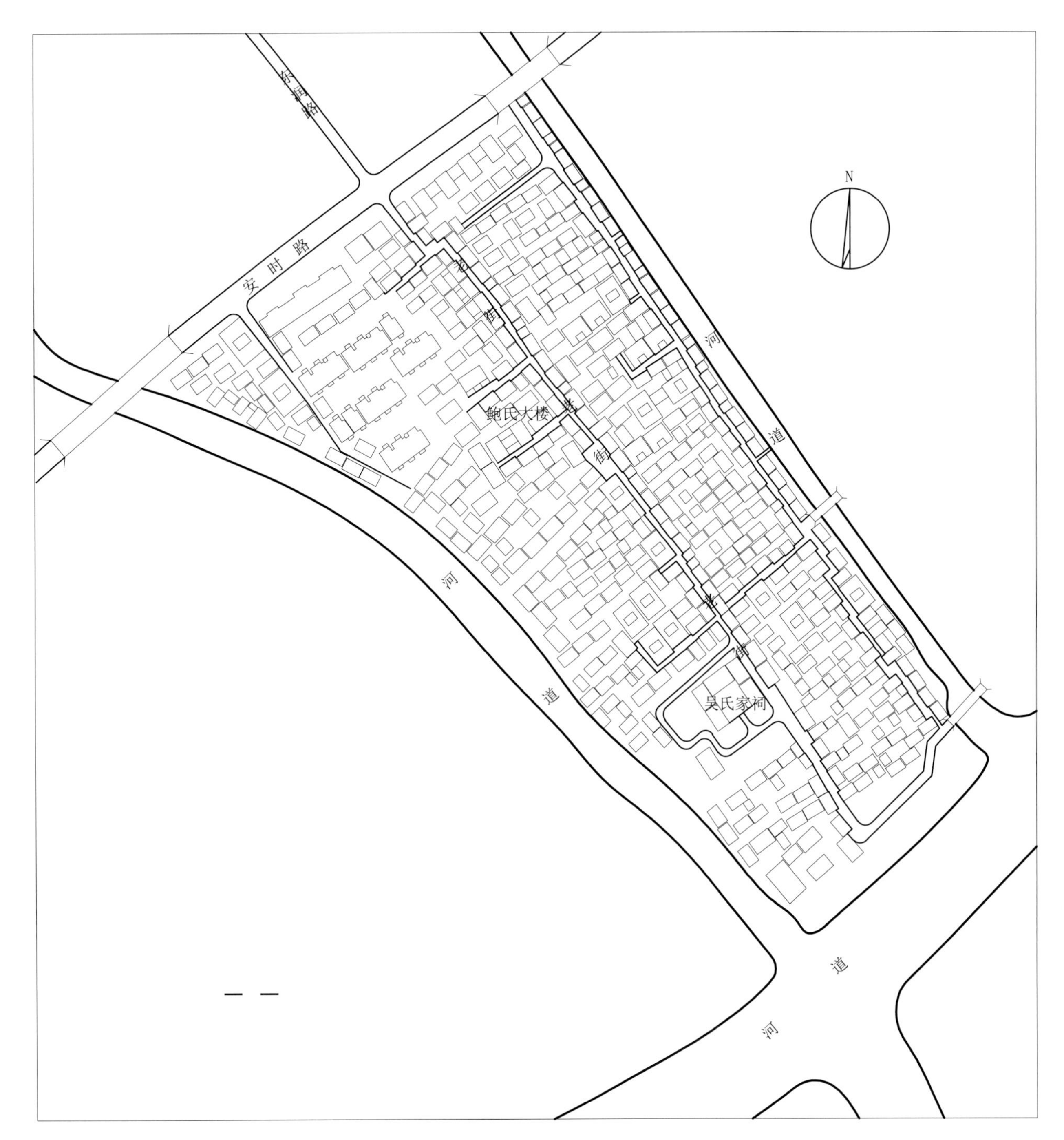

图6-2-1　安丰镇平面图

食、草鞋、鲜蛋等农副土特产品，生产食油、粮棉、茶干、茶食、糕点、旱烟、首饰等上百个具有地方特色的产品。

如今，虽然安丰已经逐步得到发展，其城镇中心已经北移（图6-2-5），新镇区内现代建筑、现代设施已经大量涌现，因而古街显得有点破旧、有点冷清，但古镇中的清代鲍氏宅第、吴氏家祠以及古街两旁的传统店铺、民居依然能让人感受到历史的浓郁积淀。

图6-2-2　古街北端

图6-2-3　街景

图6-2-4　临街民居

图6-2-5　新城

三、聚落构成

古镇上的建筑一层的平房较多，偶尔也能见到两层的楼房，但数量不多，因而像镇中鲍姓宅第被称之为“鲍氏大楼”，这反映了市镇的经济水平和居民的生活方式。

街道两侧也多为两、三开间的单层店铺。其进深有单进的，也有两到三进的，形成“前店后坊”或“前店后宅”的传统格局。现今这些建筑的外观十分简朴，山墙墀头之间所能见到的纤细而陈旧的柱子分划出开间，柱、枋之间安设着门板而已，但若细细观察，便会发现有些建筑的檐下、墙面还保留着不少建筑残件，从中可以想象，当年街市建筑的形貌要比今天更为精美。

当地街市上的临街建筑的进深大多为六步架，但结构方式却有多种，有通檐用两柱的，其上以抬梁式架构各层柱梁；也有常见的以下金柱落地，形成四柱七檩的构架；还有将上金柱落地，前后金柱间置三架梁，金柱与檐柱间架双步梁；以及脊柱落地，前后五柱的。不同的结构方式主要与建筑室内的功能要求有关，同时也考虑到怎样能使结构最为经济。

店铺之内的住宅多为面阔三间、进深六步架。内部亦以明间为堂、次间作室的传统分隔。明间前部的槅扇装与金柱间，在其前面留出深一步架的过渡空间，以便将堂、室分开。其构架主要用五柱七檩式，主要是方便柱间安门、装板壁。

（一）鲍氏大楼

鲍氏大楼是安丰镇上最大的一所民宅，坐落在古镇王家巷1号。清道光三十年（1850年），鲍姓在此营宅造屋，其一部分作钱庄之用，所以外观高墙四围，内设墙门重重，所谓“大楼”其实也只是宅中建有数座二层的楼房而已。

现存建筑有东西两路，大门位于南墙东侧。东路前后两进，对门是轩敞的前堂，估计最初可能就是钱庄的经营场所，两侧建有左高右低的厢房。前堂（图6-2-6）背后用墙垣分隔，墙中置清水砖门墙。入门，过天井是第二进为带厢的堂楼（图6-2-7），堂楼东侧有独立的东向侧门可供出入，西侧则可进入西路诸屋宇。再往西，有比原有规模更大的建筑组群，惜已毁。现存建筑约有400余平方米。

鲍宅大厅与江苏其他地方的建筑一样，前后六步架，分作轩、中部构架和后廊三部分。但其梁架形式却与当地其他建筑有所区别。明间两侧的五架大梁为矩形断面，更为特殊的是大梁插在进驻的上部而非架

图6-2-6　东路前堂

图6-2-7　东路后楼

图6-2-8　楼房梁架

图6-2-9　前轩梁架

在梁顶。大梁之上置花盆斗立方形断面童柱，三架梁同样插在童柱上端，梁柱的结合方式与穿斗式相似（图6-2-8）。山墙侧脊柱落地，双步梁、单步梁和柱的结合方式与大梁相同。前轩中的轩梁结构方式亦同，但其上月梁的造型与结构方法也是别处少见的（图6-2-9）。有人以为鲍氏祖籍安徽歙县，当年在故里棠樾村营建宅第时，曾将扬州的匠师请去参与设计、建造，而商居安丰所建的鲍氏大楼也被认为受徽州建筑的影响。但实际上，这座建筑与徽州民居风格还是有一定差别的。

楼房的构架多少带有江南建筑的风格，虽然大梁、三架梁、双步、抱头梁等侧面略鼓，构件断面较细，但其造型却有许多相似之处。

现存建筑中数处砖雕门楼非常精致。一座是东侧的墙门，门宕与当地的传统一样，仅在其上部设一个小小的砖雕回文插角，而在门宕上部则饰以精美的砖雕门楼（图6-2-10）。其形制与徽州做法较为相似，但形象相对被简化了。下部以两块砖雕作为垂柱，其上是以回文作镶边的无字额枋，再上的中枋仅饰以凹凸线脚，上枋素平，枋侧不用垂柱，给人以十分简洁却不失精致的感觉。在界分内外的中门处也设置了一座砖雕门楼，其形式与前一座十分相似，但上下枋子上都饰以不同的回文纹样和葵纹，字碑上刻一“福”字。两座门楼的脊部所施的脊饰为卷草纹，这在其他地方也较少见。

（二）吴氏家祠

吴嘉纪（1618-1684）是泰州安丰场（今东台市安丰镇）明末清初闻名的布衣诗人，字宾贤，号野人，在中国文学史上享有一定的声誉。其诗词以“盐场今乐府”诗闻名于世，风格遒劲，语言朴素，运思深刻，著有《陋轩诗集》。

吴氏家祠（图6-2-11），坐落于安丰镇南石大街8号，现存为前后两进砖木结构平房，进大门另有两间小平房，其前门临街，后门通海河边。祠堂建筑的构架以及梁柱结构方法与当地其他建筑相似，但梁头的卷杀处理得更为优美。

图6-2-10 中路楼前砖雕门楼

图6-2-11 吴氏家祠

第三节 通州余西

位于长江入海口北岸的余西是一座有着千年历史的古镇，原名余庆场（亦称庆余场）。当地因煮盐业的发展，于唐末形成集镇，经北宋的兴盛、明清的繁荣，逐步成为东南沿海的盐埠大镇。但进入近代社会之后，余西也像我国许多城镇一样，逐渐衰落了，但明清以来的镇市格局基本完整，众多的历史遗迹依然留存（图6-3-1）。

一、聚落变迁

余西的发展可以说是因盐而生，因水而存。最初当地的海岸线尚未向外推移，所以当地居民利用海滩煮卤晒盐。之后海岸东移，这里逐渐转化成盐业集散的枢纽，明代初年当地设立盐务衙署，之后一应的政府机构在此出现，还有城隍庙，文、武二圣庙，乃至市坊、义冢等，明代中后期为防倭寇修筑了城墙。

由于原余庆场范围太大，后来分为余西场、余中场和余东场。清雍正九年（1731年）余西场与余中场合并，遂成为今天的余西。

在余西之东，宋范仲淹出任泰州西溪盐官时，为防“风潮泛滥，淹没田产，毁坏亭灶”，曾修筑了北起掘港、南迄通州余西场，堤底宽三丈，堤面一丈，堤高一丈五尺，全长140余里的长堤，人称“范公堤”。之后海门知县沈起又筑堤70里，连接范堤，并延伸至吕四场，称“沈公堤”。

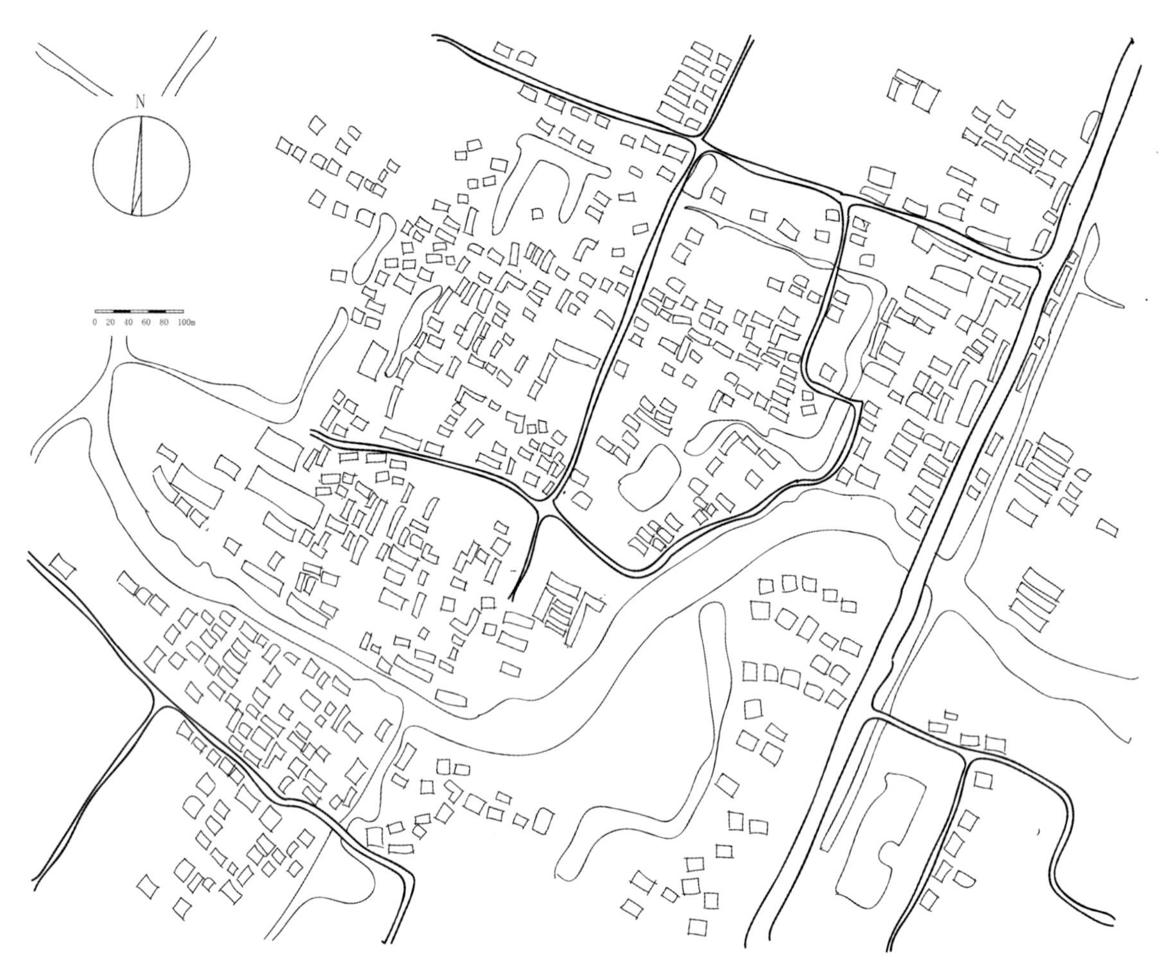

图6-3-1 余西平面图

二、聚落形态

余西初为滩涂，故其地势平坦，之后设为盐场，为引水和排灌的需要，遂开凿了纵横河渠，于是形成了以水为主的空间格局。聚落北侧的通吕运河就是其中最为著名的一条河流，因周围海滩盐场广布，盐运就为其主要功能，故也被称为“运盐河”。

随着盐务衙署的设置，传统的礼制秩序影响开始显现。盐业分司衙门被置于城北居中，其前设东西向的北街，庙宇、学堂分布于衙署的左右。正对盐务衙署的是贯通全镇南北的主街，其南端连接一条东西向的南街。由于南街地近绕镇而过的运盐河，过去的水网地区运输主要仰仗船只，而这里设立盐务衙署之后，成了盐业转运中心，因而镇南的南街上商铺林立，成为繁华的商业中心。

在三条主街之间连接着十数条小巷，由此形成了镇域的路网系统，其间散布无数的民居。

经历了沧桑变迁之后，余西原有街巷肌理基本完整（图6-3-2），街巷两侧当年的商铺（图6-3-3）、旧宅（图6-3-4）尚有不少留存；城河沿岸自然风貌仍在（图6-3-5）；原有的迎江、登瀛、对山、镇海四门也保留了南面的迎江门两侧城门垛残迹。这些遗存较好地显现了昔日的繁华，同时也能反映出过去东南盐埠大镇的形态格局。

（a）主街

（b）次干道

（c）巷道

图6-3-2　街巷

（a）郑氏老店

（b）杜氏绸布店

（c）药铺

图6-3-3　商铺

（a）传统老民居

（b）已做改良的传统民居

（c）当代新民居

图6-3-4　住宅

图6-3-5　余西环河

三、聚落构成

（一）寺观祀祠

过去余西曾建有不少的寺观祀祠，随着岁月的流逝，像大悲殿、文庙、武庙、大王庙、城隍庙、红庙、曹氏宗祠、十甲庙、三官殿等都已成了遗址，如今尚存的还有都天庙、头甲庙、西来禅院、元帅庙等数座庙宇，还能常年迎来不断的香火。

当地为人称道的大悲殿坐落于镇北，护城河外，是一座祀儒、释、道三教于一处的祠堂。祠前置高大的照壁，祠门南向，平日正门常闭，非重大祭典不开，日常由祀祠东北所设的朝北角门出入。入祠门东折为地府室，供奉阎王，黑、白无常，牛头、马面等鬼物；西折是空室，专供施主暂厝棺用。中路二进是前殿三间，之后有中殿三间，最后为后殿四间。内供西方三圣、玉皇、老君，八大金刚等佛、道、圣人像。西厢房五间，供奉一诺堂季氏祖先牌位；东厢房六间，作厨房、账房、接待室、祠僧起居室等。

前殿东南角的跨院内建有六角魁星楼，供奉魁星。楼西有古藤紫薇一株，古梅两株，祠内还有不少奇花异木，四季常青，鲜花满园。

20世纪60年代初，余西初级中学迁入大悲殿，原来的祀祠风貌逐渐随学校的发展而改变，原先保留的古藤、古梅已枯死，现尚存明代古罗汉松、清代古银杏各一株（图6-3-6）。

（二）精进书院

余西虽属商业市镇，当地的文化却十分繁荣。历史上曾出现过传承于北宋东京（今开封）书画流派、受益于（南）宋元金陵的书画派以及深受明清扬州书画影响的余西书画派。与之相同的是当地对文化教育也相当重视。过去文庙通常仅置于州县一级的城市，而在此乡镇建有文庙，则是其他地方较为罕见的。而精进书院的创建则可以看到当地从民间私塾到近代小学的转化历程。

位于北街东段的精进书院原是任宅私塾，清光绪十七年（1891年）绍兴人唐汝峒任职余西，为报国图强接受新学，利用原私塾所创设，并延请余西秀才任焕文执教。

由于书院原为私塾，所以精进书院与当地普通民居相仿，前后两进主屋，均为面阔三间、深六界的单层硬山顶建筑。明间内收，槅扇门设置在金柱之间，形成已开间的前廊。室内立柱较细，全部落地。柱头施穿枋。檩条上覆芦帘，泥背，盖小青瓦。

进入民国时期，科举被废止，精进书院改成了余西小学。现旧址基本保存，主体建筑尚完好，周边一些附属建筑已废。

（三）民居店铺

余西民居多为三开间的平房，受传统的影响，建筑以院落为核心组织空间，沿纵深方向依次布置墙门、天井、厅堂、内院、杂屋、后院等，两侧对称布置厢房。沿街的商店亦多为平房，“前店后宅”式，设边门或后门，店堂内门也可通往内宅（图6-3-7）。

民居主屋大多深七架，因三开间的建筑中用内壁分隔出堂、室，所以构架较细，且有将所有立柱全部落地，柱头用穿枋拉结、连系；也有檐柱、下金柱和脊柱落地，上金柱立在前后双步之上。在临街的店铺中，规模稍大的，是将檐柱和下金柱落地，金柱上架大梁，以扩大室内无遮挡空间（图6-3-8）。

建筑中明间往往将槅扇退至金柱间，前面留出前廊，而此间将窗户安装在檐柱间，而在内侧檐柱与金柱间辟门。明间和次间用内壁分隔，使堂与室区分明清。多数内壁用木板镶嵌于柱枋间，给人以温馨的感觉，也有少数用砖墙，显然有简陋之感。

图6-3-6　已被改建的庙宇

图6-3-7　前店后宅式商店

图6-3-8　从颓坏的建筑中可以了解当地民居的构架形式

室内通常都用青砖铺地，只是大部分施用45° 斜铺方砖或黄道砖。少部分在次间铺以木地板，其目的主要是让卧室更为干燥、宜人。

目前，余西保留的传统民居、店铺还有不少，其中像朱晋元故宅、朱理治故居保存较好而被列为市级文化保护单位（图6-3-9）。张云程故居、曹海安故宅、马一行烧酒坊、徐宅、曹金波故居、廉森源老号等被列为优秀历史建筑。

（四）牌坊

在余西过去还有不少牌坊，以表彰当地居民的功勋、科第以及忠孝节义，现存三个。钱氏节孝牌坊为两柱三楼石牌坊，是当地保存最完好的一座（图6-3-10）。

（五）作坊

为满足当地居民日常生活的需要，过去余西的大街小巷中散布着各种作坊（图6-3-11），如黄家染坊、杜谊茂绸布庄、曹家酱园、季家酒坊等，有些直到今天还在生产。

图6-3-9　朱理治故居

图6-3-10 钱氏节孝牌坊

（a）大门

（b）作坊主的住房

图6-3-11 作坊

第七章

徐海地区的传统聚落

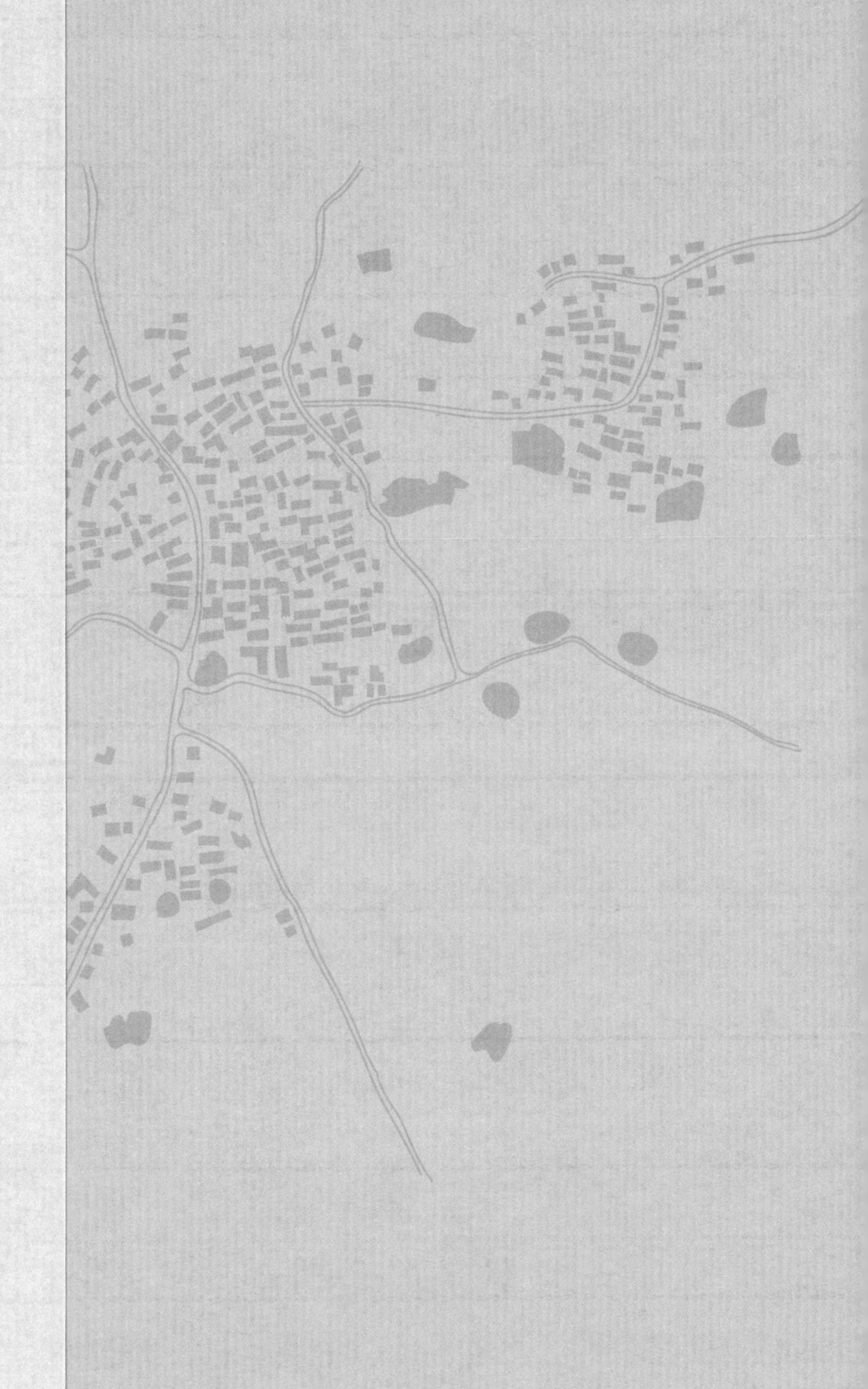

在一般人的印象中，江苏是以长江为界，分作苏南和苏北两个大的片区，但按照现在江苏省通行的区域划分，则将南通、泰州、扬州3个省辖市，共22个县（市、区）定为苏中，而苏北仅指徐州、连云港、淮安、盐城、宿迁5个省辖市。若按地理环境看，今天定义的苏北，其南部仍属于传统的江淮平原，当地的文化与江淮地区相近；西北的徐州地区属黄淮平原，是鲁中南丘陵与淮北平原的结合部，其黄河故道，“东襟黄海、西接中原、南屏江淮、北扼齐鲁”；东北的连云港云台山原是沂蒙山的余脉，所以与山东有着千丝万缕的联系，其习俗更邻近山东。在当地的方言上也可以看出其文化的区别，徐州市、宿迁市市区和连云港市赣榆县等地属于中原官话区，而其南部的淮安、盐城地区则以江淮方言为主。其民居建筑同样也可以看到这样的区别，所以这里探讨的“徐海”传统聚落，仅指与山东民居具有一定联系的徐州、连云港等地区的传统乡村与镇市聚落。

“徐海”中的“徐”指徐州应该没有问题；“海”则为海州，即连云港的旧称，过去陇海铁路中的“海”就是连云港，如今连云港市还有海州区，是其三区之一。清末民国初，因徐州、连云港地区地域相近，民风相似，经济发展联系较多，故置徐海道，治铜山县，辖铜山、丰、沛、萧、砀山、邳、宿迁、睢宁、东海、灌云、沭阳、赣榆十二县，后于1927年废。然而，至今徐州与连云港两地民间还常以徐海统称，以区别“苏北”这个更大的区域范围。如江苏菜系四大地方风味：淮扬、苏锡、南京、徐海风味；中国矿业大学也设有徐海学院，等等。

徐海地区的大部分为黄淮平原，水体密度远低于江淮下游地区与江南太湖流域，故乡村聚落规模远大于江苏其他地区，但由于历史上社会动荡，直到今天江苏北部的经济始终弱于苏南，故这里的聚落呈现出完全不同于其南部各地的景象。如这一地区大型府邸原本较少，加之社会发展，旧住宅被大量改造、拆除，因而如今徐海地区除徐州外已经很难见到宏大的府邸了。乡村聚落的建筑稍具规模的也仅仅是三进两院，一般为一正单厢或一正两厢的院落。建筑多为墙承重结构，明间若不用前廊，则构架直接架于前后檐墙之上，故门窗较小。两山墙不用木构架，直接用山墙搁檩的方式承托屋面。屋面用泥背，较厚重，这对于抵御当地冬季的严寒具有较好的效果，同时也明显显示出与江淮及江南地区聚落的区别。

第一节　徐州户部山

户部山（图7-1-1）位于徐州古城之南，故亦称南山。

一、聚落变迁

由于古代徐州水患频繁，宋代黄河改道入淮，流经徐州，且经常决堤泛滥，城池为水所淹，而城南此山地近州城，地势略高，可免遭淹浸，所以在明末徐州户部分司署为避水患迁往南山，之后人们就将此称作“户部山”。入清以后当地的富贾豪门陆续来此建宅定居，渐渐地就有了“穷北关，富南关，有钱都住户部山”的俗语。

图7-1-1　徐州户部山

图7-1-2　徐州户状元街

二、聚落形态

自明末户部分司迁此，不仅周围官宦之家逐渐增多，也带来了商贸、经济的发展，尤其是在清末至民国年间，南关一带形成了繁华的商业区。在户部山的四周有上街（彭城南路）、下街（今解放南路）、前街（马市街）、后街（坝子街）等，都是当年重要的商贸集散地，稍远的中枢街、大同街、铁货街、丰储街等也是以户部山为中心不断辐射形成的（图7-1-2）。如今这里除了保留有清初状元李潘故居、文人张竹坡故居、道光年间翰林崔焘故居以及郑家大院（图7-1-3、图7-1-4）、余家大院、翟家大院和号称徐州第一楼的李家大楼等官绅富户的大院等外，还有民国苏鲁豫皖地区最大的干货流通中心“洪昌顺”和当时徐州最著名的酱菜作坊“李同茂酱园”以及许多近代作坊和店铺，成为今天徐州已不多见历史街区。2006年，户部山整体古建筑群被评为国家文物保护单位。

2000年前后，徐州市耗巨资对户部山一带的民居（图7-1-5）、店铺及街巷（图7-1-6）进行了大规模的改造，意在借助靠近主商圈的购物强势，定位亚商圈的“都市休闲”主题，以好吃、好喝、好玩、好乐的休闲业态为主流，打造具有明清建筑风格的户部山。

三、聚落构成

（一）李蟠状元府

清康熙年间的李蟠是徐州历史上唯一的一个状元，其府邸位于户部山南麓，劳动巷北侧。原有厅、堂、楼、阁及附属建筑近百间。门口原有两根旗杆和两个圆形石鼓，门楼上立“状元及第”匾额。在数百年的岁月里，府邸经历了由兴到衰的变迁，尤其是晚清至近代以来，建筑遭受了严重的破坏，呈现出颓败的形态，但如

图7-1-3　郑家大院大门

图7-1-4　郑家大院正房

（a）蛮子门

（b）如意门

图7-1-5　户部山旧民居的大门

（a）2000年前后的修缮

（b）2015年后的改造

图7-1-6　已修复的户部山商业街

今府邸格局尚且清晰，建筑骨架还能部分保留。2005年开始作了修缮，虽然呈现出面貌一新，但有些地方的规制出现了错误（图7-1-7）。

（二）崔焘翰林府

徐州的崔家为诗礼人家，世代书香，其宅位于户部山，是崔氏家人的聚居处。清道光九年（1829年）崔焘中举，为进士，入翰林院，后被钦点为庶吉士。之后崔宅改称翰林府（图7-1-8）。全盛时期的翰林府占地1万余平方米，有房320余间，分上院、下院和客屋院，几乎占据整条崔家巷的北侧，但经历了近200年沧桑变迁后，现存下院的门楼、上院的鸳鸯楼、西花厅以及附属的其他建筑，占地约4500平方米，有屋百余间。建筑中使用了大量的砖雕、木雕、石雕，显示了当地建筑上的装饰艺术，具有很高的价值。如今，这座徐州现存规模最大的府邸正在恢复和维修中，即将以恢宏的气势展现在世人面前。

（三）余宅

余宅（图7-1-9）坐落在户部山东南侧，是一座布置规整、保存基本完好的宅院。整组建筑坐北朝南，现存建筑可分为东、中、西三部分。

中轴线偏东，前后布置四进三个四合院落。门屋位于中轴线的南端（图7-1-10），其两侧各置一幢面阔三间的倒座。入门第一进院落的两侧各置一座三开间的厢房，但两屋的体量略有差异，故使得两侧的建筑被错开，打破了左右对称的格局。东厢尺度大于西厢，推测是基于传统禁忌的原因。对门是一座三开间的穿堂（图7-1-11），其作用类似于江南民居中的轿厅，故进深较浅。

过穿堂为第二进院落，其布置与第一进相近，只是院落面积更大，显得更为开敞。两侧各布置三开间的厢房，其体量亦有差异、位置也前后错位。或许是为了让第二进更显规整，所以在东厢前沿穿堂和大厅的东山墙砌筑院墙，使东厢之前形成一个狭长的过道，其作用犹如江南民居中的备弄。院中大厅（图7-1-12）为全宅的中心，较大的进深加大了屋顶的体量；厅前置外廊也显示出较高的规格。为与大厅相协调，西厢也设置了前廊，同时其功能也起着较正厅略低的西厅作用。

大厅背后砌有隔墙，用以分隔内外。正中辟门，其内设为塞口门，用以遮挡视线。门内属于内院部分，这是一区最严整的院落。对门是三间上房（图7-1-13），

（a）修缮之前的大门

（b）修缮之前的侧门

（c）修缮一新的状元府

（d）内院照墙不符合规制

图7-1-7　李蟠状元府

图7-1-8　崔涛翰林府大门

（a）余宅和翟宅平面图

（b）鸟瞰图

图7-1-9　余宅和翟宅（今徐州民俗博物馆）

图7-1-10　余宅（今民俗博物馆）大门

图7-1-11　余宅（今民俗博物馆）穿堂

图7-1-12　余宅（今民俗博物馆）正堂

图7-1-13　余宅（今民俗博物馆）内院上房

为内宅的中心，庭院两侧对称布置面阔三间的东、西厢房，厢房的北山墙连两间耳房。上房与耳房的北侧为界墙，余宅中路至此结束。

中轴的东侧有三进院落，其前部做了较大的改造，亦非原貌。如前院（图7-1-14）如今面东建造了一座舞台，是希望在此进行相关表演。中部北侧有一座三开间的厅堂，如果东侧的前部诚如介绍所说，整个都是当初的东花园，那么这座厅堂就是花园的主体建筑，即花厅，其前则应该布置亭榭之类的园林景物。如今在这座建筑之前种植了一些花木，且与前院用墙垣予以分隔。后院也是一区较为严整的四合院。院落南侧建有门屋，门屋的两旁各置两间倒座；对门为面阔五间的正房，两边各有三开间的厢房，虽然门屋两侧的倒座面阔稍有不同，但整组院落还是显现出对称的格局，依据所在位置，按我国建筑传统推测，此组院落应该是内宅的扩充部分。

西部亦有四组院落，形成西花园（图7-1-15）。其前部靠近中轴单独辟门，为强调中轴的主体地位，故西部花园入口设在三开间之侧，门屋的屋顶不再升高，与倒座连为一体。前院内以三间堂屋为主体，与倒座相

图7-1-14　余宅前院穿堂与东厢

图7-1-15　余宅西花园

图7-1-16　翟宅内宅正房

图7-1-17　翟宅伴云亭

对而建，但院落不作对称处理，布置显得更为灵活。其后部地形高差较大，且受进深限制，所以两厢顺地形跌落式布置，形成一个纵长的院落。其西侧建有花厅、亭榭，形成西花园。

（四）翟宅

余宅背后为翟宅（图7-1-16）。由于翟宅北侧建有郑姓宅院，所以翟宅所处成为一处东西向狭长地块，而地势起伏、地块不规整使得布局多变。这也反映出翟宅的建造要迟于余宅和郑院，如今因辟为徐州民俗博物馆翟宅和余宅已被打通，连为一体。

翟宅的大门东向，偏北。门内利用不规则的地形构成入口庭院。过院南折，跨过设于院墙上的二门为前院。前院内对门设侧厅，左侧靠外墙布置前堂，内侧为穿堂。在此穿堂主要起界分内外的作用，过穿堂进入内院。内院中以北侧的三间鸳鸯楼为主屋，西厢亦为三间，三间南屋坐南朝北，其东侧连有一条作为通往前面南跨院的通道。南跨院因地形的关系无法作规则的处理，所以建筑布置较为随意。

翟宅的西侧地形复杂，起伏较大，故被辟为后花

图7-1-18　西洋柱式大门

图7-1-19　权氏祠堂

园。园内较好地利用地形，建有伴云亭（图7-1-17），开凿鱼池等。这里地势较高，可以近观鳞次栉比的居宅，远眺城市景观，成为户部山最为赏心悦目的所在。

（五）其他民宅

户部山在清初曾号称有“八大家”，除了上面提到的四家之外还有郑宅、刘宅、张宅和李宅，规模较小一点的还有阎家院、魏家园、孟家园、春香阁等。到20世纪50年代尚保存完好的还有17座传统院落式民居，建筑近600间。某民居大门采用了西洋柱式，其年代应该已到民国时期（图7-1-18）。在东北角还保留了一座迁建于此的祠堂大门，这对了解当地祠堂形制具有很大的帮助（图7-1-19）。

（六）建筑特色

与户部山大多数传统民居一样，余宅和翟宅建筑风格基本一致，显示出了时代的特征。

余宅中轴线上的门屋虽然外墙与两侧的倒座檐墙相平，但山墙升高，檐下砌出冰盘掩口，两侧置砖砌墀头，所以形象依然突出。大门的门扇置于檐下墙间，木制的门框外为清水砖墙，上部用叠涩砖饰和侧砖过梁进行装饰，体现出当地传统民居的特色。余宅西门因作为侧门，故屋面与倒座连为一体，其主次之别得以显现。与当地大多数门屋一样余宅门屋也以山墙搁檩的构造架构屋面，故不用立柱。由于余宅大门位于中轴线上，为遮挡视线，门内另置塞口屏门。门屋内里面上，檐口之下施用高垫板、饰以花芽插脚等都是当地常用的手法，唯余宅正门门屋高度较大，故有在垫板下另装花格横楣（图7-1-20、图7-1-21），以减轻厚重感。

在余宅及翟宅的穿堂、厢房、附屋等建筑，因体量不大、进深较浅，均使用墙承重结构，前后檐墙上架人字大叉手屋架（图7-1-22），上搁檩条，山墙处檩条直接架在墙上。因此，建筑形象较为厚重，明间于砖墙上辟门，次间所开窗户也较小，给人以北方建筑的封闭感。

余宅的大厅不仅体量较大，在全宅中地位也最高，所以使用了柱梁结构。大厅前部为深两步架的前廊，其上施用类似江南民居常见的“翻轩”。中部深六步架，为抬梁式结构，与北方官式建筑不同的是，梁上所立为短

图7-1-20　门屋檐下的花格横眉

图7-1-21　门屋檐下的雕花插角

图7-1-22　人字屋架

柱，而且是将梁头锯截后插入柱顶。明间两侧的屋架，上下各梁均用圆料，在与短柱的交接处作了“剥腮”处理，即将梁的前端，前后各截去一个斜角，这又是江南民居早期的做法，称“圆料扁作”，脊檩两侧用抱梁云装饰。山墙处的屋架，梁与短柱均为方料。大厅后部置深两步架的“双步”，梁柱处理与中部相同。余宅大厅的檐下檩枋之间的垫板作了雕刻装饰，金柱间全部安装槅扇门，使正立面显得玲珑、精致。后金柱之间装以纱槅，不仅与前面的槅扇有了呼应关系，也使室内更为典雅。大厅背面并未因使用了柱梁结构而改变厚重的檐墙、狭小的门窗这种当地传统民居建筑立面的处理形式。

余宅西厅虽然也设有前廊。但因其地位低于大厅，所以结构方式和装修处理较大厅简单。西厅前廊亦深两步架，但其上并没使用“翻轩”，木构架仅用前檐柱和前金柱，而且两侧山墙出的檐柱、金柱和抱头梁都为装饰性的，不起结构作用。室内仅明间施长五架抬梁式屋架，一端架于前金柱，另一端由后檐墙承托，明间的檩条架于木屋架上，而次间的檩条则一端架于屋架另一端直接架于山墙。西厅檐下檩枋之间也使用雕花垫板，使之在造型上与大厅统一。金柱间则明间装槅扇，次间安槛窗，从而使立面造型与大厅有所区别，主次地位也由此分明。

余宅内宅的上房，其立面外观似与厢房等相近，但因在内宅中它的地位最高，且进深较大，内部结构就与厢房等有所不同，其构架采用深六步架的抬梁式屋架，只是不用立柱，直接将屋架搁与檐墙之上。

翟宅内宅的上房正立面为两层楼房，而背面却是一层，这主要是为了减少工程量，利用落差较大的原有山体造成的，楼内设天梯，楼上楼下的门朝向相反，这种构筑方法被当地人称作“鸳鸯楼”。

两处民居中与北方建筑最为接近的是界分内宅外部厅堂的塞口门，因入门后须向两侧绕行方可进入内院，而且此门在内院也有装点的作用，所以选用抬梁式悬山结构。唯能体现当地特色的是梁架前端架于院墙之上，门框和门扇采用当地常见的形式。大门内的照壁也与北方相近，只是方砖心的岔角砖饰仅用上部两个。花园中亭榭的内部构架与南方建筑相似，而翼角处理、屋面上的屋脊做法采用了当地传统工艺。

徐州民俗博物馆中的建筑墙体也极具特色，采用了一种被当地称之为“里生外熟”的处理，也就是墙体分为内外两层，里层用土坯砌筑，外层用青石与青砖包砌，使原本较为简陋的土坯墙在外立面上给人以青石勒脚、清水砖墙体的精致形象。这似乎属于建筑用砖尚未普及时代高等级住宅的特征，而在实用方面却具有造价不高，又能起到保温作用的优点。这种墙体砌筑方法过去在徐州的大户人家非常普遍，如今可能只有在户部山的一些传统民居中才能看到。

第二节　新沂窑湾

窑湾位于江苏北部京杭大运河与骆马湖的交汇处，今属徐州新沂市。

一、聚落变迁

史料记载，“该镇始建于唐，清康熙七年（公元668年）大地震后重建，为京杭大运河重要码头之一”。这里与新沂、邳州、睢宁、宿迁四县交界，号称能“东望与海、南瞰淮泗、西顾彭城、北瞻泰岱”，“鸡鸣闻四县”，曾一度市井繁华，人气旺盛，是苏北鲁南重要的商品集散地，为苏北商业重镇。而晚清以来海运兴起替代了运河的航行，津浦铁路开通分流了运河的运输，河湖的阻隔影响了当的发展地，导致发展停滞，经济逐渐衰落。如今镇中古街青石铺就的小巷，纵横相连，沿街店铺多为晚清风格建筑，1990年5月原新沂县公布为县级文物保护单位。

二、聚落形态

窑湾其实只是苏北一座普通的集镇，周围水网相绕。这里曾因依托近临运河的交通之便，而使之兴盛繁荣，成为运河沿岸重要商品集散地之一，同样随着水运为公路运输所替代，于是四外的河湖就成了限制其发展的屏障（图7-2-1）。

今天的窑湾被清晰地分成了新旧两区。

新区近于条状布置，主要道路呈东西向伸展，形成集镇的中心，南北向的纵深建设都不是太大，反映出新区建设的时间不长，这里定居的人口不多。从这条主干道宽阔、抵直来看，规划者的意图似乎是想将此作为与其他城镇沟通的过境通道。这种规划构想如今已显得陈旧。尽管它来源于我国传统城镇依托道路或河流形成的交通线的发展模式，其优点是适宜于四乡民众的集散，便于进行小宗商品交易，也有利于四向扩张，但随着集镇规模的扩大，街市杂乱的缺陷就会显现，尤其是这样的主要街道被用作过境交通时，杂乱就会加剧，以至于产生安全问题，所以，这样的布局如今许多地方已经不再采用。新镇区的建筑（图7-2-2）大多为商住两用型的二、三层楼房，即底层可用作商铺，楼层供居住使用。其结构方式显得陈旧，造型也较为简陋。

老镇位于新区南侧，稍偏西，相距约数百米。镇西南濒临黄墩湖，沿湖的二湾、三湾曾是镇外上下货物的码头。镇东的湖荡原为沟通南北的老沂河，镇北还散布

（a）平面图

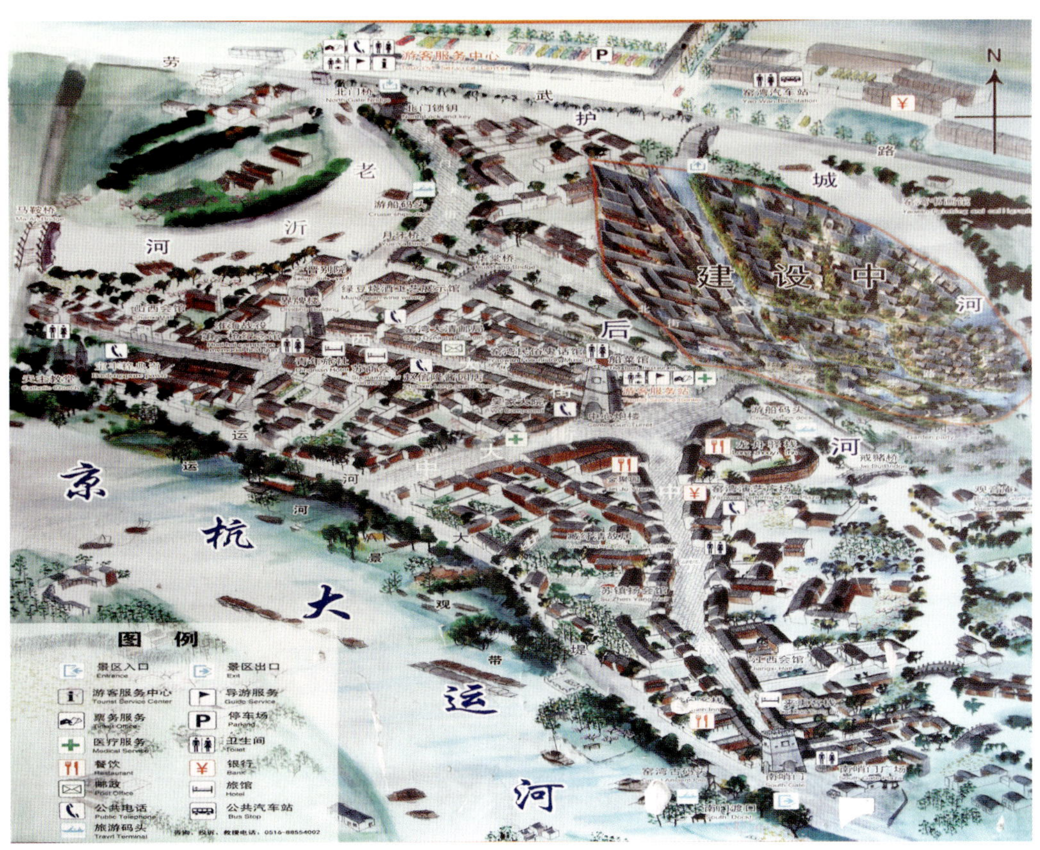

（b）鸟瞰图

图7-2-1　窑湾镇

图7-2-2　新镇区建筑

着数片大小水面，由水道将镇域围合成三角形地块。镇中由南北向的“中宁街”和东西向的“西大街”曲尺形相接构成了古镇的街市中心（图7-2-3），街道青石铺地，两街有鳞次栉比的店面，曾有钱庄、当铺、货栈、粮行、酒馆等，可以想象当年繁花时的景象。近十余年来，当地政府先后聘请了南京大学、东南大学等单位编制了《江苏窑湾历史文化名镇保护规划》等，对古镇区进行了整治，又将传统建筑进行了修葺，使老街恢复了传统风貌。

两街之间由多条小巷通往古镇内部，随着镇域的发

（a）整治前的街市中心

（b）重新规划整治后的街市风貌

图7-2-3　古镇的街市中心

（a）宅门

（b）院落

图7-2-4　业已消失的民宅

图7-2-5　已修缮的店铺

图7-2-6　近年恢复的会馆

图7-2-7　学校

展，街巷结构也变得错综复杂。与所有的集镇一样，过去镇里的建筑绝大部分为民宅（图7-2-4）和店铺（图7-2-5），还有具有一定规模的商行（图7-2-6）、会馆。在经历了颓坏、整修之后，似乎又使我们见到了曾经的辉煌。原来的学校已经迁走（图7-2-7），教堂已经重建（图7-2-8），似乎位置也发生了变化。据当地居民介绍，以前古镇设有四栅，每天夜晚或非常时期，紧闭栅门即可保障镇上的安全，但在近些年的数十年中社会安定，曾让人觉得多余而被拆除。而在今天，为"恢复旧貌"又在镇中重建（图7-2-9）。

（a）十余年前的教堂

（b）经过重建的教堂

图7-2-8　教堂

图7-2-9　似乎是恢复的栅门

三、聚落构成

窑湾古镇中保留的传统民居建筑虽然兴建年代不一，但风格大致相同，且规模不大，就所能见到的而言，当地最大的民居仅三进楼房围合的院落，其余多为三合院或四合院。单体建筑的尺度不太大，围合也较随意。其实这是过去集镇一级行政建制的社会地位所决定的，因此即使当年这里经济繁荣，也不允许居民建造超过规定规模的居宅。

当地经济繁荣时期的民居大多为青砖灰瓦的硬山建筑，面阔三到五间，进深六、七步架，开间尺寸不大，每步架的进深也很小。建筑以单层平房为多，也有少数采用两层的楼房。

街市上的店铺临街设深两步架的前廊，若为二层，其楼层较低矮，且退于廊后（图7-2-10）。有些建筑的廊柱和前金柱略显粗壮。底层柱间用门板，楼层用裙板和支摘板窗。后檐砌为封檐砖墙。

小巷内的民居若建楼房，则大多较高，前后檐均砌清水砖墙。正面明间辟门，次间开窗，门窗的尺寸都不太大。为了安全和私密要求，背面底层一般对外不开窗户，楼层则开设与正面相同或更小的窗户。若建筑设前廊，往往仅添筑于底层，上架建腰檐。由于前后檐均为砖砌，所以出檐极浅，但在明间楼窗前则用斗栱、挑梁将屋檐挑出，形成较深的雨棚。这是徐州地区传统民居建筑上的显著特点之一（图7-2-11）。

建筑内部，年代较早的大多在明间用柱支承木构架以承托屋面，山墙处则将檩条直接搁于墙上，稍晚的小型建筑也有将明间的构架直接架设在前后檐墙之上，因而省却了木柱。屋架用“大叉手”，即由下横梁（下弦木）、叉手（上弦木）以及蜀柱、上横梁组成的“人”字形屋架。檩条较细、较密，且常有两条并用（图7-2-12）。这种构架方式不同于其他常见的抬梁式屋架，但在徐州地区及山东南部的乡村、城镇的民居中被广泛采用，因此，可以视其为当地的建筑传统，

图7-2-10　临街设前廊的店面

图7-2-11　青砖民居

图7-2-12　木屋架

也极具地方特色。由于使用了"大叉手"屋架，因此其屋面变得平直，没有举架，且较北京等地的民居更显陡峻。

建筑的外观立面在经历了岁月的磨砺之后显得陈旧，甚至像两条主要市街的立面因长期得不到应有的养护、修缮而给人以破败的感觉，但若能仔细观察，就会发现，这些建筑依然透露出当年的精美。临街店铺出挑的梁头雕纹，蜀柱的收杀等，可以看出当年屋主对美的追求。而隐于小巷之中的那些宅第则可以从墙砖用料较好、砌筑质量较高以及一些细小的砖木雕装饰中看到当初建筑的讲究。仅从檐下砖枋、山墙博风以及屋脊所用的砖饰件上就能见到丰富的变化（图7-2-13）。

门窗框的造型变化不仅给人留下精致与优美的印

（a）檐下砖枋

（b）山墙博风

（c）屋脊砖饰

图7-2-13　砖墙修饰

象，而且还可以让人感受到时代演进的影响。比如稍早的建筑门窗框的上部施用木过梁，外皮青砖贴护，因而在外立面上既可以让人感受到它的结构方式，又使其与墙面格调统一，同时也具有一定的装饰效果。年代稍后的，檐窗上皮则使用青砖砌平过梁或圆券过梁（图7-2-14），楼层山墙则开设圆形或六边形的楼窗（图7-2-15），这或许是受到了外来建筑形制的影响。

晚近的民居改用了红砖、机制瓦，民居内部使用了“人”字形桁架式屋架，但造型上还是保留了过去传统建筑的形制，而且数量不多，因此在整体风格上还是能够与古镇保持一致。

（a）青砖砌平过梁

（b）圆券过梁

图7-2-14　青砖檐窗

（a）圆形

（b）六边形

图7-2-15　青砖楼窗

四、保存意义

窑湾，一座已有久远历史的古镇，当人们面对它时，常常会引起无尽的思索。

今天的人已经不再讳言功利，所以提出的第一个问题必然会是“它的价值何在”。有人以为，这里的经济已经滞后，所以要奋起直追，不能再让已经破败或将要破败的东西成为发展的障碍。或者认为，其他地方的古镇，已有人凭借着祖先遗留之物取得了巨大的利益，因而可以借用这样的模式予以开发，也有望获得成功。这些想法确实都有道理，但需要看到的是不同的地方具有自身的特点，其经济、文化条件与氛围各不相同，别的地方的成功有着多方面因素的综合作用，照搬所谓“成功经验”，充其量也只能成为某一古镇的第二。所以说，像一些媒体将窑湾说成是“苏北的周庄”，如果只是想借用人们已经熟悉的周庄之名唤起注意尚可接受，如果真的以为窑湾的周边拥有丰富的水系，镇上又遗留不少传统建筑，因而可以打造成与周庄相同的旅游胜地则可能不仅误导别人，甚至将自己也误导了。

应该说，窑湾之所以是窑湾，有其历史的原因，也有环境的原因。窑湾经济的滞后是令人遗憾的，但要促使其发展不能简单地照搬“模式”，需要认真、仔细研究当地的社会、经济与文化，找出制约经济发展的内在原因，依据本身的条件与特点，发扬其优势，从而达到快速稳步的发展。同样，宣传中也不应该用“打造苏北周庄”的提法，因为这种比喻的背后其实是已经承认了不如周庄，就像周庄绝不会说自己是“江南的窑湾”一样。

那么对于窑湾，其发展的具体措施首先应该建立在对现状准确评价的基础上。在对现状做出深入细致的分析研究之后，需要在整体上做细致的规划。同时还有环境整治的问题，某些传统建筑的修复设计问题和开发利用问题需要考虑和逐步推进。

忽然想到曾与人探讨当今颇为流行的“原真性”

问题。具有一定历史、并拥有为数不少传统建筑的古镇，它的“原真性”又是什么呢？答案应该是当地居民的生活。传统的建筑产生于百余年之前，其使用的方式与今天已有了相当大的差异；古镇同样也是为了满足当时的需求而形成发展起来的，其中肯定也有与今天的生活、生产不相吻合的地方。将其修缮一新，使之成为观光景点，这是不少古镇的做法，似乎很成功，但难免给人以“假”的感觉，因为那里的商店都是旅游商品；那里的居民都成了公园的服务人员，唯独缺乏当地居民具有活力的生活气息和场景，所以“让游人体验古镇居民的生活”就成了空话。

考虑今天的使用要求和未来发展的需要，让当地居民生活在一个熟悉、舒适、便捷的环境是发展的前提，因此保持现有的风貌、在保证原有外观、原有布局的基础上，对那些与今天的使用要求不相符的部分进行必要的改造，就会成为最好的保护。

第三节　邳州土山镇

土山镇位于邳州市南部，距市区约15公里。古镇北侧是中运河右岸的支流房亭河，为徐州进入京杭运河的通道。

一、聚落变迁

大约在明代中后期，因运河漕运和盐运的发展，这里开始形成市集，各地商贾也陆续来此开设店铺、建宅定居（图7-3-1）。此地曾有土山一座，相传是三国时关公被困，张辽劝降的所在地，故名为土山集。到民国初年改称土山市，1957年再改土山镇。

二、聚落形态

小镇四外有河道环绕（图7-3-2），形成聚落边界。东西南北各建跨河石桥一座，与外界相通。相传这是明末清初为保障商家与镇民的安全，由里人集资挖掘的，故称“圩河”。四座石桥之上还曾设置栅门，有专职人员守夜。清末民初社会动荡，为加强防卫还在圩河内岸集资修筑了一道围墙。后来围墙逐渐坍塌，无人修复。砖石被人取去垒院墙、砌猪圈，到20世纪50年代这道墙垣已全然无存，只是当近年疏浚圩河时，还能发现当年的墙砖。

镇内设东西向的大街（图7-3-3）与南北的小街（图7-3-4），两街相交处原有市楼一座，当地称“过街楼”。大、小街的两侧是各地商家开设的店铺、作坊，有河南人的“隆兴”茶食店，有江西人经营的“姚万和”中药店，有山西人的“宝泉涌”，南京人的“东西五柳”以及当地商人的盐行、布行、布庄等。每当集日，两街之上形成了麻线市、土布市、棉线市等，四乡村民会将自家的蔬果、禽鱼、肉类入市交易，也有一番“店肆栉比。货品山积，人声鼎沸”的繁华景象。之后因交通改道等原因使小镇渐渐衰落。直到近年以来，当地有关部门对镇域的市街作了整治修葺，令市镇风貌得到恢复（图7-3-5）。

三、聚落构成

（一）民居

土山的普通建筑大多采用大叉手木梁架，所以一般

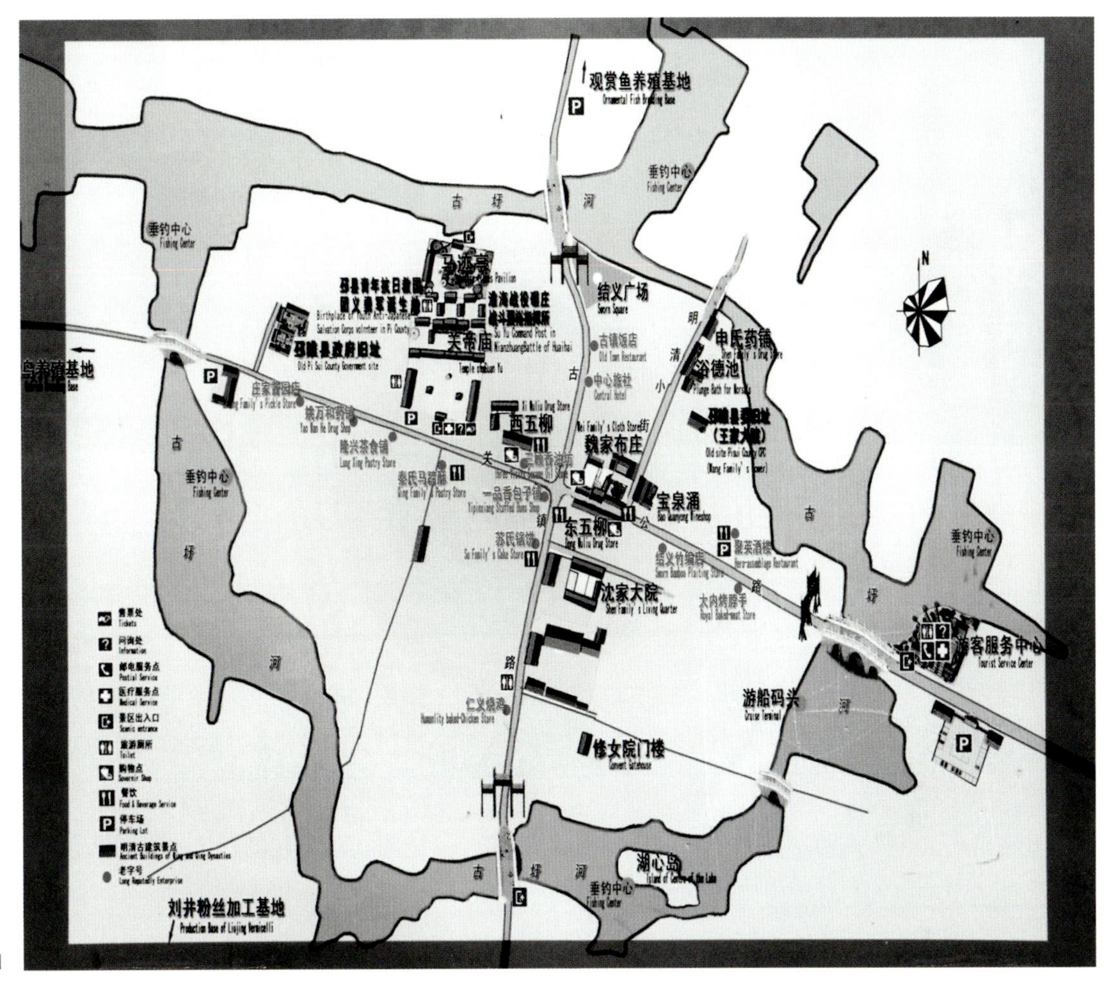

图7-3-1　土山镇平面图

图7-3-2　圩河

图7-3-3　土山大街

图7-3-4　土山小街

图7-3-5　大、小街相交的集市中心

面阔三间的民居檐墙承重，上承屋架，山墙搁檩的结构方式（图7-3-6）。小户人家仅用一幢这样的建筑，若不够用度，会在其旁增添附房。稍具经济实力就会在正房之前设置厢房、倒座，围合成四合院。当地也有“大户人家”，像沈宅和王宅就是镇上的典型住宅。

沈宅位于大街（东西老街）之南，由小街（南北老街）东侧的小巷进入。该组民居建于清乾隆年间，原有东、中、西三路，被分作四个院落。宅门位于中路，为一间两层的门楼（图7-3-7），其东西各为三间倒座。其内为前院、二门。入内为一正两厢的四合院。东、西跨院形制大体相似，各有堂屋三间，东屋或西屋、回廊。整组建筑的梁柱间施用雕饰，古朴典雅。尤其门楼更加雕饰精美、做工考究（图7-3-8）。门扇包有铁皮，因而被当地人称作“沈家大铁门”。

王宅位于土山小街（南北老街）中段的东侧，建于清嘉庆晚期（图7-3-9）。建筑临街，坐东朝西，为前后三进的合院建筑。临街为三间店面，其后是南北各三间的厢房，东面布置五间平房，由此围合成为住宅的前院。平房南侧次间作通往内院的中门，进中门对面是一幢五楼五底的大堂楼，其南北各有三间厢房。虽然当地

（a）无廊的住宅

（b）设有前廊的住宅

图7-3-6　小型住宅

图7-3-7　沈宅大门

图7-3-8　门屋檐下的花格横眉

（a）王宅临街立面

（b）王宅侧立面

图7-3-9　王宅

民居建筑都用人字大叉手屋架，由于临街设为商店，店面需要面街开敞，所以要将砖砌的前檐墙改作木柱，柱间枋下安门板。堂楼底层和楼层的前檐都设为前廊，所以也采用木柱梁结构。柱梁之上施以雕饰，山墙博风砌以花砖，达到了很好的装饰效果。

（二）店铺

市镇繁华的街市之上，总是见有鳞次栉比的店铺。在当时店铺并无专门的形制，通常是将民居建筑稍加改动，以适应经营的需要，所以就使得风貌高度统一。当然时尚也会在建筑上充分地表现，而一些特殊的店铺也会形成其特有的形象（图7-3-10）。

位于土山镇小街（南北老街）南端西侧的魏家布庄就是一幢能够显示时代特色的建筑。最初，这里是一位张姓商人在清代晚期开设的“万香村茶食店”，后转让给魏姓商人改作布庄。店面临街，为三楼三底的建筑

图7-3-10　普通店面

图7-3-11　三楼三底的魏家布庄（原“万香村茶食店”）

（图7-3-11），或许是受到西洋文化的影响，立面装饰呈现出稍异于传统的风格。正立面承重檐墙砌出倚柱形的砖墩，上用花砖镶嵌，楼层之间用砖砌叠涩与窗下腰檐，窗户施用圆券过梁底层用抹灰墙面，楼层以清水砖砌筑（图7-3-12）。虽然这样的处理在我国砖塔中也有应用，但其用于民居或店铺却较为少见，故从兴建年代考察，应该存在着外来影响的因素。据当地老人回忆，由于店面装饰精美，建筑风格古雅独特，加上经营有方，茶食店曾一度远近闻名，生意特别兴隆。后因抗战爆发，店主次子投身革命，并以店铺作为地下党组织的秘密联络点。时至抗战胜利却迫于内乱的形势，便草草将店铺转手魏姓掌管，并改营布匹，另取名为魏家布庄。

浴德池位于镇北小街东侧，是一幢六楼六底的街面建筑（图7-3-13），为当地沈氏所建。面阔六间在我国传统建筑中较为少见，是否附会所谓“六一生水”？还有待考证。建筑采用类似无量殿的砖砌拱券结构。据老人回忆，店主当时延请了当地著名工匠，先用木架支护，然后上砌砖拱券，这也反映在临街立面的砖券门窗上。立面上屋面出檐和腰檐都采用叠涩出挑，腰檐的檐下抛枋施用了垂莲柱装饰，上檐抛枋在上下线脚间嵌以砖雕花饰，形成了良好的视觉效果。门间居中偏北，两侧砌出倚柱形砖墩，也有很好的装饰性（图7-3-14）。在这座临街浴池的背后北侧有内院、堂屋四间、卧房四间。店主沈氏向往进步，积极资助抗战，也使这座浴池成为地下工作者的秘密联络点。

（三）土山关帝庙

土山镇关帝庙是镇上最大的古建筑群，始建于明代天顺年间，当时殿阁宏敞，楼台巍峨，号称全国第二。之后在明崇祯，清雍正、道光以及民国时期经历四次大修，故建筑之上留下了这些时代的痕迹。

现存庙宇占地约20余亩，建筑坐北朝南，东西三路。中路沿中轴线自南向北布置山门、牌楼、春秋楼（戏楼）、关帝殿、贤良殿以及土山之巅的马迹亭。

山门面阔三间，进深七步架，下为平直台基，上覆单檐硬山顶，檐下施单翘品字斗栱。构架设中柱落地，明间中柱之间设大门两扇，次间砌为隔墙。山门两侧筑清水院墙，外端连八字照墙（图7-3-15）。

图7-3-12　临街立面细部装饰

图7-3-13　六楼六底的浴德池

图7-3-14　门间装饰

图7-3-15　山门

图7-3-16　牌楼

山门之内立三间四柱牌楼一座（图7-3-16），左右置钟、鼓楼。

过牌楼为三间两层的春秋楼（图7-3-17），单檐硬山顶。底层仅明间在清水砖墙中辟一砖券门，楼层明间开两扇楼窗，次间各设一六角窗。春秋楼背面明间前联为戏楼（图7-3-18），其上用单檐歇山顶，两次间前设外楼梯，以供上下戏台。

正殿关帝殿面对戏台，面阔三间，深七步架添前后廊，明间两侧用七步架大梁，山墙侧用五架梁。正殿两旁为附殿议事堂和忠勇堂，面阔各三间。其台基略低于正殿，从而使开阔的前院正面形成了主次变化（图7-3-19）。前院两侧设面阔三间，高两层的东、西观戏楼作为配房（图7-3-20）。

关帝殿之后是面阔三间，深十一步架的贤良殿。明

图7-3-17　春秋楼

图7-3-18　戏楼

图7-3-19　正殿关帝殿与附殿议事堂和忠勇堂

图7-3-20　观戏楼

间大梁七步架，山墙侧用五架梁。前面是深两步架的前廊，上用翻轩；后面用双步，上覆单檐硬山顶。两侧各设一单檐硬山卷棚顶的配房，形成北方常见的四合院布置（图7-3-21）。

贤良殿配房的背后为东、西跨院。东跨院的主体建筑是面阔三间的春秋堂，院内还布置了结义亭；西跨院的主体建筑是仁义堂。

最后面就是古镇得名的小土山，据清咸丰年间的《邳州志》载，三国时土山高30余丈地，可以遥望下邳城（今古邳镇北），之后因环境变化使之高度大大降低。清乾隆年间，镇里人在山巅重修了一座马迹亭，清末亭坍塌，民国初重建为三层六角的楼阁，之后又毁，现为2006年按民国形制新建（图7-3-22）。相传这里就是关公当年屯驻土山时的拴马处，所以后人在亭构周围布置了拴马桩、磨刀石，甚至还做了马蹄印。

土山镇北还有一座历史悠久的土山天主教堂，后毁，如今在原址附近兴建了一座新的教堂，以满足当地信众的精神需要。

图7-3-21　后殿贤良殿与配房形成的四合院

图7-3-22　土山与马迹亭

第四节　连云港南城镇

南城镇位于今连云港市区的东南，云台山西南隅，与孔望山相望，相距市区约5公里，今属新浦区。这里东与云台山接壤，南临新浦区宁海乡，西接海州区锦屏镇，北与市区毗连。城畔有凤凰东山、凤凰西山左右相峙。

一、聚落变迁

南城镇及其周围原是沿海小岛，清初始与陆地相连。南北朝时期岛上开始建造城池，之后曾作为齐郡、北海郡、东海县治所，有东海州、临海镇、凤凰城等名称。因云台山北今天的墟沟一带也建有城池，故当地人将它们俗称为南城和北城。这里曾经是云台山区政治、经济、文化、军事的中心，也是海防重镇，降至20世纪，周边城市兴起，在1948年降格为镇。

二、聚落形态

由于过去县治的地位，使之拥有城垣城门，城内也应存在过衙署、府邸、店铺、民居、宗教建筑等。但随着社会的变迁，城市的发展，镇内建筑也陆续改变了面貌，1958年凤凰城遭拆毁，唯留孤兀的城门一座（图7-4-1）。城外留有玉皇宫、城隍庙等故迹。城内现存东大街一条，上保留着传统特色，让我们可从中了解明清时期民居建筑的特点（图7-4-2）。

现存的连云港南城镇东大街民居建筑大多为面阔三间，进深六步架的硬山顶平房，小型民居仅单幢就用于一户，稍大的则用三到四幢围合成一院（图7-4-3）。也有两、三进院落的，但可能由于历史的变迁，如今已很难找到规模更大的民居了。

图7-4-1 经修复的凤凰城城垣（东大街南端）

图7-4-2 东大街街景

图7-4-3 面阔三间的临街民居

三、聚落构成

南城镇在历史的演进过程中发生了较大的改变，如今能够见到的除了城门之外，唯有散落的民居。

与徐州地区一样，南城镇的传统民居多用墙承重结构，但由于连云港地区位于鲁中南丘陵与淮北平原的结合部，当地多山，所以墙体常用大小不一的块石料砌筑而成，窗台、门窗过梁施用凿平的条石（图7-4-4）。出于结构的原因，也受当地气候条件的影响，门窗均不大，立面上留出大面积的墙体。多数民居的墙面不作抹灰处理，只是在门窗框外用条状抹灰修饰。经济条件稍好的会在石墙门框处用尺寸较大、雕凿平整的石材垒砌，并在上部用砖叠涩予以装饰，其叠涩形式与徐州民居相似（图7-4-5）。大部分民居的檐墙与屋面交接处常用简单的鸡嗉砖檐或45°出挑的菱角砖檐。山墙与屋面交接处也仅用一皮卧砖出挑（图7-4-6）。

建筑的构架亦用人字大叉手桁架，搁于前后檐墙之上，但桁架结构稍异于徐州民居。明间的檩条架于桁架，次间则架于桁架和山墙之上（图7-4-7）。建筑稍讲究的在檩上置椽子、望砖，铺屋面；普通民居则在檩上铺芦帘，做屋面（图7-4-8）。其屋面形式也有高下之分，即建筑等级稍高的屋面仰瓦、覆瓦俱全；稍次的大部分屋面只有仰瓦，仅近山墙处用两路覆瓦，形成装饰性的剪边。

院落中的墙垣有全砖砌筑的，清水砖墙、砖砌洞门，甚至还有砌筑精美的砖漏窗（图7-4-9）。墙顶用砖瓦砌筑墙檐。现存建筑似乎找不到完整的装饰，大门下仅用矩形块石甚至木块当作门枕，但在残存部件见有雕饰精美的门枕（图7-4-10），可见是当年一些具有一定规模的民居所用。而在某些建筑上还可见到一些挑檐斗栱的残件（图7-4-11），也说明了稍高等级的建筑应比东大街所见要更为精致。

图7-4-4　连云港传统民居的外墙

图7-4-5　大门上部叠涩挑砖装饰

图7-4-6　仅用仰瓦的屋面

图7-4-7　人字屋架

图7-4-8　芦帘苫背

图7-4-9　庭院中的洞门与漏窗

图7-4-10 残存的门枕石

图7-4-11 挑檐斗栱残件

第五节 连云港尹宋村

尹宋村位于南云台山北麓，这里古为郁洲地，现为连云港经济技术开发区朝阳镇中心地段。

一、聚落变迁

连云港地区虽在六千年前的新石器时代即有人类居住，然沧海桑田，古宅多毁。据说元末张士诚政权灭亡，江南不少民众被迫北来，谓“红蝇赶散”，尹宋村及附近不少村落即形成于此时。其实，明初江南居民北迁最主要的原因是由于战乱造成的土地荒芜，为了恢复与发展经济，故推行移民政策。清顺治十八年（1661年）朝廷实行“裁海”，境内所有村落几乎“一扫而空”，清康熙十七年（1678年）之后，因当地书生冒死陈言，皇帝降旨“东南要地不宜轻废”，于是“复海”，原先的居民逐渐返回，当地村庄遂有了发展。鸦片战争后，连年战乱，人口增加缓慢，村落无大变化。直到20世纪50年代，尹宋村仅有百余户人家，400多口人。20世纪80年代初之后，尹宋村开始出现巨大的变化，随着经济发展，人口增加，民居相继东展西拓，南伸北延，与新县、朝东二街毗连为一，形成占地达270亩的大型村镇。

二、聚落形态

早期的尹宋村与当地其他村庄相似，规模不大，房屋凌乱，巷陌曲窄，人居畜圈混杂，房矮屋小。清康熙时期“复海”之后，将云台十八村划为两镇，新县即与之不远。民国37年（1948年），新县更名为朝阳。

据记载，新县大街铺筑于明初，全部使用青石，街西的孙巷、唐巷为条石铺成，其余都为泥沙路。尹宋村前后各有一条东西向村道，南面是宋巷，村北为尹巷。巷中原铺有青石，之后路面渐渐损坏，至民国几乎已成为土路。直到20世纪80年代之后，土路才逐渐被改造成水泥路。如今的尹宋村由朝阳路贯穿南北，并有数条东西向的横巷与之相连接（图7-5-1）。

图7-5-1　尹宋村平面图

三、聚落构成

与许多村庄一样，尹宋村周围原先也建有寺观、宗祠等建筑，如新县老街之西原有始建于唐代的兴国禅寺；位于狮子山下，俗名“娘娘庙”的汉东海孝妇祠；娘娘庙东有为纪念明海州知州郑复亨的郑公祠；位于曹巷南山坡上，创于宋代的祥云观；以及俗称“将军庙”田横祠、元帝庙、关帝庙、北海观音寺、张氏宗祠、孙氏宗祠等，可惜因岁月的磨砺及社会的变迁均已不存。

民国时期，新县街丁字路口有粮行、染坊、磨坊、铁匠铺、银楼、木匠铺、药铺、杂货铺以及露天摊贩二三十家，各村有做挂面、炸馓肘、打脆饼、制点心、编篮织筐的作坊近百家，另娘娘庙、将军庙有牲畜市场，逢初五、初十交易，每次为时半天。20世纪50年代之后，传统店铺作坊逐渐为当代的商店、工厂所替代。

连云港地区地理位置偏僻，过去的经济水平低下，因而境内几乎没有能与江南或富裕地区相匹敌的大型民居。尹宋村大多数传统民居与当地其他村庄相仿，为石构平房，有些还附设碉楼，颇能显示当地民居特色(图7-5-2)。

新县老街张宅是仅见的一处砖瓦构筑的民居，现存

(a)　(b)

(c)　(d)

图7-5-2　各种形态的石构民居

建筑前后两进院落，后院堂屋单层（图7-5-3）。面阔五间，进深七檩，硬山顶。内用六梁、二十四柱。椽上铺砖望，瓦屋面。其前东、西置单层配屋各两间。前院南屋亦为五间，进深七檩，硬山顶。东侧设过道一间。20世纪80年代初，张宅修缮时，发现屋脊有一板条，上书“大明江山大明，永乐年代永乐”，由此考订该建筑建于明永乐年间。

石构民居大多为单层平房，面阔三间，两坡顶（图7-5-4）。内用大叉手人字屋架，檩条较密，上覆芦帘、泥背（图7-5-5）。过去屋面有瓦顶，也有草顶。檐墙和山墙均用毛石砌筑，门窗较小。前后檐用石板出挑。规模稍大的民居常在三间正房之前置单侧或东西配屋，并用石墙围合成院落，甚至还有前后两进的四合院。过去家有余资者常在第一进的平房一侧建有炮台或炮楼（图7-5-6、图7-5-7）以防土匪，大多高两层，少数高三层。无顶的称炮台，两侧山墙做成跌落式；有顶的称炮楼，两坡顶。墙面开设射孔（图7-5-8）。

年代稍晚的石构民居有二、三层的，其结构与平房相似。

随着社会的发展，连云港市周边的石构民居已渐渐为当代砖混结构的新建筑所取代，尹宋村虽然尚保留着不少石构民居，但也在逐渐消失中。

图7-5-3　村中仅见的瓦房

图7-5-4　平房大多单层三间

图7-5-5　“人”字屋架和芦帘泥背

（a）正面女儿墙

（b）侧面跌落式山墙

图7-5-6　炮台

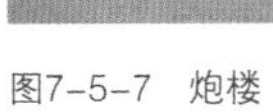

图7-5-7　炮楼

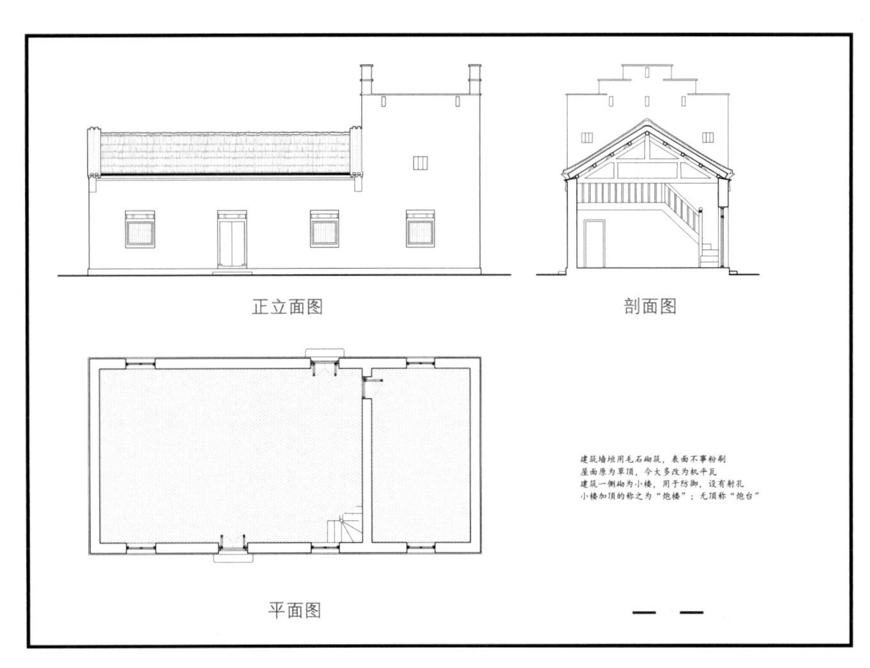

图7-5-8　连云港村中某宅测绘图

随着世人对于传统文化存在意义理解的深化，“保护”一词也越来越频繁地出现在了我们的生活之中。在建筑领域，就常常见到诸如“文物建筑保护”“传统民居保护”“历史街区保护”“古镇、古村保护”“传统聚落保护”等的讨论。然而若细细分辨，却会发现这些几乎完全一样的句型所表达的含义，有些相当明确，有的则十分含混。因为“保护”一词的定义为“用更大（多）的力量（对被保护者）予以照顾，使之不受伤害”，那么“文物建筑保护”与“传统民居保护”所探讨的被保护对象就是确定的“文物建筑”及“传统民居”，而“历史街区保护”和“古镇、古村保护”同样也可以理解为是在讨论保护以传统民居或其他建筑构建形成的历史街区、古镇或古村空间。尽管也存在“保护传统文化”的说法，但传统文化的保护最终会落实到各种承载着文化的具体事物之上，如“非物质遗产”保护的是传承人，使附着于他们身上的技艺不至于失传，所以保护的对象均为有形之物。“传统聚落保护”的对象是什么呢？显然不应该是“人们生活与生产场所”。若将聚落定义进行延伸扩展，是“人们的生活方式与生产关系”？显然也是很成问题的！事实上，所谓“传统聚落保护”与其说是在讨论让某种“聚落”予以“固化”而长期保留，还不如说是探讨如何将聚落中积淀的文化得以传承与发展。

第一节　价值取向

有关传统文化的传承与发展是一个讨论了多年的话题，尽管人们会从各自不同的角度切入，其结论基本一致。也就是说一般人都能认识到，“继承是发展的前提；发展建立在继承的基础之上；继承与发展是一种十分明确的因果关系”。但到了现实之中，面对怎样传承及如何发展依然令无数人困惑。其实，传承与发展是人类社会一种十分平常及普遍的现象，因为相对于漫长的人类历史，个体的生命显得如此短暂，如果不以前人的成就作为基础，人们的每一步都从原点开始，那么势必将徘徊于原始状态。所以，人们在社会中的任何一种行为都充满了承袭过去的痕迹，今天我们之所以会困惑于传承或发展，与其说是怎样传承的问题还不如说是传承什么的问题，也就是价值取向的问题。

一、先进与落后

当人们在面对某种关系、矛盾或冲突，需要进行抉择时，通常会基于自身的价值判断来确定立场，决定取舍，这就是价值哲学中所谓的“价值取向”问题。由于人的社会属性，彼此的价值观又往往会相互影响，因此某些价值观又积淀形成无数个体所认同的优势形态，从而成为社会性的价值取向。

在我国古代，自西汉武帝将儒学奉为正统思想之后，这一肇始于先秦的思想体系逐渐成为我国传统文化的核心，不仅确立了人们个体的处世准则，同时也影响着社会中的各种关系，成了具有主导性的价值取向。尽管两千多年来以儒学为核心的传统文化也随着社会的演进曾不断发生变化，但它的基本内核始终未有根本的变化。直到清代晚期，由于统治阶层的腐朽衰落使国内矛盾激化，危机重重，当其面临西方列强的军事和文化入侵时表现出束手无策，最终只能以割地赔款的丧权辱国条约，换得苟延残喘。每当国人忆及这段屈辱的历史时，通常会归结为中国与西方先进国家的差距，所以之后在不少人的心目中传统往往与落后联系在一起，提起发展，总觉得欧美是学习的榜样。

虽然无须时时强调，我国的历史如何久远，我们的发明如何影响世界，我们久远的选官制度曾如何为西方国家强国所艳羡，从而提升自信力。但还是应该看到，我国的传统文化之所以能够传承数千年，一方面反映了这种文化规范符合人伦、社会关系的普遍理想，同时它也随着社会的发展而不断做出调整，时有变化，从而保证了继续存在的可能性，故而获得了长久的发展。

因为世间任何事物都有其产生与存在的原因，同时任何一种方法也不会是绝对地有利无弊或有弊而无利，所谓利弊主要依据实际影响做出的判断[①]。当然，这种影响有时也需要放在相当长的时间段作为考察的范围。近百余年来，我国在经历了对于传统文化的全面否定，再到重新审视，这并不仅是一种简单的回归，而是权衡了短期及长期影响所产生的利弊之后的一种反思，并且认识到我国的传统文化依然能与当今的社会发展相适应。简单地用先进或落后、以有用或无用来做取舍标准，原因在于是对于传统文化的较长时期忽视，从而造成了误解。近年来出现的所谓“大拆大建”其实就是这种简单化思维导致的粗暴结果。

二、城市与乡村

自从城乡分离，由于城市聚落特殊性质和社会地位，致使其居民的主体摆脱了为生存而进行的生产活动，他们的生活资料完全由乡村聚落所供给。尽管因城市主要居民的生活要求，也涌现出一系列可以让生活变得更为便捷、更为舒适，甚至是被认为更有品位的手工业、服务业，但这样的产业，在有些经济学家看来并不能真正创造社会物质财富。因为这只是将乡村初级产品进行再度加工，使其附加值获得提升而已。至于那些城市聚落非劳动者阶层那就完全有赖于他人而得以生存，所以古代社会的城市甚至是市镇都曾被定义为消费性聚落。然而，正是城市的地位和城市居民的生活要求，致使城市的无论是政治地位，还是经济、文化等各个方面都呈现出远远高于周围乡村的状态。

到了近、现代社会，城市以往长期的经济积累以及所据有的社会资源优势为近代工业的兴起提供了必要的基础，所以工业就开始在城市崛起。之后，城市又以一种无形却强大无比的力量吸引着远近乡村的劳力资源、人口资源，甚至是智力资源。出于政治或经济的需要，一方面人为压低农产品等初级产品的价格，另一方面却又抬高工业制成品的市场价格，造成了农民进城务工的收益往往会远远高于在自己的土地上进行耕作的收入的现象，于是乡村落后的概念就进一步在人们的意识中积淀。

当我们将目光再度转向乡村，希望乡村聚落也能与城市一样获得应有的发展时，潜意识中乡村即为落后的观念常常会在许多人的心中逐渐清晰起来，而那些对于城乡分离原因并不恰当的推测[②]，更使这些人相信，城市既然是乡村聚落发展的最终目标，那么套用城市发展模式，甚至照搬城市中的各种形式似乎就应该是一种最为快捷的方法了。于是，在当今的乡村聚落发展建设中就出现了城市广场（图8-1-1）、园林驳岸（图8-1-2、图8-1-3）等原本与乡村并无关系的内容开始出现在了这些聚落之中（图8-1-4）。

其实，自城市的雏形——中心聚落从一般的乡村聚落脱胎而出，城乡之间已经踏上了完全不同的道路。前面提到，在我国，乡村聚落中人口繁衍之后，基于周边土地的承载力，通常是以“分家”的方法[③]，让一部分人迁徙到那些尚未开发的土地上，兴建新的聚落，并

① 钱穆. 中国历代政治得失［M］. 上海：生活·读书·新知三联书店，2001.

② 美国时代生活编辑部编. 全球通史·城市的进程［M］. 赵沛林译. 沈阳：吉林文史出版社，2010.

③ 费孝通. 江村经济［M］. 上海：上海人民出版社，2007.

图8-1-1　某村庄中的广场

图8-1-2　某村庄的叠石岸

图8-1-3　某村庄的河道

图8-1-4　经置换后的新建农民新村

不像有些人想象的那样“（因为农业的发展，）剩余农产品把农民从田地里解放出来，使他们成为工匠与商贩。组织必要的灌溉工程形成了统治者与管理者的阶层结构；粮食出口成为支付进口奢侈品的手段。随之增多的财富吸引了周围村庄的移民和商人。工作、政府、要买的东西、要见的人—任何现代城市的标志—所有这一切（业已逐一具备）”[1]。

虽然历史上也能见有城乡转变的案例，但村庄升格为镇市，通常是由于其所在的地理位置和交通条件，并非所谓“农民从田地里解放出来”；镇市转化为州县，那更是出于一方政治、经济乃至军事的原因，绝不是简单扩张或者认为改变产业结构就能将一个村落最后转变成为现代城市。更何况人类的生存在可以预见的未来，还会有相当长的时间不能摆脱对于农业产品的依赖，也就是说，除了城市聚落的发展，乡村聚落还将以它特有的生产与生活形态长期存在。

三、文化与经济

改革开放以来，我国已将工作的重心移向了经济建

① 美国时代生活编辑部. 全球通史·城市的进程［M］. 赵沛林译. 沈阳：吉林文史出版社，2010.

设，所以人们对于经济有了较以往任何时代都为强烈的关注。而随着传统文化意识的提高，有人提出了借助文化以发展经济的观念，以为此举既可以满足当今讲求经济效益的要求，同时也为文化传承提供了资金的支持。但从实际的效果看，似乎并不像想象的那样理想。因为若事事都以经济效益作为前提，传承必然带有很强的选择性和功利性。即便像演艺、出版、绘画之类的“文化产业”，也难免由于效益问题而将某些极具文化价值的内容予以割舍。至于如今时常见到的“拆真造假”现象（图8-1-5），更是缘于某些相关部门，甚至是个别人的利益考量。因为，他们将“文化”仅仅看作获取商业利益的附属品，当然其真假或者对错也就可以无视了，所谓传承危机其实就是这种功利性选择的结果。

尽管“文化”的涵盖极为广泛，有时要给它下一个精确的界定似乎十分困难，但一般认为，它属于相对于经济、政治而言的人类全部精神活动的体现，也就是某一时间段或相当历史阶段思维方式、价值观念、审美情趣以至于律法制度、道德规范等的投影，所以在一些原本保存较完整的古村、古镇经过了高强度的商业开发之后，人们往往感受到的并非传统文化的彰显，而是商业气息的浓烈（图8-1-6）。

其实，人们在大学阶段都学习过《政治经济学》课程，其中将经济定义为“社会价值的创造、转化与实现”；文化则是“反映一定经济水平等的表象”，因而经济常被视为文化的基础。尽管经济发展与文化的昌盛并不一定同步，文化和经济都经常表现出各自相对的独立性，但经济为文化的发展奠定物质条件却是十分明确的。在经济条件、物质文明尚未达到一定水平时，奢求超越这一基础的文化建设，或许就会成为无源之水而难以实现；而在特定的社会、经济环境中，文化却能够自然而然地折射出这一时代的特征。当然，这样的文化并不一定属于“先进文化”。

将文化作为发展经济的依托，借助文化形成新的经济增长点，甚至成为一种经济形态，其实是错误地理解了文化与经济的关系，也就造成了能够具有现实利用价值的可能会获得较一定的重视；而暂时被认为无用的便会无人问津。甚至某些原本从事传承、保护工作的从业者，为了部门效益甚至个人利益，会迎合某些人的趣味，随意改变诸如传统建筑的风貌、聚落的形态甚至非物质遗产的内容，让传承走入歧途。

图8-1-5 经规划改造后的村庄旧有的风貌完全消失

图8-1-6 经过高强度商业开发之后的古镇表现出浓烈商业气息

第二节　文化传承

因为文化是人类历史的积淀，同时也是由人类社会长期创造形成的产物，它凝结于物质之中又游离于物质之外，所以文化的传承虽说是将那些能够体现我国长期以来形成的生活方式、传统习俗、风土人情乃至价值观念、行为规范、思维方式、文学艺术等意识形态予以保留与发展，但最终还将落实到诸如聚落形态、建筑造型、居民生活、民俗活动等载体的修葺、维护与保存之中。

如果说价值取向分析的是要不要做和做什么的问题，那么传承方法所要探讨应该如何进行传承与发展。

一、聚落特征的准确把握

期望让聚落的传统文化得到传承与发展，需要参与这项工作的从业人员对于其将要修葺、维护与保存的传统聚落能有一个全面且深入的理解。因为聚落的形成与发展是一个历史的过程，聚落的形态缘于其中居民对于自然环境的适应，所以几乎每一处聚落都会呈现出其独特的风貌，如果不能对此做出清晰的理解，那么这样的修葺、维护和保存不仅没能将过去的信息完整地予以传承，甚至还歪曲、臆造了传统聚落的文化。然而在已有的不少乡村聚落的研究中常可以看到，这些研究者以为村庄之中都必定会有交往空间，而这样的“结点”通常被固化为“村口旁”“大树下”“桥头边”“祠堂前”，于是在制定保护规划时，即便现状中并不存在，也会在这些位置辟出所谓供乡村居民交往的专门场所（图8-2-1），据说是为了扩大交往、丰富村民的生活。

且不说各地乡村的村口是否都会有作为标识的大树，这其实是与村庄的存续时间有关，而今天那些伫立在村口的牌坊大多属于臆造（图8-2-2）。像集中使用的井台至少在江南除了少数镇市，基本不会出现在村落之中，因为过去人们的生活用水主要有河水、井水以及雨雪水，江南地处水乡，当年的河道并无污染，且直抵居宅之旁（图8-2-3），所以，人们无须再花费金钱凿井取水。当然村民也有“交往空间”，也通常是在村内小店的门口。由于过去村民出门的机会不多，而店主则需要经常外出办货，能够将道听途说的各种新闻转告村民，所以小店除购买必要的物品外，就成了颇受欢迎的传播消息的场所。村庄中的某家村民有在外工作且经常有书信往来的，其墙门口或门旁墙根下也常常会有村民聚集，因为在信息不太通畅的过去，外面的新闻其实也是他们希望了解的，并非仅限于“家长里短”。在今天，有些乡村偶尔还能见到这样的景象（图8-2-4）。

同样，探讨传统村落者大多会牵扯一些风水问题，似乎非如此不足以显示是在讨论传统，然而，但若能认真翻阅几本古代风水著作，就会发现他们所解读到的极成问题。诸如常常见到的有关“水口”的问题，这原指水流的入口和出口。山地聚落为了考虑生活用水，需要在聚落逐渐成形后进一步完善其中的水系，甚至筑坝拦蓄，以保证生活与生产用水。而在江南水乡，聚落往往为流水环绕，河道可以直接抵达民居后门，在这样的村落中谈论“水口”处理，必然只是附会。如果再能了解一下我国的移民历史，还会发现，山地聚落往往是由于平原地区已经为先到者占据，不得已而开发山区①，绝非因那里拥有优越的山水形胜。

至于被列入非物质遗产的岁时节令，尽管不同地

① 葛剑雄等. 简明中国移民史［M］. 福州：福建人民出版社，1993.

图8-2-1 程式化的村口处理

图8-2-2 某古村的入口牌坊

图8-2-3 直抵居宅的河道

图8-2-4 在某家小店门口聊天的乡村居民

区都有相近似的名目，但各地风俗却并不完全一样，对照同为清代的《帝京岁时纪胜》和《清嘉录》，就会发现其中的活动内容、过节方法有着相当的差异，并形成各自的特色，并非今天那样仅仅为舞狮、舞龙（图8-2-5）。其实即便是舞狮、舞龙，各地的形式也不尽相同。当然，更重要的是让人们了解其文化内涵，而非仅仅是某种形式。

不同的地理环境、气候条件以及形成原因，决定了每一处聚落呈现出不一样的形态。对历史缺乏必要的了解、对现状不作认真的分析，在此基础上进行的规划、设计就难免变得千篇一律，期望传统文化在这样的聚落中得以传承，其可能性实在难以想象。

图8-2-5 业已程式化的乡村民俗活动

二、修缮技艺的悉心理解

聚落是人类聚居生活与生产的场所，因而在其中的方方面面都能折射出那里的文化，当然最容易让人们感受到传统特色的无疑要数聚落中的街巷格局与传统建筑。然而由于这些建筑和街巷形成的年代较为久远，加之晚近以来过度使用与年久失修，业已到了需要全面整治甚至抢险维修的程度，所以，修葺工程已是那里的常态。近年来因经常参与文物部门组织的维修方案评审以及修葺工程验收，发现许多问题。其中虽然不乏为了进度或忽视质量所造成的，但更多的则是对传统施工技艺的不了解。

在台基的石作工程中，阶沿石的合角拼接的案例较多，主要用于四面厅、亭榭、游廊之类具有侧面形象要求的建筑。现实中常常见到修缮后不久的石面会出现合角尖端破碎的情况（图8-2-6），一般被认为使用不当，但对照施工要求予以分析，就会发现，传统工艺是在石面沿石的尖端截去二寸（约50毫米左右）；檐面留出相对应的平角[①]。如今使用了切割机具，尖端少了平角处理，破碎情况也就在所难免。侧塘石（陡版）需要用灌浆处理以使上、下及左、右石材得到粘结，所以需要小石片垫平、垫稳并留出灰浆流遍需粘结处的缝隙[②]。现实施工时有时仅仅是在石构件与夯土之间浇灌了事，殊不知此举完全没有起到灌浆粘结的作用。

又如砖作工程，方砖铺地的灰缝要求是在2毫米以下[③]，但验收时基本不能达到。原因是传统工艺是在顶面刨磨平整后，将四边砍刨出向底面倾斜的面，以便铺砌时能吃住更多的油灰，并向下挤出多余的油灰。现实中也是采用了切割机切出四边，而没能做出“向底面倾斜的面”，于是即便耗费再多的气力，也就无法达到灰缝2毫米以下的要求。过去的墙体砌筑是在砖的底面抹上四道灰梗、侧面抹两道，然后扣到已砌好的墙体上，再依据拉线调整砖块，从而保证了墙面平整、干净，灰缝饱满、挺直的要求，但如今能够达到这样标准的并不太多（图8-2-7）。

木作也存在类似的问题，因为年久失修，所以木构件上面油漆剥落、木料开裂的现象比较普遍，不少修葺者不管位置与程度，一概要求更换，据说是为了安全（图8-2-8）。其实木材在自然状态下都会发生开裂，但作为柱类垂直受压构件，只要不是斜裂等影响受力，通常只要嵌补即可。而梁、枋、桁（檩）之类抗弯构件，开裂没有达到一定程度，也常以嵌补、加箍的方法予以修缮[④]。动辄更换构件不仅增加了修缮成本，对于文物建筑其实也是一种伤害，会使建筑的历史信息丢失。至于在一些重建的建筑中，随意改变造型（图8-2-9）、增加构件尺寸（图8-2-10）、要求使用名贵木材的情况也时能见到，这对于建筑形态、街巷格局都会产生不良影响，甚至还会损害到聚落文化的传承。

类似的问题还可以举出许多，这并非已有的工程质量检验评定标准过于严苛，而是今人并不了解这样的标准是基于怎样的工艺手段方可达到。也有人以为，这只是一些细节并不影响使用，况且当今强调像古建筑的修缮重在利用，以便发挥其潜在的价值。其实传统建筑甚至传统聚落的所谓“价值”应该包含实用价值和存在价值两个方面，前者所关注的是眼前与短暂的问题，后者则是对更为长远的考量，这两者并不存在矛盾，只

---

① 雍振华. 苏式建筑营造技术［M］. 北京：中国林业出版社，2014.

② 雍振华. 苏式建筑营造技术［M］. 北京：中国林业出版社，2014.

③ 北京市房地产管理局《古建筑修建工程质量检验评定标准CJJ39-91（北方地区）》中国建筑工业出版社，1900.
苏州市房地产管理局《古建筑修建工程质量检验评定标准CJJ70-96（南方地区）》中国建筑工业出版社，1997.

④ 文化部文物保护科研所. 中国古建筑修缮技术［M］. 北京：中国建筑工业出版社，1983.

图8-2-6　合角阶沿石尖端破碎

图8-2-7　常以所谓的“野趣”来掩盖墙体砌筑时的灰缝要求不达标

图8-2-8　仅仅因细小裂缝就被更换的木柱

图8-2-9　修葺后的建筑改变了屋面坡度

（a）建筑的原有屋架

（b）修葺时更换了更粗大的构件

图8-2-10　随意增加尺寸的梁柱

图8-2-11 迎合今天趣味的改造

是如今那些精通传统施工技艺的工匠大多已经老去，年轻人受到社会种种诱惑能够进入这一领域的极少，而能够思考如何做会更好那就更少，看来花费一定时间对从业单位和从业人员进行较为全面的专业培训可能会扭转目前这种状况。其实这种状况与20世纪80年代初的情况有点相似，当时古建筑修缮方面的从业人员也十分缺乏，为抢救业已日渐破败的古建筑，国家文物局举办多期“古建专业培训班”。经过专家及老工匠的授课，使参加培训的人员业务素质得到了极大的提高，令他们后来在各自研究、保护古建筑的岗位上大多做出了巨大的贡献。所以，采用培训的方法会比仅仅是空谈“修旧如旧”“保留现状”“恢复旧貌”等会管用得多，因为他们不仅知道了要做什么，而且还会了解到怎么做和为什么需要如此做的问题。

三、传统聚落与旅游景点

在如今发展旅游的大趋势下，传统聚落通常被转化为旅游景点。尽管这也是一种非常好的利用方法，但想象一下，除了旅游还能有其他的利用形式?

所谓聚落的旅游，其实是一种体验，是让城市居民更能够了解乡村、了解市镇。这样的体验不同于观光，观光需要有优美的景致，而体验则只要各种能与体验者所生活的环境不同就能获得满足。其实，一方面诸如乡村聚落，农业生产并不能完全废止，若继续延续农耕生产，并展开不影响农业的观光活动，是否有可能让那些原本也未必可以把握的建设降到更低的程度呢?

让保持着传统风貌的古村、古镇以及历史街区成为别具特色的旅游资源，本应是民居保护有效途径和手段，可如今，许多地方却因开发旅游而造成传统聚落的改变，成了一对新的保护与发展的矛盾，这实在是不少地方旅游开发者或主管部门对于旅游的一种错误理解。不知何时起，当提到旅游开发，人们就会想到需要尽可能地去满足旅游者“食、住、行、游、娱、购”这六个方面的要求（图8-2-11）。从总体上说，这样的考虑并没有问题，但由于未能正确处理好彼此的主次关系，其结果就会走入严重的误区。

我们知道，旅游是一种高级的享受，是在物质生活条件获得基本满足后出现的一种精神追求。“求新、求知、求乐”是旅游者的心理共性。人们远道而来，最希望领略的是异地风光、想要获取的是平时不易得到的知识与愉悦。如果能有快捷的旅途、舒适的住所、可口的饭菜固然可以使旅游增添便利；如若不然，也可感受到与平日生活不同的特殊体验。但如果以为旅游者的旅游活动仅仅是为了口腹之欲和行动上的便捷省力，那么今天我国绝大多数城市中的食、住、行、娱乐等条件都远优于任何旅游地；而物流业的发达，也让人能在居住地方便地购买到远方特色物产，耗费体力和财力赶往异地即便能获得与居住地相同的口腹享受，旅游的意义也就不复存在。其实在旅游活动的“食、住、行、游、娱、购”需求之中“游”才是主体，而传统村镇、街区的历史风貌则是吸引游人前往的特色资源，当地的环境、在其中生活、生产的居民更是文化的载体。将具有特色的资源毁坏而去满足游人非主流的需求，不得不说是一种对旅游理解的偏颇，其结果也必然造成新的保护与发展的矛盾。如今我们常常听到这样的话，“某地有一村落（古镇），现在尚未开发，过去的风貌依然保持，若不赶紧去看看，一旦开发，原来的风情就再也见不到了”，可见，人们旅游的目的更关注精神上的满足。忽略乃至人为毁坏这些特殊资源而开发的旅游，不唯重演了过去在城市中曾经出现的“建设性破坏”和“保护性破坏”，同样也未必能让旅游者获得真正的满意。

第三节　基于文化传承的聚落发展

人类是一种聚居的动物，其有形的场所是为聚落，而聚居生活中形成的人与人的关系结构则被称之为社会。社会的发展不以人的意志为转移，那么聚落也就会随之发生改变也在所必然。当然，如前所述发展需要基于传承，应该让人们在变化之中依然能够感受到文化传统却是我们的责任所在。

一、都市聚落中的历史文化街区保护

当代都市聚落发展因更多的是以提升国家实力作为考量的前提，所以当人们将注意力全都放在工业、经济实力之上时，复制当时先进国家的经验以尽快缩小彼此的差距，成了最为普遍的做法，但此举也导致了对聚落中传统与文化的忽略，城市形貌发生了快速的蜕变。随着人们重新开始思考传统文化的意义，突然发现我国的绝大多数都市聚落已经很难找到更多曾经的形貌与传统要素。为了找回传统与文化，无数人经过不懈的努力与探索，终于在1982年初确立了“历史文化名城”的概念，从而为都市聚落的文化传承提供理论依据。

开始历史文化名城的保护主要是依据《文物保护法》及《城乡规划法》，对文物特别丰富，并具有重大历史文化价值和革命意义的城市制定法规，以免其中尚存的文物古迹遭受进一步的破坏，为这些文物古迹的修缮提供方法。但由于许多城市此时的整体形貌已经改变较大，只有少数残存的、尚未受到现代工业冲击的街巷还保持着过去的风貌，所以之后人们又在《雅典宪章》及《华盛顿宪章》中找到了“历史街区”的相关论述，并在1986年公布第二批国家级历史文化名城时被引入了其中，于是那些被列入历史文化名城的城市先后对具有一定代表性的传统风貌街区展开了整治和修葺。

终于形成了诸如南京夫子庙（图8-3-1）、苏州山塘街（图8-3-2）、徐州户部山（图8-3-3）、无锡清名桥（图8-3-4）、扬州东关街（图8-3-5）、镇江西津渡（图8-3-6）等江苏历史文化名城中能够呈现当地文化特色的历史街区。

当然，历史街区已非城市的全部，历史文化名城亦与所定义的传统聚落相去甚远，但历史文化名城概念的形成以及在此前后的探索却为范围更大的名镇、名村保护奠定了基础。如2005年颁布并开始施行的《历史文化名城保护规划规范》是对历史文化名城保护概念的细化和具体落实，明确了保护原则、措施、内容和重点。2008年颁布的《历史文化名城名镇名村保护条例》更是规范了申报、批准与违反条例的处罚机制；确定了保护规划编制程序、内容、期限等各项细节；解释了保护的各种措施以及允许及禁止具体活动，由此为全面保护传统聚落的物质形态——镇市、村庄奠定了基础。

图8-3-1　南京夫子庙

图8-3-2　苏州山塘街

图8-3-3　徐州户部山

图8-3-4　无锡清名桥

图8-3-5　扬州东关街

图8-3-6　镇江西津渡

二、镇市聚落传统文化的传承与发展

20世纪80年代之前，由于交通以及其他条件的制约，我国尚有一大批镇市尚未受到当代发展进程的影响，聚落基本保留了较为完整的传统形态。在“历史文化名城保护”研究、探索的推动下，这些镇市聚落也被纳入了研究者的视野之中。经过多年的努力，终于形成了“历史文化名镇”的概念。2003年第一批名镇公布，江苏省的周庄（图8-3-7）、同里（图8-3-8）、甪直（图8-3-9）三镇市被列入其中。

最初这些镇市的保护主要着眼于空间形态、街巷格局与建筑特色，而此时尚有不少熟练掌握传统工艺的匠师还承担着主要的修葺工作，所以在与设计人员共同配

图8-3-7　周庄古镇

图8-3-8　同里古镇

图8-3-9　角直古镇

合下，无论是聚落形态还是修缮质量，都能忠实反映历史的真实，直到如今这些古镇依然被看作保护的典范。此后，随着对镇市聚落关注的深入，经过有关部门与设计、施工人员的共同努力，江苏省又有多处镇市聚落陆续被列入中国历史文化名镇名录，截止到2019年末，已达了31处。

虽然这些镇市聚落陆续都得到了整治与修葺，但由于原初的保存状况以及其他各种原因，它们在传统文化传承与聚落发展方面并不尽相同。个人以为，像徐州市新沂的窑湾镇尽管只是在2010年才被评定为江苏省级历史文化名镇，却是近年做得较好的案例之一。

前面也已介绍过，窑湾由于地处骆马湖北岸、大运河之畔而成为往来船只休整、避风的所在，因此在主要依靠船只运输大宗货物的年代，这里借助这地理位置的优势而成镇，并繁荣兴旺。然而，当代交通的发展使得曾经风光无限的船运业开始式微，窑湾镇也渐渐走向衰落。十余年前镇上只留存了两条数十米的老街，且两侧店面均已破败。北侧虽然建有新的镇区，但建筑和街路质量较为低下。之后当地政府确定了对古镇保护发展的方向，近十余年来先后聘请了南京大学、东南大学等单位编制了《江苏窑湾历史文化名镇保护规划》《江苏窑湾历史文化街区保护规划》与《新沂市镇村布局规划（2019版）》等（图8-3-10）。镇区的整治、传统建筑的修葺以及基础配套设施、周边交通环境等都做到了高起点、高标准。完成了两条留存老街的全面修缮，修葺了吴宅、赵信隆酱园等尚存的古建筑（图8-3-11），还按传统风貌恢复了大清窑湾邮局、天主教堂（图8-3-12）、山西会馆、江西会馆等十余处历史遗存，形成了西大街、南大街、运河大堤、中心河四大景区。

从古镇目前的风貌看，原有的镇市肌理基本保持，已修缮的建筑形态也能因循当地的特色，像吴宅、赵信隆酱园的修缮也能采用当地传统工艺，且质量较好。天主教堂等虽属恢复性重新建造，它们的尺度、造型与周边建筑及镇域环境也能有较好的协调。当然规划也难免带有当今主流意识的影响，诸如将古镇作为旅游景点予以定位，虽说规划者着眼于利用遗产来开发旅游，但如果能在其中保留一定的居民，兼顾他们的生活与生产，或许更能成为一个有生气的鲜活聚落。规划对于古镇及周边交通作了较细的考虑，改善、提升及新设的道路系统不仅使抵达古镇变得更为便捷，同时也考虑了当地农业的振兴，为提升周边村落的活力、发展其特色农业奠定了基础。

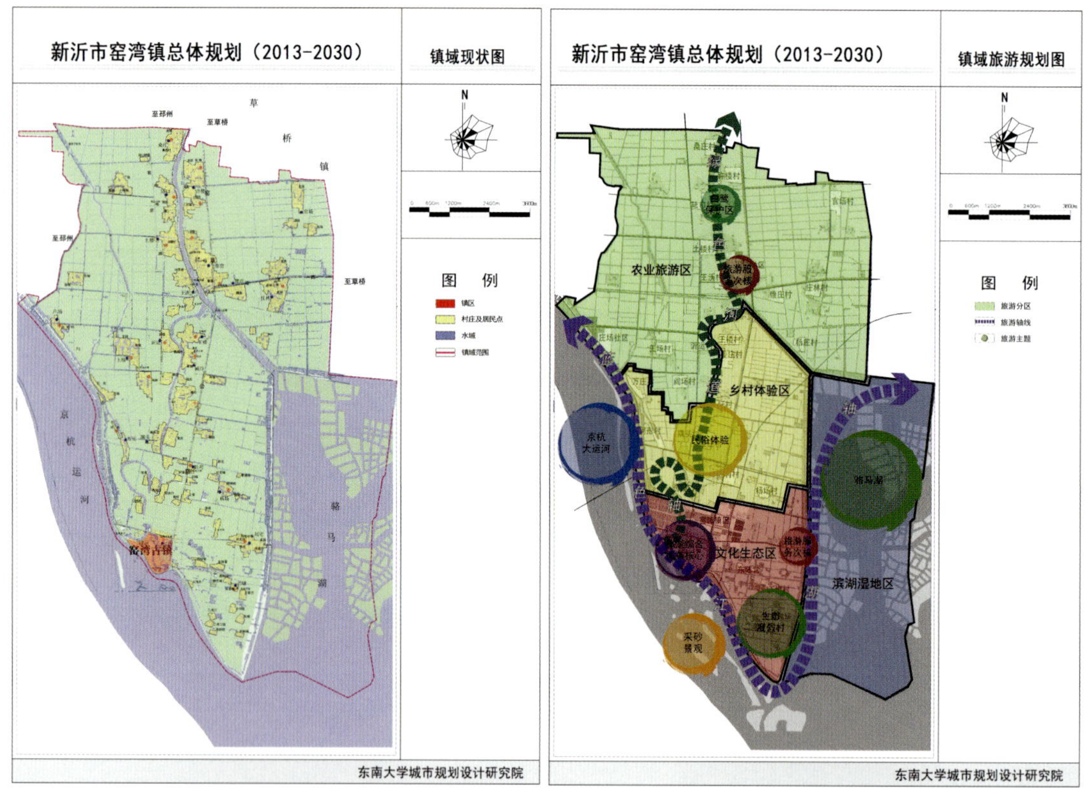

（a）镇域现状　　（b）镇域旅游规划

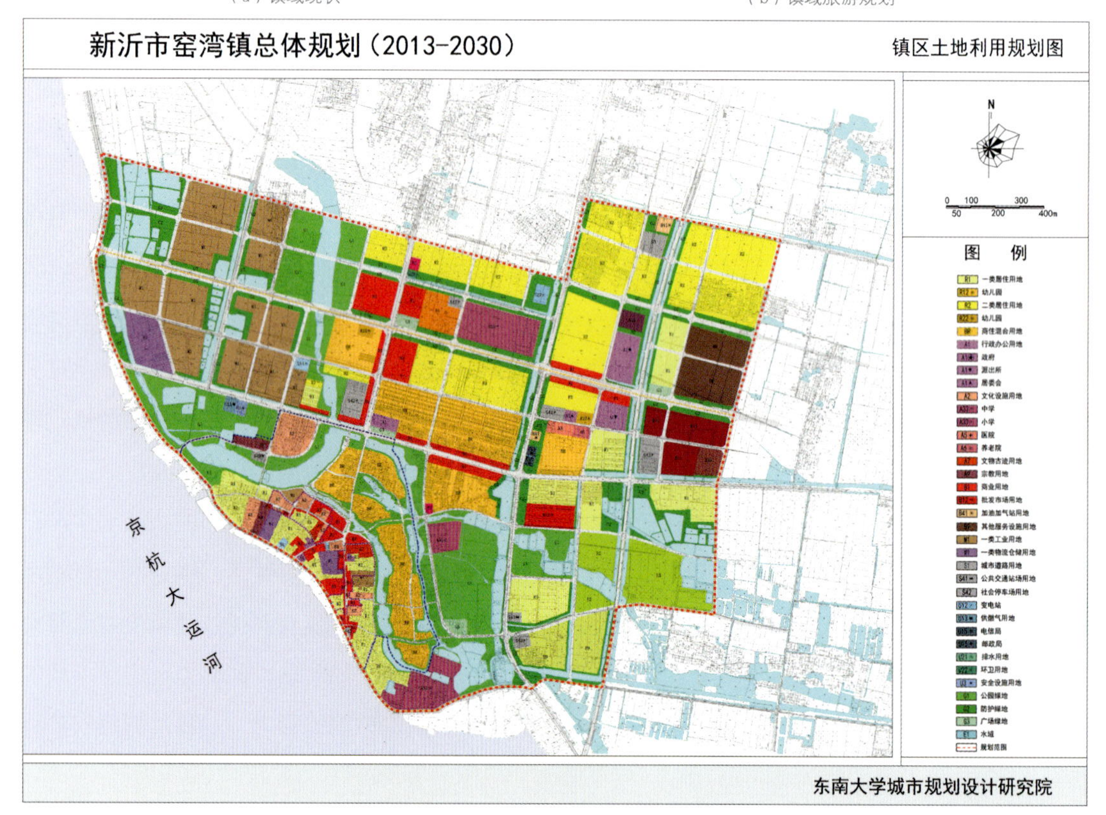

（c）镇域土地规划

图8-3-10　窑湾镇总体规划

(d)古镇区景点示意图

图8-3-10　窑湾镇总体规划(续)

（a）沿街店面

（b）内院作坊

图8-3-11　赵信隆酱园

三、乡村聚落传统文化的传承与发展

我国学者对于乡村的关注大致可以追溯到20世纪30年代前后，梁漱溟先生1937年发表的《乡村建设理论》和费孝通先生在1939年出版的《中国农民的生活》（今更名《江村经济》）可以认为是其中对后人影响较大的代表作。此后由于种种原因，有关乡村研究沉寂了相当长的时间，直到改革开放，尤其是1978年党的十一届三中全会以后，因各级政府持续推出各项政策以加速乡村发展，于是有关乡村的研究也开始活跃。然而，纵观以往诸多有关乡村的论文和论著，可以发现其关注点主要在于乡村经济，其实这一倾向直到今天仍依然可见。

对于传统村庄空间及其建筑的研究，其实也与市镇一样，源于“历史文化名城”及“历史街区”的探索，所以在2003年公布第一批历史文化名镇的同时也诞生了第一批历史文化名村。或许因有关部门重视不足，直到2007年江苏省方始有苏州东山镇的陆巷（图8-3-13）与

图8-3-12　天主教堂

图8-3-13 陆巷古村

西山镇（今更名为金庭镇）的明月湾（图8-3-14）入选第三批历史文化名村。之后为突出其文明价值及传承的意义，住房和城乡建设部、文化部、财政部三部门又在2012年以“传统村落”之名在全国展开评选，截止到2019年江苏省入选的“历史文化名村”有12处；入选“传统村落”为33座。此外，省内与地级市也进行了相应的评选，并为之编制了保护规划，可见对于乡村聚落的关注已经普及。由于地理环境、经济状况的差异，各村的形态、建筑风貌各不相同，它们在对待文化的传承与聚落发展上显然不能套用同样的模式。纵观那些制定的《规划》及已经落实的措施，南通的余西应该是具有较多可取之处的一个。

余西的建筑分布较为疏朗，民居规模不大，尺度宜人（图8-3-15）。虽然这里并没有像苏州遗留的古村那样

图8-3-14 明月湾古村

（a）民居　　（b）店铺

图8-3-15　余西的传统建筑

拥有深宅大院，但很有地方特色。如果对江淮东部平原的社会、经济、历史有所了解，并能看过诸如盐城龙冈镇以及南通冯旗杆巷、南关帝庙巷、丁古角等处的明清古建筑（图8-3-16），就会发现其实这一处传统聚落极具地方特色。所以，《南通市通州区余西历史文化名村（保护）规划（2014—2030）》将此处定位为“村民安居乐业，具有乡野意趣，兼容旅游活动的历史文化名村”应该属较为恰当的。规划要求维持“建筑低矮、中部院落密集、外围建筑疏朗”的整体空间格局，控制建筑物、构筑物的“高度、体量、外观形象及色彩”，对于历史水系、农业景观等也都提出了保持、优化的整治原则，给聚落风貌的保持起到至关重要的作用（图8-3-17）。

图8-3-16　南通市区的明清建筑

就目前现状看，传统村落中环境整洁，尽管个别建筑尚未得到修缮，但整体并没有那种破败的荒凉。因为从整洁的环境让人感受到生气，所谓“活力”其

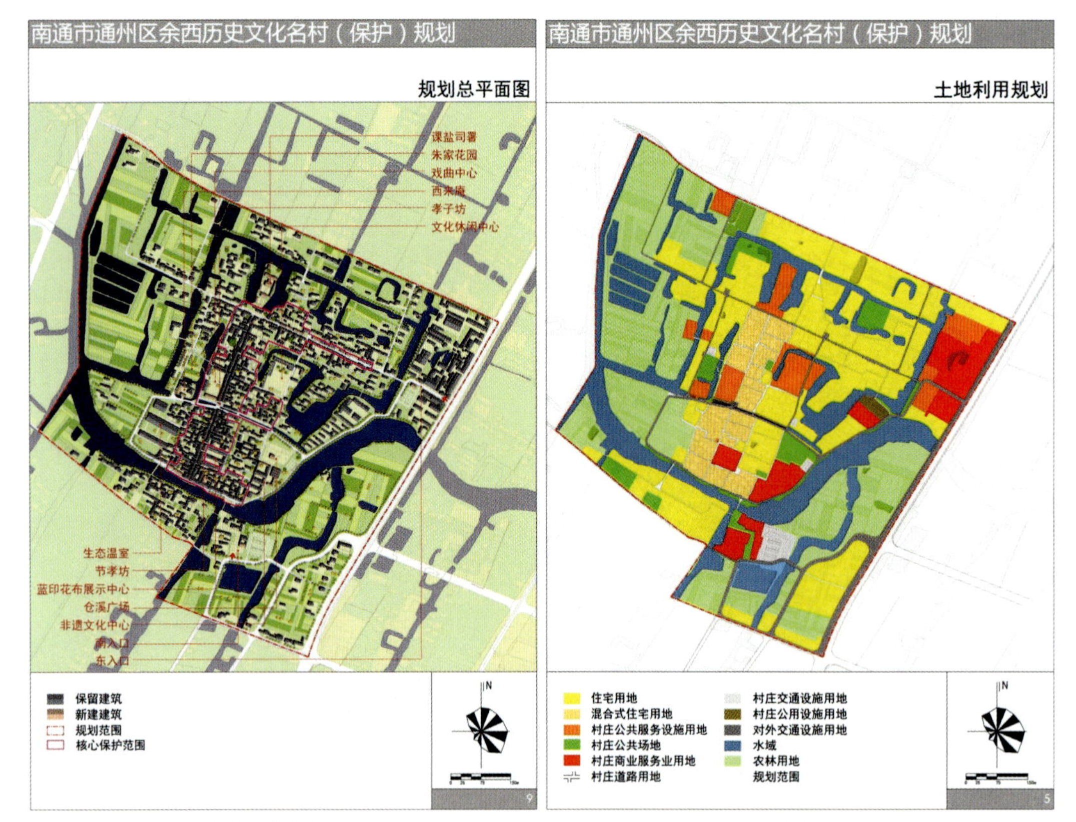

（a）规划总平面图　　（b）土地利用

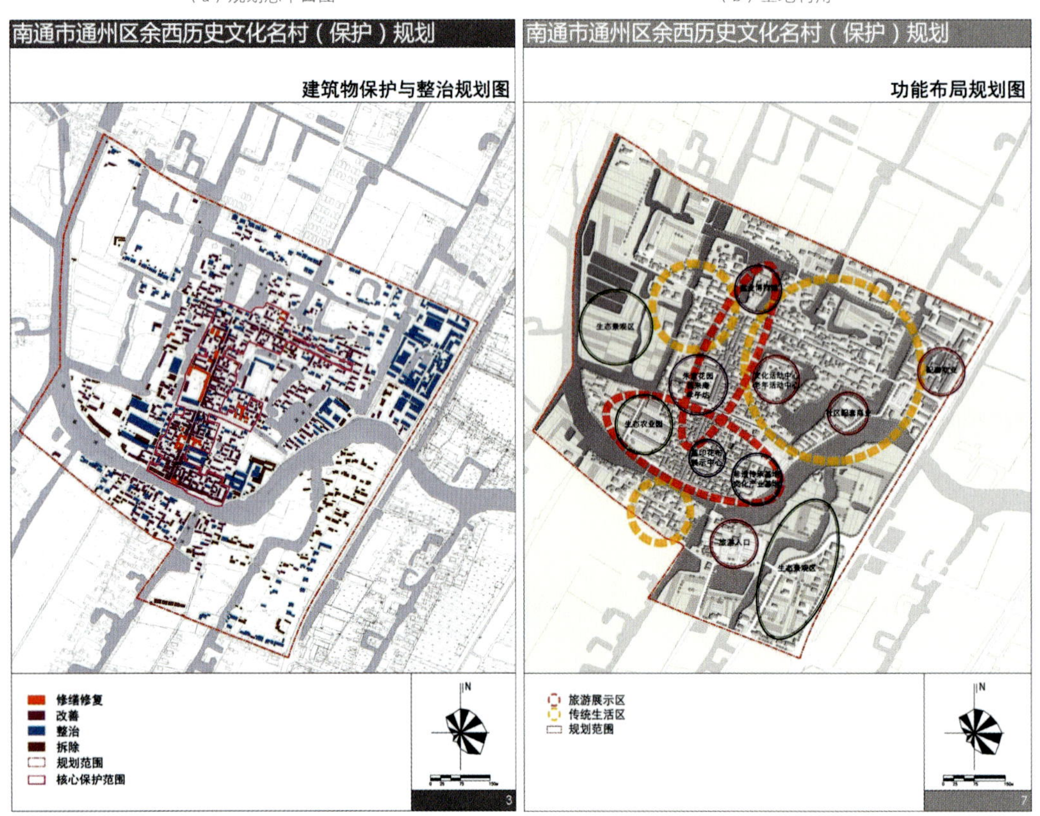

（c）建筑物保护与整治　　（d）功能布局

图8-3-17　余西历史文化名村（保护）规划

南通市通州区余西历史文化名村（保护）规划

图8-3-17 余西历史文化名村（保护）规划（续）

（e）鸟瞰效果图

实绝非人头攒动的喧哗，相反，这里的宁静正显现着乡村特有的静谧，自有那种古诗文中描述的意境（图8-3-18）。至于《规划》中提，到希望“结合旅游”“恢复村中民俗活动”，以“展示村民的文化与娱乐”，其实是当今大多数乡村保护规划中的常见模式，其效果实在需要探讨，如今余西这样的内容尚未得到落实，感觉也并不因此而缺少了什么，所以是否真的需要还有待研究。

图8-3-18 静谧的乡村自有一种古韵

第四节　余论

进入工业时代之前，人类的生产主要是依托于自然，不同的环境、气候都会造成生产形式的差异。而人们的生活一方面是为了适应当地的气候，同时也需满足生产的要求，因而在特定的地域就会形成与之相适应的居所和聚落。如在乡村，聚落的生产场所主要是周围的田地、山林，不同地区固然会因适宜种植的作物以及需要耕作方法的不同带来村庄形貌的差异，其实即便是像同处于江南的乡村间，也会因水土关系而区分出粮食种植区、棉麻种植区以及其他经济作物种植区，它们的形态必然会有所区别。散布在乡村之间的镇市，作为最基层的商品集散中心也会由于周边产业的不同而呈现出差异。于是，无论是乡村聚落或是镇市聚落，尽管相距不远，但绝不会雷同。至于城市，它们是一方政治、经济的中心，当然会有一定的距离，即便只是不同的地理环境，甚至是气候的差异，也必然令两城之间呈现出各自独特的风貌。

面对形貌多样、风格不一的传统聚落，必然要采用不同的方法予以风貌的保护、文化的传承，并确定与之相适应的发展方向。然而在今天，各类研究在展开之前往往都要思考它的推广价值，聚落的规划、传统建筑的修葺之际也往往会到处寻找可套用的“成功模式”，其结果却未必如人们所愿，无法达到原初的构想常常成为最为常见且普遍的问题。虽说推广和借鉴成功经验也是工作中的某种传承，但拘泥于形式、不思变通，难免将原本丰富多彩的聚落被修造成为“千城一面”或“千村一面”了。

探讨传统聚落中的文化传承与发展，研究传统民居、历史古村、古镇风貌的保护，并借鉴成功经验，其“经验”应该是工作中的规律，是一种可以化作具体形式的原则。

传统民居、历史古村、古镇的价值在于久远的历史和历史的真实，今天我们保护和修葺的目的在于让这些反映历史和真实的文明能够更为完善地传递到未来。所以，保护和修葺者本身就需要对其历史性和真实性具有深刻的理解，从而保证在制订保护计划时能够因不同都市、城镇或村落的地理位置、风土条件、民情习俗的差异以及今后发展的目标做出准确定位，以发掘、展现当地独特的人文环境，而不是盲目效仿或者有意、无意地伤害或改变当地的特色。对于传统建筑的修葺，不仅需要考察建筑的存世历史，更需要了解其在长期使用过程中的变动，以“保存原来的建筑形制、保存原来的建筑结构、保存原来的建筑材料、保存原来的施工工艺”为修缮原则，尽可能地利用原有构件、利用原有材料，以保留更丰富的历史信息。

过去限于认识以及其他各方面的条件，对于古建筑的保护主要局限于那些历史悠久、艺术品位较高而被列入文物保护之列的建筑遗迹或遗物。随着历史建筑保护意识的增强，已经有越来越多的人感觉到特定建筑并非孤立的存在，其周边环境往往具有强化或削弱建筑特质的作用，因此，强调整体性地保护风貌地段、街区渐渐成了共识，这就有了古城、古镇、古村或历史街区保护的观念。

对于传统民居、历史聚落的保护需要遵循整体性原则，一方面古城、古镇、古村或历史街区中为数众多的普通民居以及空间结构是在长期社会发展逐步形成并被固定下来的，它们能细致入微地反映当地的历史和文化，其特殊标识作用有着不可替代的重要意义，因而整体性的保护有利于完整地保留其空间的风貌特征；另一方面所谓“整体”保护还应包括古城、古镇、古村或历史街区中民俗特质，虽然社会的发展给当地居民的日常生活方式带来了巨大的变化，但作为一个完整的社区，多样性的社会生活、深厚的民风习俗的积淀显现了当地特定的历史氛围和文化氛围，所以从某种意义上说，整体性保护还应该对此有所关注，忽略了聚落的文化特质，仅仅是将其作为旅游景点，也将会失去了本应具有的保护意义。

在对古建筑进行重点保护的年代，出于让更多的人能够领略我国古代建筑技术和艺术成就，将几乎所有的文物建筑用于陈设、展示的博物、展览场馆，使之获得保护的同时充分体现出鲜明的社会效益。随着对传统建筑存在意义认识的提高，更多大量性的普通传统民居也被陆续列入保护行列之中，如果今天依然将它们全都用于人们的游憩、观览，其结果是难以想象的。如前所述，古城、古镇、古村或历史街区无论是过去还是未来，都应该是一个生动活泼的人居聚落空间，所构成的是一个完整的社会，其中有各行各业的存在并不断发展，所以对其保护应使这种活的、发展着的社会得以保存，并使之延续和发展。正因如此古城、古镇、古村或历史街区中的传统建筑和民居需要允许多样性的利用。当然这种多样性利用需要以不伤害传统建筑、古民居的留存为前提，而不是任由人们按照自己的意向毁坏原来的历史风貌和改变本身的建筑构造。所以，根据当地实际情况和发展趋向，再制定合理的具有当地建筑和文化特点的传统建筑保护规划就显得极为重要。

附录

江苏传统聚落一览表

1. 历史文化名城

历史文化名城是根据《中华人民共和国文物保护法》，为保护那些曾经是古代政治、经济、文化中心或近代革命运动和重大历史事件发生地的文物古迹而设置。自1982年2月8日，由国务院批准并公布了第一批24座国家历史文化名城之后，截至2018年末，共公布了三批135座城市为国家历史文化名城。其中，江苏省拥有13座（表1）。

江苏省历史文化名城　　表1

序号	城市地名	建制	批次	批准时间
1	南京	省会	第一批	1982年02月08日公布
2	苏州	省辖市	第一批	1982年02月08日公布
3	扬州	省辖市	第一批	1982年02月08日公布
4	徐州	省辖市	第二批	1986年12月08日公布
5	镇江	省辖市	第二批	1986年12月08日公布
6	常熟	县级市	第二批	1986年12月08日公布
7	淮安	省辖市	第二批	1986年12月08日公布
8	无锡	省辖市	增补	2007年09月15日增补
9	南通	省辖市	增补	2009年01月02日增补
10	宜兴	县级市	增补	2011年01月27日增补
11	泰州	省辖市	增补	2013年02月10日增补
12	常州	省辖市	增补	2015年06月01日增补
13	高邮	县级市	增补	2016年11月23日增补

2. 中国历史文化名镇、名村

中国历史文化名镇名村是由当时的建设部（现改名为住房和城乡建设部）和国家文物局自2003年起，组织对一些保存文物特别丰富，且具有重大历史价值或纪念意义的、能较完整地反映某个历史时期传统风貌和地方民族特色的市镇和村庄进行的评选，旨在调查这些镇村的保存状态、现状规模和特色价值。自2003年10月公布10座市镇和12座村庄为第一批中国历史文化名镇名村以来，至今（截至2019年6月）共公布了七批，有312座市镇及799座村庄入选。江苏省的31座市镇和12村庄被纳入其中（表2、表3）。

江苏省入选的中国历史文化名镇　　表2

序号	镇市名称	所属地区	批次	批准时间
1	周庄镇	江苏省昆山市	第一批	2003年10月08日公布
2	同里镇	苏州市吴江区	第一批	2003年10月08日公布
3	甪直镇	苏州市吴中区	第一批	2003年10月08日公布
4	木渎镇	苏州市吴中区	第二批	2005年09月16日公布
5	沙溪镇	江苏省太仓市	第二批	2005年09月16日公布
6	溱潼镇	泰州市姜堰区	第二批	2005年09月16日公布
7	黄桥镇	江苏省泰兴市	第二批	2005年09月16日公布
8	淳溪镇	南京市高淳区	第三批	2007年06月09日公布
9	千灯镇	江苏省昆山市	第三批	2007年06月09日公布
10	安丰镇	江苏省东台市	第三批	2007年06月09日公布
11	锦溪镇	江苏省昆山市	第四批	2009年09月19日公布
12	邵伯镇	扬州市江都区	第四批	2009年09月19日公布
13	余东镇	江苏省海门市	第四批	2009年09月19日公布
14	沙家浜镇	江苏省常熟市	第四批	2009年09月19日公布
15	东山镇	苏州市吴中区	第五批	2010年10月13日公布
16	荡口镇	无锡市锡山区	第五批	2010年10月13日公布
17	沙沟镇	江苏省兴化市	第五批	2010年10月13日公布
18	长泾镇	江苏省江阴市	第五批	2010年10月13日公布
19	凤凰镇	江苏省张家港市	第五批	2010年10月13日公布

续表

序号	镇市名称	所属地区	批次	批准时间
20	黎里镇	苏州市吴江区	第六批	2014年02月19日公布
21	震泽镇	苏州市吴江区	第六批	2014年02月19日公布
22	富安镇	江苏省东台市	第六批	2014年02月19日公布
23	大桥镇	扬州市江都区	第六批	2014年02月19日公布
24	孟河镇	常州市新北区	第六批	2014年02月19日公布
25	周铁镇	江苏省宜兴市	第六批	2014年02月19日公布
26	栟茶镇	南通市如东县	第六批	2014年02月19日公布
27	古里镇	江苏省常熟市	第六批	2014年02月19日公布
28	光福镇	苏州市吴中区	第七批	2019年01月21日公布
29	巴城镇	江苏省昆山市	第七批	2019年01月21日公布
30	界首镇	江苏省高邮市	第七批	2019年01月21日公布
31	临泽镇	江苏省高邮市	第七批	2019年01月21日公布

江苏省入选的中国历史文化名村　表3

序号	村庄名称	所属地区	批次	批准时间
1	陆巷	吴中区东山镇	第三批	2007年06月09日公布
2	明月湾	吴中区西山镇	第三批	2007年06月09日公布
3	礼社村	惠山区玉祁镇	第五批	2010年10月13日公布
4	杨湾	吴中区东山镇	第六批	2014年02月19日公布
5	东村	吴中区金庭镇	第六批	2014年02月19日公布
6	焦溪	武进区郑陆镇	第六批	2014年02月19日公布
7	三山村	吴中区东山镇	第六批	2014年02月19日公布
8	漆桥	高淳区漆桥镇	第六批	2014年02月19日公布
9	余西	通州区二甲镇	第六批	2014年02月19日公布
10	杨柳村	江宁区湖熟街道	第六批	2014年02月19日公布
11	杨桥	武进区前黄镇	第七批	2019年01月21日公布
12	沙涨村	溧阳市昆仑街道	第七批	2019年01月21日公布

3. 中国传统村落

传统村落，也称古村落，是指村落形成较早，拥有较丰富的文化与自然资源，具有一定历史、文化、科学、艺术、经济、社会价值的村落。2012年9月经传统村落保护和发展专家委员会第一次会议决定，改“古村落”为“传统村落”，以强调其文化价值及传承的意义。同年12月19日，住房和城乡建设部、文化部、财政部三部门通知，公示了第一批中国传统村落名录，截止到2019年6月，共进行了五次评审，全国被纳入“中国传统村落”名录的村庄达6819座，其中江苏省有33座入选（表4）。

江苏省入选的中国传统村落　　表4

序号	村庄名称	所属地区	批次	公布时间
1	礼社	无锡市惠山区玉祁镇	第一批	2012年12月19日公布
2	陆巷	苏州市吴中区东山镇	第一批	2012年12月19日公布
3	明月湾	苏州市吴中区金庭镇	第一批	2012年12月19日公布
4	杨柳村	南京市江宁区湖熟街道	第二批	2013年08月28日公布
5	漆桥	南京市高淳区漆桥镇	第二批	2013年08月28日公布
6	严家桥	无锡市锡山区羊尖镇	第二批	2013年08月28日公布
7	杨桥	常州市武进区前黄镇	第二批	2013年08月28日公布
8	三山岛	苏州市吴中区东山镇	第二批	2013年08月28日公布
9	杨湾	苏州市吴中区东山镇	第二批	2013年08月28日公布
10	翁巷	苏州市吴中区东山镇	第二批	2013年08月28日公布
11	东村	苏州市吴中区金庭镇	第二批	2013年08月28日公布
12	李市	苏州市常熟市古里镇	第二批	2013年08月28日公布
13	华山村	镇江市京口区姚桥镇	第二批	2013年08月28日公布
14	儒里	镇江市京口区姚桥镇	第二批	2013年08月28日公布
15	九里村	镇江市丹阳市延陵镇	第二批	2013年08月28日公布
16	柳茹村	镇江市丹阳市延陵镇	第二批	2013年08月28日公布
17	焦溪	常州市武进区郑陆镇	第三批	2014年11月17日公布
18	甪里	苏州市吴中区金庭镇	第三批	2014年11月17日公布

续表

序号	村庄名称	所属地区	批次	公布时间
19	东蔡	苏州市吴中区金庭镇	第三批	2014年11月17日公布
20	植里	苏州市吴中区金庭镇	第三批	2014年11月17日公布
21	舟山村	苏州市吴中区香山街道	第三批	2014年11月17日公布
22	歇马桥	苏州市昆山市千灯镇	第三批	2014年11月17日公布
23	余西	南通市通州区二甲镇	第三批	2014年11月17日公布
24	广济桥	南通市通州区石港镇	第三批	2014年11月17日公布
25	龟山村	淮安市洪泽县老子山镇	第三批	2014年11月17日公布
26	草堰	盐城市大丰市草堰镇	第三批	2014年11月17日公布
27	后埠	苏州市吴中区金庭镇	第四批	2016年12月09日公布
28	堂里	苏州市吴中区金庭镇	第四批	2016年12月09日公布
29	蒲薪村	扬州市仪征市新城镇	第五批	2019年06月06日公布
30	甓湖	扬州市高邮市界首镇	第五批	2019年06月06日公布
31	黄墟	镇江市丹徒区辛丰镇	第五批	2019年06月06日公布
32	季东	泰州市靖江市季市镇	第五批	2019年06月06日公布
33	沙涨村	溧阳市昆仑街道	第五批	2019年06月06日公布

索引

参考文献

[1] 白寿彝. 中国通史 [M]. 上海：上海人民出版社，1999.
[2] 范文澜. 中国通史简编 [M]. 北京：商务印书馆，2010.
[3] 钱穆讲授，叶龙记录整理. 中国通史 [M]. 北京：天地出版社，2017.
[4] 江苏省地方志编纂委员会. 江苏省志 [M]. 南京：江苏人民出版社，1996.
[5] 邹厚本. 江苏考古五十年 [M]. 南京：南京出版社，2000.
[6] 葛剑雄. 中国移民史 [M]. 福州：福建人民出版社，1997.
[7] 江立华，孙洪涛. 中国流民史（古代卷）[M]. 合肥：安徽人民出版社，2001.
[8] 郭正忠，中国盐业总公司. 中国盐业史（古代篇）[M]. 北京：人民出版社，1999.
[9] 梁漱溟. 乡村建设理论 [M]. 上海：上海人民出版社，2011.
[10] 费孝通. 江村经济 [M]. 北京：商务印书馆，2001.
[11] 黄宗智. 长江三角洲小农家庭与乡村发展 [M]. 北京：中华书局，2000.
[12] 秦晖. 田园诗与狂想曲 [M]. 北京：语文出版社，2010.
[13] 雍振华. 中华古村落（上海、江苏卷）[M]. 南京：江苏凤凰教育出版社，2006.
[14] 刘沛林. 古村落:和谐的人聚空间 [M]. 上海：生活・读书・新知三联书店，1998.
[15] 徐清祥. 吴越古村落. 广州. 广州：广东旅游出版社，2006.
[16] 金其铭. 农村聚落地理 [M]. 北京：科学出版社，1988.
[17] 吴良镛. 人居环境科学导论 [M]. 北京：中国建筑工业出版社，2001
[18] 刘敦桢. 中国古代建筑史（第二版）[M]. 北京：中国建筑工业出版社，1984.
[19] 梁思成. 中国建筑史 [M]. 天津：百花文艺出版社，1998.
[20] 陆元鼎. 中国民居建筑（上、中、下）[M]. 广州：华南理工大学出版社，2004.
[21] 孙大章. 中国民居研究 [M]. 北京：中国建筑工业出版社，2004.
[22] 刘敦桢. 中国住宅概说 [M]. 天津：百花文艺出版社，2004.
[23] 刘致平. 中国居住建筑简史 [M]. 北京：中国建筑工业出版社，1990.
[24] 陈从周. 苏州旧住宅 [M]. 上海：生活・读书・新知三联书店，2003.
[25] 雍振华. 江苏民居 [M]. 北京：中国建筑工业出版社，2009.
[26] 徐民苏，詹永伟，梁之厦，等. 苏州民居. 北京：中国建筑工业出版社，1991.
[27] 王其钧. 中国民间住宅建筑. 北京：机械工业出版社，2003，3.
[28] 刘致平. 中国建筑类型与结构 [M]. 北京：中国建筑工业出版社，1987.
[29] 姚承祖原著. 张至刚增编. 营造法原 [M]. 北京：中国建筑工业出版社，1986.
[30] 阮仪三. 江南古镇 [M]. 上海：上海画报出版社，2000.
[31] 阮仪三. 历史文化名城保护理论与规划 [M]. 上海：同济大学出版社，1999.
[32] 西山. 历史文化城镇保护 [M]. 路秉杰，译. 北京：中国建筑工业出版社，1991.

后记

“聚落”一词虽说并不陌生，起初却也没有太过关注。大约是2000年以后，因授课所用的《中国建筑史》教材改版，其第一篇中的原“第五章住宅”被修改成了“第三章住宅与聚落”，翻阅之后发现，尽管在“概况”一节也提到了“农业的出现形成了聚落，而商业、手工业的分离，也使聚落随之分化为以农业为主的乡村和非农业的城市。由于生活方式及生活环境的不同，城市聚落与乡村聚落开始沿着各自的轨迹发展”云云，但所列的实例，除了添加了“安徽歙县棠樾”与“山西襄汾丁村”外，基本上仍是之前住宅的内容。这难免会让人产生困惑，因为这一章显然存在缺环，若忽略上面提到的那段话，很容易产生聚落就是村庄的错觉。为能让学生理解何谓聚落、何谓住宅，首先需要作为老师的自己弄清其定义、内涵及外延，因而就搜罗相关的著述，悉心研读，以备一些好学的学生的提问。

原以为，关于“聚落”之说，不会有太多的歧义。但浏览了一些书籍、论文之后却发现事实并非如此。虽说在学术研究中，出现不同观点和见解，原属正常，而自己的授课又喜欢模仿传说中胡适先生“张说”“李说”“胡说”的方式，常常罗列既有的一些说法，最后介绍自己的观点，让学生自行判断和取舍。然而，这也带来麻烦，因如今出试卷都要罗列“标准答案”，如此让学生自由取舍难免会被斥为“不符合规范”，于是抗争道：“学问之道，乃百家争鸣。即便课堂所述，亦一家之言，对错还有待评说，何‘标准’之有”。

数年前承接了中国建筑工业出版社《中国传统聚落保护研究丛书　江苏聚落》撰写任务，感到正好能将个人的见解予以阐述，故欣然接受。考虑到这是一套丛书，故原构想是“但求立已，不求破人”，然而由于目前许多既有的说法“沿袭既广，渐成故实”，难免写着写着渐游离了丛书因当今某些“主流观点和见解”所形成的“格式”。好在出版社的领导与责任编辑们重学术见解而对“格式”较为宽容，并不像今天某些部门那样，哪怕发现标点符号不符合“模板”都要打回修改，这就省却了为调整“规范格式”所耗的大量精力，对此，需要感谢出版社的诸多朋友。同时也要为出版社朋友们为本书的编写、出版提供的帮助、付出的辛劳再次示以诚挚的感谢！

书稿写作过程中，因调研、拍摄制作等，还获得了郑文斌及其团队，龚燮聪、沈美华两位女士以及魏正杰先生的诸多帮助，在此也深表感谢！

图书在版编目（CIP）数据

中国传统聚落保护研究丛书．江苏聚落／雍振华，周宇嫽著．—北京：中国建筑工业出版社，2021.7
ISBN 978-7-112-26070-6

Ⅰ.①中… Ⅱ.①雍… ②周… Ⅲ.①乡村地理—聚落地理—研究—江苏 Ⅳ.①K928.5

中国版本图书馆CIP数据核字（2021）第066117号

本书是基于文化地理学对江苏传统聚落展开的研究，从聚落的源流、演变到构成，宏观描绘了江苏聚落的整体面貌。同时依据文化类型与特征将江苏省域划分为江南、宁镇、淮扬以及徐海四大区系，选择其中传统风貌保持较好的聚落，探讨其历史文化环境、形态格局、民居特征等，以期让有兴趣的读者对江苏传统聚落有一个较为全面的了解。本书可供建筑、城乡规划、风景园林、人文地理、文物保护等相关专业的读者及文化旅游爱好者参考阅读。

扫一扫
观看本卷聚落视频资源

责任编辑：唐　旭　胡永旭　吴　绫　张　华　贺　伟
文字编辑：李东禧　孙　硕
书籍设计：付金红　李永晶
责任校对：芦欣甜

中国传统聚落保护研究丛书
江苏聚落
雍振华　周宇嫽　著
*
中国建筑工业出版社出版、发行（北京海淀三里河路9号）
各地新华书店、建筑书店经销
北京锋尚制版有限公司制版
天津图文方嘉印刷有限公司印刷
*
开本：889毫米×1194毫米　1/16　印张：20¾　插页：9　字数：542千字
2022年12月第一版　2022年12月第一次印刷
定价：**238.00**元（含视频资源）
ISBN 978-7-112-26070-6
（36768）